# 基于事件识解的构式语法与现代汉语复杂述谓构式

邵春燕 著

山东大学出版社
SHANDONG UNIVERSITY PRESS
·济南·

**图书在版编目(CIP)数据**

基于事件识解的构式语法与现代汉语复杂述谓构式 / 邵春燕著. —济南:山东大学出版社,2021.6

ISBN 978-7-5607-7079-6

Ⅰ.①基… Ⅱ.①邵… Ⅲ.①现代汉语—语法—研究 Ⅳ.①H146

中国版本图书馆 CIP 数据核字(2021)第 136874 号

责任编辑 肖淑辉
封面设计 杜 婕

---

出版发行 山东大学出版社
社 址 山东省济南市山大南路 20 号
邮政编码 250100
发行热线 (0531)88363008
经 销 新华书店
印 刷 济南华林彩印有限公司
规 格 720 毫米×1000 毫米 1/16
16.25 印张 285 千字
版 次 2021 年 6 月第 1 版
印 次 2021 年 6 月第 1 次印刷
定 价 58.00 元

---

# 前 言

本书的部分内容来自笔者的博士后报告，也是博士论文的后续研究，可视为已出版专著《事件-构式框架与现代汉语“复杂致使-结果”构式》的汉语版和姐妹篇。

笔者对构式语法和汉语致使句的兴趣贯穿于整个学习生涯。笔者的博士论文是从构式语法的视角，在致使范畴下研究现代汉语的“复杂致使-结果”构式，重点从致使力的直/间接作用描述构式的主要致使特征，但对该语言现象的观察不够充分；论文中虽然隐约感到构式语法的理论缺憾，也致力于从事件的角度对其问题进行补充，但对相关理论的掌握不够全面，所以理论框架也不够清晰。

笔者的博士后报告梳理了与事件密切相关的语言学理论，依据认知心理学提出了对事件进行语言表征的情境编码假设，旨在依据事件重新理解构式的本质和论元角色。报告系统调查了汉语复杂述谓构式的实例形式，并尝试基于事件从构式角度为其提供统一自洽的解释。

博士后报告中隐含着一个诉求：基于汉语研究汉语。关于这一目标，学界虽然观点不一，但终是殊途同归，旨在揭示汉语的本质特征。遗憾的是，笔者的博士后报告并未充分关注到这一问题。

本书在上述研究基础上，致力于提出适用于汉语事实的基于事件的构式语法观。这一想法的主要目的在于解释汉语复杂述谓构式中的同型异构和句法-语义多元互动的现象。在区分了逻辑语义关系和构式关系后，本书能够为上述问题提供较为统一与合理的解释。

本书共分为七章。第一章为概述，简要阐明本书将要探讨的理论问题和语言实例，介绍本书的主要章节构成。第二章梳理构式语法的发展和当前形势，指出构式语法的问题，具体包括动词简约论、构式多义性、动词参与者角色和构式论元角色、构式与动词的互动等，指出构式语法的问题在于忽略事件在构式和语言表达中的核心地位。第三章介绍事件在语言习得中的核心作用，然后评析各家对事件的研究。第四章描述语言对事件进行呈现时的认知心理过程，即体验—判断—抽象—选择—组构—序列化，并以此为基础阐明情境编码假设在语言对事件进行表征时的基本步骤。第五章讨论语言研究中相关概念的理论地位和作用，如动词、构式、凸显机制等。然后，在情境编码假设的基础上重新审视构式的多义性、动词简约论、动词与构式的互动以及构式的本质等问题。第六章基于事件、利用情境编码假设研究现代汉语复杂述谓句“N1＋V＋得＋N2＋RP”构式，对这一构式的整体图景进行描述，对一些争议话题进行解释。第七章为余论，总结本书的主要内容，思考本书的理论问题，并展望未来的研究路向。

世界是由连续不断的事件构成的，事件是语言交流的主要内容，对事件的表征是语言的主要功能。当前构式语法中颇受争议的构式多义性、动词简约论、构式压制等问题的存在皆是因为忽视了事件在句法中的根本性作用。本书基于事件，采纳构式语法的理论框架和“情境编码假设”，呈现事件的语言表征过程，并将其应用于现代汉语复杂述谓构式的研究。

基于事件的构式观使我们可以区分构式的抽象意义和构式实例的具体意义，而构式多义性的假设混淆了构式的抽象意义和具体意义，所谓多义性实则是高度抽象和图式化的构式与构式实例的关系。在情境编码假设框架下考察事件与句法的互动，发现动词、构式同事件之间皆存在着转喻关系，影响构式论元结构的不是动词，亦非构式，而是它们所共同指代的事件。研究表明，构式的形成只不过是事件表征中的环节之一，构式负责对事件中的某个语义关系进行编码，构式服务于事件，这就是构式的本质所在。因此，不是构式压制动词使其拥有了新的论元，而是事件中特定的语义关系以及特定的参与者需要选择特定的构式为其服务。

针对现代汉语存在句和“N1＋V＋得＋N2＋RP”句式中的同形异构现象，本书提出“句法慵懒假设”。语言的本质是传递意义，语言交流的本质在于“意义定位”。语言的形式和意义是一种动态竞争的关系。如果在语境下能够准确地对意义进行定位，句法就体现出针对变化的惰性，坚持用已有的形式表达新的意义。句法慵懒得以实现，主要是因为现代汉语的“情境性特征”能够顺利激活关于事件的宏观框架，从而有助于语言使用者实施意义定位。歧义句只有在孤立的语境下才有歧义，而歧义的产生就是词汇与构式互动的结果。

本书从事件的视角审视构式，客观地评价了构式的地位和价值，较好地解决了构式语法中的基本问题，提供了构式研究的新路向，并将其运用到语言实例的分析中，有一定的理论价值和实践意义。

作者水平有限，疏漏在所难免，请方家不吝指教。

作　者

2021年2月

# 目 录

# 附表、附图清单

# 第一章　概　述

## 1.1　理论目标

本书的理论目标是探讨论元结构的句法表现，旨在回答两个理论问题：

第一，论元从何而来？

第二，论元关系的解读由什么因素决定？

对上述问题的不同回答派生出理论语言学的两大分野，即词汇投射派（生成语法）与构式压制派（构式语法）。词汇投射派认为动词的语义特征决定句子的论元结构，论元的实现是动词语义投射的结果。但是，这不能解释为什么一个动词可以出现在不同的句式中，体现出不同的论元结构，例如：

(1a) He sliced the bread. (Transitive)

(1b) Pat sliced the carrot into the salad. (Caused-motion)

(1c) Pat sliced Chris a piece of pie. (Ditransitive)

(1d) Emeril sliced and diced his way to stardom. (Way-construction)

(1e) Pat sliced the box open. (Resultative)

对于动词 *slice* 的上述表现，词汇投射派只能诉诸动词的多义性，认为动词在不同的句式中具有不同的论元结构。但这一结论既不符合词库储存上的经济性，也导致动词附带论元结构的不确定性(沈圆，2007)。

构式压制派则摈弃动词中心论，认为构式是语言的基本单位，具有固有的论元结构，能够压制进入其中的动词，为动词匹配原本不具备的论元角色。动词表面上的多义性是动词和不同论元结构构式融合(fusion)的结果。

构式压制避免了词义泛滥，但带来了新的问题，即超词汇的抽象构式义导致构式应用的不确定性，出现构式的过渡生成(Lauwers & Willems，2011)。例如：

(2a) Ed hammered the metal safe.

(2b) Ed hammered the metal flat. (转引自 Boas，2011)

大多数英语母语者认为例(2a)中的动结式是不可接受的，这是因为主谓词 *hammer* 通常不会与次谓词 *safe* 搭配(Boas，2011)。那么如何在构式语法的框架内排除类似例(2a)中不合理的动结式但又保留例(2b)的句子呢？如果从宏观的角色互动和语义互动的角度来看，*hammer* 所指事件表示动结式事件的进行方式，构式对 *hammer* 进行了增容。但这样的描写方式只是施加了笼统的语义限制，无法解决动词进入构式后不可接受的问题。

论元实现是一个复杂过程。构式语法往往只关注动词和构式之间的互动关系，而忽略了论元语义、论元之间的关系以及语境所带来的影响(Boas，2011)。例如，邵春燕(2017)在研究致使性"得"字句"N1＋V＋得＋N2＋RP"时发现，不同的词项填充会导致 VP 语义指向和内部论元角色实现的多样性。沈家煊(2004)在讨论动结式"追累"时谈道："训练员跑累了那匹马"比"教练跑累了李四"接受度要高，是因为马和李四之间的使役程度不同。但换成"训管员跑累了犯人"又可以接受，这是因为在我们的认识框架里面犯人经常是被驱使而跑的对象。

在讨论语境影响的时候，Boas (2011)认为适当的语境可以将不可接受的句子合理化。例如：

The door of Ed's old Dodge had a piece of metal sticking out. When getting out of the car, Ed had cut himself on the metal and had to go to the hospital to get stitches. The next day, Ed hammered the metal safe.

若把例(2a)放入以上语境中，句子的可接受性便可提高。由此可见，动词和构式的兼容性有时取决于具体的语境。

为了解决构式语法中存在的种种问题，Boas(2011)提出了基于使用的构式语法(a usage-based approach to CxG)。该理论中，构式的地位被削弱，而词汇的作用得到提升，即动词本身包含了多种规约化的情境，每一个情境都对应了该动词所具备的小构式(mini-construction)。Goldberg 所定义的构式则是与不同类型的句法框架(syntactic frame)出现频率关联的副现象。这样就不需要考虑抽象的构式义，而是分析动词所关联具体事件的句法结构。

Boas(2011)认为动词所对应的情境应按照不同的句法框架而不是语义内容来划分，来避免描述动词多义网络的烦琐。如果说，出现在不同句法框架中的场景指向了同一情境，那么更为复杂的框架则是简单框架的一种拓展(例如：*He hammered*；*He hammered the rock*)。

基于此，本书以认知情境中的事件为切入点(Clancey，1997；Derry，2013)，考察语言如何对具体情境中的事件进行表征，以便于更深入地认识句法-语义互动的本质，并通过具体实例验证情境编码假设的有效性和解释力。具体研究问题可以从两个角度展开：

其一，在语言编码中，情境中的事件对句子的论元结构和论元的语序有何影响？

其二，在语义识解过程中，情境中的事件如何影响论元语义角色的解读？

语言的终极目的在于传达意义，但是意义不是凭空而来的，而是植根于现实发生的事件。语言形式是为意义服务的，因此应当到现实的事件之中寻求其根本的意义。基于这一认识，结合情境编码的认知心理过程，并整合认知语言学领域的相关理论，如格语法、框架语义学、理想化认知模型、事件框架、事件图式、标准事件模型和构式语法等，本书提出"情境编码假设"，拟立足于事件，通过呈现事件表征的过程，探讨事件与构式、事件与动词以及有关构式的核心问题。笔者认为：在语言编码过程中，语言使用者从具体情境经验的体验到最终将其表征为语言形式经历了六个过程：经验事件—意象事件—框架事件—凸显事件—构式事件—词汇事件。

这一过程回答了"论元从何而来"的问题，即句子的论元是其所编码的具体情境中的事件参与者之间的关系在句子层面的映射。情境事件在语义识解中发挥了决定作用，影响论元的语义角色。句子的论元结构与论元角色取决于其所编码的具体情境事件中的参与者角色及其相互关系。一个构式或句式是人类在与客观世界互动过程中对某一类经验事件或认知情境的概念化和范畴化。

## 1.2 现代汉语复杂述谓构式

本书不仅注重理论探讨，更注重实例分析，以验证理论的解释力与有效性。因此，本书将根据上述情境编码假设探究现代汉语复杂述谓构式中句法-语义的互动。现代汉语复杂述谓构式指的是体现为"N1＋V＋得＋N2＋RP"格式的句子，表达致使关系。

该结构虽表层形式基本相同，但内部语义关系复杂不定，其多元的句法-语义互动在世界语言图景中独树一帜，最能体现现代汉语特色(宋文辉，2018)。根据语义指向的不同，该句式可大致分为如下七类，其中第七类根据N1的语义角色不同，还可以进一步划分为五小类(见表1-1)。

表 1-1 复杂致使句的实现形式和语义内容

<table>
<tr><td>RP 指向 V</td><td>①强调动作程度</td><td colspan="2">(3)敌人追得咱们更紧了。</td></tr>
<tr><td>RP 指向 N1</td><td>②强调主语状态</td><td colspan="2">(4)妈,我等得你好心焦啊。</td></tr>
<tr><td rowspan="9">RP 指向 N2</td><td>③N2 兼 V 受事和 RP 施事</td><td colspan="2">(5)他打得孩子到处乱跑。</td></tr>
<tr><td>④N1 与 N2 有领属关系</td><td colspan="2">(6)他哭得眼睛都红了。</td></tr>
<tr><td>⑤N2 与 V 无直接关系,间接受 V 影响</td><td colspan="2">(7)有时她还整夜整夜地哭,哭得长富也忍不住生气。</td></tr>
<tr><td>⑥N1 一般不存在,前文与致事隔开</td><td colspan="2">(8) 站了一天的队,站得我真是头晕眼花。</td></tr>
<tr><td rowspan="5">⑦N1 有[－HUMAN]的特征,承担多种语义角色</td><td>受事</td><td>(9a) 树根这么硬,竟会劈得柴刀都缺了口。</td></tr>
<tr><td>施事</td><td>(9b) 雨点子迎面扑来,浇得他打了个寒噤。</td></tr>
<tr><td>致事</td><td>(9c) 学费愁得我睡不好觉。</td></tr>
<tr><td>处所</td><td>(9d) 房间里闷得我喘不过气来。</td></tr>
<tr><td>工具</td><td>(9e) 一排枪打得他翻滚着跌进陡峭的怒江中。</td></tr>
</table>

学界最先观察到(5)和(6)的不同,争论的焦点在于如何理解“得”后成分的语法属性(陈一士,1957;丁声树,1961;齐荣,1954)。朱德熙(1982)首先发现特殊歧义句“张三追得李四直喘气”有三种解读:

(10a) 张三追李四,李四直喘气。

(10b) 李四追张三,李四直喘气。

(10c) 张三追李四,张三直喘气。

但并不是所有学者都认可这一判断(Li,1998;宋文辉,2003)。此后,虽然有关该句式的歧义及不同解读陆续被发现、描写和分析(李敏,1999;沈家煊,2004;宋玉柱,1979;孙银新,1998),相关研究却主要局限于该结构的下位句子,缺乏系统性和全局观。

词汇派尝试从深层结构和动词的论元角色入手,系统地研究复杂述谓句中句法-语义互动的工作机制（Huang & Mangione，1985；Li & Thompson，1978，1981），但其研究对象不仅遗漏了如例（9d）这样V前位置由处所结构填充的句子，相关解释还在提升说（raising）和控制说（control）之间摇摆（Huang，1988，1992，2006；潘海华、叶狂，2015）。针对生成语法的局限，构式派尝试从格式塔的视角理解其多元的句法-语义互动及其动因和机制，但是同样在构式压制和词汇压制两种解释之间悬而未决（熊学亮、杨子，2010；张翼，2011）。

目前来说，复杂述谓句的研究存在以下不足：

第一，在研究对象上，重点关注典型述谓句、倒置述谓句和不及物主动词述谓句，或基于语义的情感致使句（文旭、段红，2018），缺乏对复杂述谓句整体图景的宏观刻画，也就难以从宏观上把握其本质属性。

第二，在研究视角上，生成和构式语法对该句式均有传统的研究热点，因此甚少挖掘其关注点之外的句式，未能准确地捕捉复杂述谓句中句法-语义互动的本质特征。

第三，在理论解释力上，由于现有研究对句法-语义互动的观察拘囿于下位句式，从局部得出的结论难以应用于所有的复杂述谓句，理论有特设之嫌，解释力不足。

有鉴于此，本书拟在情境表征框架下分析和描写复杂述谓句的整体样貌，从微观和宏观层面详细描写现代汉语复杂述谓句的句法-语义互动，构建其互动模式，管窥其本质特征。

## 1.3 本书框架结构

本书共分七章。第一章为概述，简要阐明本书将要探讨的理论问题和语言实例，介绍本书的主要章节构成。

第二章梳理构式语法的发展和当前形势，指出构式语法的问题，具体包括动词简约论、构式多义性、动词参与者角色和构式论元角色、构式与动词的互动等，指出构式语法的问题在于忽略事件在构式和语言表达中的核心地位。

第三章到第五章在事件的基础上提出“情境编码假设”。第三章介绍事件在语言习得中的核心作用，然后评析各家对事件的研究，包括格语法、语义框架、射体-界标或图形-背景和标准事件模型(Canonical Event Model)、Heine的事件图式、Langacker的视窗和事件框架、Croft的事体结构的理想化认知型、体事件和事体结构以及构式语法框架下的事件。第四章描述语言对事件进行呈现时的认知心理过程,即体验—判断—抽象—选择—组构—序列化。与这一认知心理过程相对应,本部分详细阐述情境编码假设,描述事件的表征所经历的六个层次,即经验事件—意象事件—框架事件—凸显事件—构式事件—词汇事件。根据事件呈现的过程,第五章讨论语言中相关概念的理论地位和作用,如动词、构式、凸显机制等。然后在情境编码假设的基础上重新审视构式的多义性、动词简约论、动词与构式的互动以及构式的本质等问题。最后讨论现代汉语中的静态和动态存在句,提出句法慵懒假设和汉语的情境性假设,以解释动态和静态存在句共用同一个表达形式的原因。

第六章利用情境编码假设研究现代汉语复杂述谓句“N1+V+得+N2+RP”构式。本章首先评述关于此类句式的研究,指出其问题并提出新的研究思路。之后讨论体现这一构式的每一个具体句子的内部语义特征和致使关系,在情境编码假设的框架中探讨其共性与差异,构建关于这一构式的网络,指出抽象的构式义和具体的句子意义的区别,并通过词汇和构式的互动、句法慵懒机制、现代汉语的情境性特征等分析这一构式中的歧义句。

第七章为余论,总结本书的主要内容,思考本书的理论问题,并展望未来的研究路向。

# 第二章　构式语法的问题

构式语法发端于 Fillmore (1968)的格语法，得益于认知心理学的滋养，经由框架语义学的丰富，成型于对熟语构式的研究，最后在 Goldberg (1995)的研究中得到了拓展与延伸，涵盖了更为广阔的领域，上升为抽象的范畴。构式语法提供了研究语言的新视角，但是也有一些根本的问题仍未得到解决，如：构式[①]从何而来？构式的本质到底是什么？如何解释构式与动词的关系？本书认为，要恰当回答这些问题，必须要诉诸事件(event)或情境(situation)这个根本概念。因此，本书提出情境的语言表征过程，尝试回答上述问题。

## 2.1　构式语法的基本思想和发展

自 Goldberg (1995)以来，构式语法得到了长足的发展(Croft, 2001; Croft & Cruse, 2004; Fillmore, 1999; Goldberg, 2006; Kay, 1997; Kay & Fillmore, 1999; Kay, 2002a, 2002b; Langacker, 1997, 2000, 2003a, 2003b, 2005a, 2005b, 2008, 2009a, 2009b; Michaelis & Lambrecht, 1996)，在其基本思想方面逐步达成共识：构式是独立存在的语言的基本单位；作为一个形式-意义对应体，构式具有象征性(symbolic)；所有的语言单位都可以视为构式，因此词汇和句法的区别在于其图式性(schematicity) 的不同，词汇是更具体、图式性弱的构式，而句法形式则是更加抽象、图式性较高的构式，词汇和语

① 若非特别说明，本书中的构式特指图式性强、抽象程度高的语法构式。

法根据图式性的不同而构成了一个连续统,不存在词汇和语法的严格区别。基于此,构式语法框架既包括词汇也包括句法形式,对语言现象有一个统一的描述;同时,构式语法认为构式虽然具有生成性,但是不具有派生性,具有单层性(monostratal)。构式使得人们可以创造和理解从未听说过的句子,但这些句子不是某个核心词进行投射的结果,而是人们后天以构式的形式所习得的。不同的构式构成一个网络,通过承继关系(inheritance)相互关联;大的构式承继其组成部分的特征,但这并不意味着构式整体的意义等于其组成部分的意义之和。相反,构式具有部分之和所没有的抽象意义,即不同成分组合在一起的方式本身就具有意义——构式义。正是这一点确立了构式语法在语言研究中的独立地位。

目前,构式语法形成了几个基本理论模型,与本书密切相关的包括:以 Fillmore 为代表的统一构式语法、Langacker 的认知语法、以 Croft 为代表的激进构式语法和以 Goldberg 为代表的认知构式语法等。当前国际领域关于构式的探讨主要展现于六个方面:

(1)描述某些具体构式的特征(Barðdal, 2004, 2006, 2007; Boas, 2002b, 2003; Fried, 1990; Fujii, 1993; Goldberg, 1989, 1991a, 1991b, 1992a, 1992b, 1996)。

(2)将构式的理念运用于语言研究的各个层次(Barðdal, 1999; Boas, 2004; Fischer, 1996; Fried, 1999, 2009b, 2009c; Sag, 1997; Lambrecht, 1990, 2000)。

(3)构式与语言习得(Brooks & Tomasello, 1999a, 1999b, 1999c; Campbell & Tomasello, 2001; Campbell, Brooks & Tomasello, 2000; Childers & Tomasello, 2001; Diessel & Tomasello, 2000, 2001; Tomasello & Brooks, 1999)。

(4)构式语法与其他语言现象的互动研究(Boas, 2008c; Boas & Fried, 2005; Fried, 2004, 2009a; Fried & Östman, 2004; Fujii, 1994, 2004; Lambrecht & Michaelis, 1996)。

(5)理论思辩(Barðdal, 2001, 2008; Boas, 2002a, 2002b, 2005,

2007，2008a，2008b；Fischer，2001；Goldberg，1997a，1999；Goldberg & Casenhiser，2003；Östman & Fried，2005）。

（6）构式化与构式演变（Traugott，2008a，2008b，2014；Traugott & Trousdale，2013；Trousdale，2008，2011）。

概括来讲，国际构式语法已经超越了对特殊构式的简单描述，逐步深入到语言研究的各个层次，同时重视构式理论的探讨。另外，运用心理语言学和神经语言学的理论和工具对构式存在的价值意义和作用进行佐证，以及在构式语法视野下研究语言的历时变化也成为构式研究的新动向。

国内关于构式语法的研究起步稍晚，张伯江于1999年在《中国语文》发表的《现代汉语的双及物结构式》，可视为国内第一篇运用构式的理论来研究现代汉语的文章。自此，学者对构式语法的关注不断增加，发表的研究文章和硕士博士学位论文呈现出逐年递增的趋势。这些文章和著作或介绍国外构式语法的理论和成果，或利用构式语法的基本模型验证汉语中构式的存在，并探讨其句法、语义和语用特征。这些研究一方面深化了对汉语事实的揭示和解释，另一方面也为国际构式语法的发展提供了来自汉语的例证。

## 2.2 构式语法的主要贡献

在哲学理念上，构式语法作为认知语言学的一部分，是基于体验哲学而建立的一种语言研究和分析方法，打破了笛卡尔的二元论（Dualism），奉守一元论的哲学思想，在对形式与意义的关系的认识和论证方法等方面与传统的形式语言学有所不同。

形式语言学派受二元论的影响，主张形式与意义二分法，认为形式是独立于意义而存在的，句法不需要参照意义就可以对语言进行描述，因此可以将句法视为一个独立的模块。语言中存在不同的模块，如句法、语音、语义等，分别描述语言的不同维度。在实际研究中，不同的模块独立操作和描述语言。

构式语法坚持完形说（Gestalt，又译为格式塔理论），反对模块说，认为构式具有象征性，形式与意义不可分，一个形式对应一个意义，二者是一个有机的统一整体。构式语法的形式包括语音形式和书写形式,意义包括语义、语用和语境信息。在语言研究中,描述构式就是同时描述其形式和意义(王寅,2011)。构式语法使得我们更进一步加深对语言的研究和认识,从全息论的角度来思考语言及其本质。

在论证方法上,构式语法避免了循环论证。生成语法采取一种自下而上的观点,认为句子是词汇意义的投射,动词意义决定句子意义。因此,句子的题元结构取决于动词的参与者数量,而动词的参与者数量依据其所在句子的题元角色而定,这难免有循环论证的嫌疑。从构式语法的角度,对句子的论元数量起决定作用的不是动词,而是构式。一个动词在不同的句子中具有不同的论元数量,这取决于动词所处的构式。构式可以通过语义压制(coercing)而为动词赋予其自身所不具备的论元。

就语言研究领域而言,构式语法因信守一元论,认为构式是形式-意义对应体,由此打破了"诸多语言研究领域之间的严格界限,如词库与句法、语义与语用、语言能力与语言运用、语言知识与百科知识、语言知识与非语言知识等"(张韧,2006)。这一思路将会促进语言理论的发展,加深对人类一般认知能力和语言心智表征的理解,最终达到 Chomsky 所倡导的三个充分性(王寅,2011)。

关于语言实体的理论地位,构式语法反对区分边缘成分和核心成分。Chomsky (1981)对生成的强调和对构式的强烈反对,意味着语法中任意和特殊的特质都包含在词库中,这样绝对的观点受到了熟语(idioms)的挑战。由于熟语不能够通过成分构成规则(componential rules)进行分析,即熟语整体的意义不能够被视为其构成成分的意义的投射相加而来,因此生成语法学家认为熟语不是语法描述的对象而将它流放为边缘成分(Chomsky, 1980; Fraser, 1970; Katz & Postal, 1963; Katz, 1973; Machonis, 1985; van der Linden, 1992)。

然而,Nunberg 等(1994)却通过观察发现熟语具有规约性(conventionality),是语言使用者在长期的使用过程中所共同形成的对某个用法的约定俗成的理解。它们独特的形式具有独立的句法、语义和语用意义,应当视为一个构式(Fillmore, Kay & O'Connor, 1988)。所谓的边缘成分也能够解释语言的一般性，因此“对边缘现象的研究就是对核心成分的研究”（Kay & Fillmore，1999）。专注于熟语表达并没有阻碍我们看到语言的整体图景。事实上，熟语与其他所有的语言成分在语法中处于平等的地位，都在说话者的语言知识中得到表征，应当在语法研究中占据一席之地。因此，语言中的所有成分都是构式，都处于由具体到抽象的连续统之上，唯一的区别在于不同成分的抽象程度或图式化程度不同而已。

另外，构式语法较好地回答了儿童语言习得的问题。构式语法首先反对生成语法学家的“刺激贫乏论”（Poverty of Stimulus），提出一个比较温婉的假设，认为儿童先天获得的不是某些特殊的语言结构（some specific linguistic structure），而是一种从语言实例中推断语言结构的特殊能力，即获得语言构式的能力（A special ability to induce linguistic structures from linguistic data, that is, to acquire linguistic constructions. Kay，1997）。

具体来说，人类的婴儿能够从日常交际丰富的语言实例中概括和推断出关于这个语言的构式。而儿童之所以在很短的时间内就能够习得母语，主要是因为构式的承继关系（inheritance）使得儿童能够从新的复杂的构式中识别出已有的简单的表达。只要儿童能够识别出这些旧有的表达，就能够将其与新表达关联起来，就有可能理解新的表达。

构式语法提供了新的理解句法-语义接口的可能。形式学派认为句法-语义的接口在词汇层面，动词包含了句法的信息。事体结构分析（Event-structure Analysis）也认为句法-语义的接口在动词层面，但是包含在动词的事体结构中，因此他们也强调在词库中分解动词（Bierwisch，1997；Dowty，1979；Gropen，et al.，1992；Jackendoff，1990；Pustejovsky，1991；Rappaport Hovav & Levin，1988，1998，2001）。而构式语法认为，句法-语义的接口在构式层面，所以是构式而不是动词具有赋予论元的能力。

从语言学史的角度来看，构式语法用“构式”这一概念来统一解释语言中的各种现象，这一视角成果显著且颇具洞见（Constructions offer a fruitful and insightful approach to analyzing language through a single conceptual tool—the notion of construction. Fried & Ostman，2004）。Chomsky 的形式学派将语言置于真空的状态，认为语言研究应该脱离其实际的使用语境独立进行；而构

式语法则建立在 Fillmore 的框架语义学（Frame Semantics）基础上，认为构式实际上与人类生活经验中最基本的事件直接相关（Goldberg，1995）。这就将对构式的研究纳入了认知语言学的框架，认为语言的使用语境与构式密切相关。

因此，构式语法将语言的研究与非语言的认知发展联系起来，将语言的使用置于其实际使用的话语和语用场景之中考察，同时采纳发展（developmental）的观点来看待构式的历时变化和儿童的语言习得。这一主张使得语言研究回归到其最本质的方向上，即将语言的表达和理解与人类一般的认知发展和语言使用的情境联系起来（Andresen，2009）。

## 2.3 构式语法的主要问题

构式语法提供了理解语言的新视角，但作为一种新的研究思路，还有很多内容需要完善（Fried & Östman，2004），亦有很多问题亟待解决（Östman & Fried，2005），因此也不可避免地受到学界的一些批评。比如，构式语法认为构式之间存在着多义关系，其中一个构式体现中心意义，而其余的构式则为其扩展意义。然而，设想不同的构式义的存在抹煞了构式之间的共性。

另外，构式压制认为构式有能力为不及物动词赋予论元角色，从而使得动词可以与宾语共现。然而，是语言形式决定意义还是意义决定语言形式？是构式通过向动词压制论元角色而改变了动词所指代的事件，还是现实中的事件中有一种语义关系可以通过某一个特定的构式进行表达？这是有关构式本质的问题。本部分将详细分析构式语法中的构式多义性、动词简约论、构式压制以及论元角色和参与者角色凸显等问题。

### 2.3.1 语义简约论

Goldberg（2006）强调构式语法的优势之一在于语义简约论（Semantic Parsimony），认为动词中心论将不必要的词项意义强加于动词，增加动词的负担。相反，采用构式的理念则可以避免将此类不必要的词义赋予动词。如下列例句：

(1a) He sliced the bread. (Transitive)

(1b) Pat sliced the carrot into the salad. (Caused-motion)

(1c) Pat sliced Chris a piece of pie. (Ditransitive)

(1d) Emeril sliced and diced his way to stardom. (Way-construction)

(1e) Pat sliced the box open. (Resultative)

根据词汇中心论，*slice* 是这些句子的核心词(head)，在不同的句子中有不同的论元角色，因此我们需要将不同的词义赋予动词 *slice*；而从构式的角度，是构式压制使得 *slice* 在不同的句子中有了不同的解读。也就是说，不是动词的意义产生了变化，而是构式自身的意义使得出现在这个构式中的动词具备了新的意义，动词的新理解来自构式，因此可以避免将不必要的词义附加到动词上，从而实现了动词简约的目标。

然而，Broccias (2006)却认为没有任何必要精简动词的意义。首先，简化动词的意义没有明确的理论上的优势。其次，这样做的一个后果是将传统动词的某些意义转嫁于构式，必然会带来构式数量的增多。同时，构式也面临着与动词同样的问题。既然是构式赋予了动词新的意义，那么到底有多少个构式呢？构式又具有怎样的多义性呢？应当怎样区分不同的构式呢？又应当怎么样看待构式中的动词呢？比如，Broccias (2006) 曾经指出，我们很难判断 *John sent a letter to Mary* 和 *Pat sliced the carrot into the salad* 这两个构式的区别。最后，我们怎么样看待动词 *slice* 所在的不同构式？怎样看待这些构式之间的联系？因为太过注重构式之间的不同，它们之间的共同点被抹煞了。

另外，Langacker (2005a, 2009) 和 Broccias (2006) 认为在认知语言学的框架中，将动词的意义限定在最小范围内不具备认知优势。而且，词汇意义和构式意义不能够完全分开。以“致使-移动”构式为例：

(2a) John sent a letter to Mary.

(2b) John kicked the ball into the room.

(2c) John sneezed the napkin off the table.

在例(2)中，动词自身的“致使-移动”意义体现出程度的不同。比如，例句

(2a) *John sent a letter to Mary* 中的 *send* 已经具备了完全的“致使-移动”意义。因此，动词的词汇意义和构式意义完全重合；相对而言，例句(2c) *John sneezed the napkin off the table* 中的 *sneeze* 则完全没有“致使-移动”意义，因此其“致使-移动”解读仅仅来自其所在的构式。处于二者之间的是例句(2b) *John kicked the ball into the room* 中的 *kick*，因为我们很难判断它是否具备了“致使-移动”意义。

Langacker 认为，决定一个动词是否表达“致使-移动”意义的关键是看其固化(entrenchment)和规约化(conventionality)的程度。也就是说，动词 *send* 经常出现于“致使-移动”构式之中，因此动词的这种用法已经固化到语言且规约化了。所以，它就具备了“致使-移动”意义。而 *sneeze* 则很少出现在这种构式之中，因此其“致使-移动”解读来自构式而非动词。对于 *kick*，尽管它隐含一定的“致使-移动”，但是这一意义远没有其常规的及物意义使用得普遍，所以我们很难确定其意义是来自动词还是构式。由此看来，构式意义和动词意义不仅很难进行严格区分，而且不同的动词与其构式意义的重合也体现出一定的层级性。因此，Goldberg (1995)将动词意义限定到最低程度并不合适。

Broccias(2006)指出了构式语法的一个致命问题，即根据构式的理念，语言中的一切都是构式，没有词汇和语法的区别，二者只是图式化程度不同，从而占据构式连续统的两端。词汇是最具体的构式，图式化程度比较低，而语法规则是抽象的构式，图式化程度最高。既然一切都是构式，而构式的不同仅在于其图式化程度不同，那么语言中的一切都应当得到平等的对待，因此没有必要将动词的作用消减到最小。

### 2.3.2 构式的多义关系

构式之间的关系也存在着问题。Goldberg (1995) 首先认为构式之间存在着多义关系。在这些多义关系中，有一种意义是中心意义，而其他意义则为中心意义的扩展意义(extensional senses)。然而，这一处理存在两个问题。

首先，区分中心意义与扩展意义不能够体现构式的概括性。例如，在“致使-移动”构式中存在着如下的义项：

(3a) X CAUSES Y to MOVE Z (central sense)

Pat pushed the piano into the room.

(3b) Conditions of satisfaction imply "X CAUSES Y to MOVE Z"

Pat ordered him into the room.

(3c) "X ENABLES Y to MOVE Z"

Pat allowed Chris into the room.

(3d) "X CAUSES Y not to MOVE Z"

Pat locked Chris into the room.

(3e) "X HELPS Y to MOVE Z"

Pat assisted Chris into the room.

Goldberg(1995)认为(3a) X CAUSES Y to MOVE Z 是"致使-移动"的中心意义,表示 X 致使 Y 移向 Z;而 (3b)~(3e) 各例都是其扩展意义,即(3b) 表示满足中心意义的条件,(3c) 表示使得中心意义成为可能,(3d) 表示 X 致使 Y 不能移向 Z,(3e)表示 X 协助 Y 移向 Z。

通过仔细观察我们会发现,Goldberg 对(3d)的解读有所偏差。根据 Goldberg (1995)对"致使-移动"构式的定义,X 是 Y 移动的原因,而 Y 移动的方向是 Z。但是 (3d)的构式义为"X 致使 Y 不能移向 Z"。这也可以理解为"X 使得 Y 不能向 Z 移动"。可是 (3d)的例句 *Pat locked Chris into the room* 所表达的意思却是 *Pat* 通过"锁"这种方式致使 *Chris* 移向房间。这就与 Goldberg 对(3d)的构式义的解释相矛盾。这一构式的构式义与其实例的移动方向恰恰相反:构式义表示 Y 不移向 Z,而实例却表示 Y 移向 Z。根据这一理解,实例的构式义仍然是"X 致使 Y 移向 Z",所以 (3d) 的例句并不能说明这一构式义,二者存在方向性的冲突。事实上, Goldberg 想要通过(3d)表达"是 X 致使 Y 不能离开 Z"。显然,这一例证存在问题。

另外,其余的扩展意义与中心意义之间的共性被忽略了。其实例(3)中所有的义项都表达一定的致使-移动。比如,我们可以将(3)(d 暂不作考虑)表示为(4):

(4a) X CAUSES Y to MOVE Z (中心意义)

Pat pushed the piano into the room.

(4b) X CAUSES Y to MOVE Z by satisfying the condition of moving

Pat ordered Chris into the room.

(4c) X CAUSES Y to MOVE Z by making it possible for Y to move

Pat allowed Chris into the room.

(4e) X CAUSES Y to MOVE Z by helping Y to move

Pat assisted Chris into the room.

这样,(4)中所有的义项都表示某种致使-移动,即(4a)表示 *Pat* 通过"推"这个动作致使钢琴移向房间,(4b)表示 *Pat* 通过"命令"这种方式致使 *Chris* 移向房间,(4c)表示 *Pat* 通过"允准"的途径致使 *Chris* 移向房间,(4e)表示 *Pat* 通过"帮助"这样的手段致使 *Chris* 移向房间。因此没有必要区分中心意义和扩展意义。事实上,(4a)～(4e) 具有一个共性:它们都从不同的角度体现出致使-移动的意义。遗憾的是,通过区分中心意义和扩展意义,Goldberg (1995)却抹杀了它们的共性(见图 2-1)。

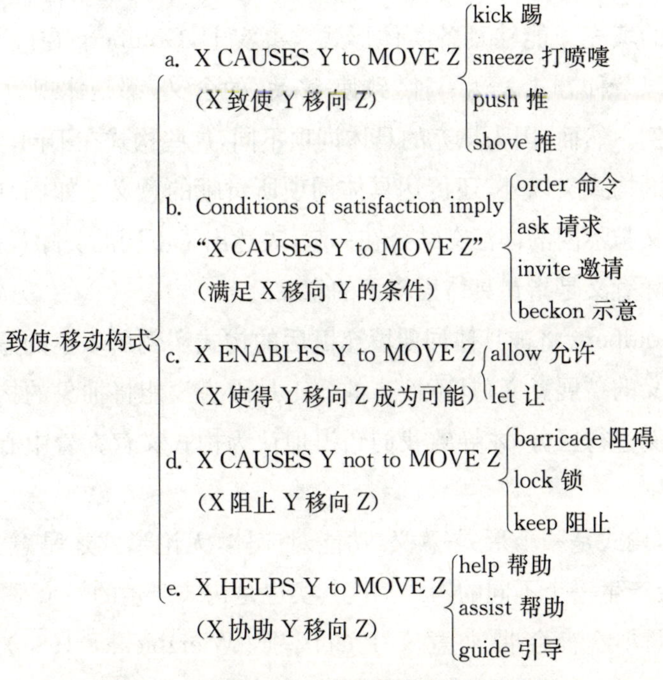


图 2-1 Goldberg (1995)对构式和动词的分类

与多义关系相关的另一个问题是:对中心意义和各扩展意义的区分在很大程度上是依据对动词的分类而定的。如图 2-1 所示,构式的多义性几乎都是由动词的多样性决定的。比如,*order*(命令)语义上就暗示着满足一定的条件,从而使某件事情具备了成形的可能;而 *barricade*(阻碍)的核心语义就是阻止一件事情的进行;*help*(帮助)就意味着协助某人完成某件事情。通过这些例证可以看出,尽管 Goldberg 将动词在构式中的作用消减到最小,她还是依据动词对构式进行了分类。甚至可以说,她对多义构式的界定就是根据出现在这一构式的动词的不同而实现的。

我们认为,Goldberg 在这一点上的主要问题是混淆了构式的抽象意义和构式实例所体现出的具体意义。Kuno(1987)区分了词汇的词典意义和语境意义(contextual meaning),即词项在词典中表达的是抽象意义。比如,词典中的"桌子"就是一个关于桌子的概念或者某些典型特征,而在具体的语境中,"桌子"则是一个客观存在的实体,可能是红木的、玻璃台面、三条腿,也可能是方形、大理石结构的独腿桌子。

构式语法学家认为构式是一个抽象的形式-意义/功能对应体,它只有通过具体词项的填充才能够具备实体形式。事实上,Goldberg 在(3)中列出的所有例句都以某种方式表达一种"致使-移动"的含义,都是体现致使-移动构式的具体实例。然而,因为填充的具体词项不同,这些构式在不同的语境下除了传达共同的构式义以外,还传达具体词项所贡献的意义。如(4)中的各例,共同的构式义与不同的词汇义结合在一起,表达出了不同的交际意义(这里我们所说的交际意义是指在具体语境下的意义)。

因此,Goldberg 将被具体词项填充以后的构式实例所表达的意义理解为抽象构式意义的扩展意义,是不恰当的。正是因为没能将抽象的构式义和具体的构式实例进行区分,才导致我们错误地认为构式义存在着中心意义和扩展意义的区别。

实际上,构式是一个形式-意义/功能对应体,无论形式还是意义/功能出现不同,都会产生一个不同的构式。这其实也是构式产生的一个基本理念,即形式上的不同必然会带来意义上的区别(Wierzbicka, 1988)。而根据 Goldberg 对构式间多义关系的区分,构式可以有意义上的不同,这显然有悖于构式语法的根本认识了。因此本书认为构式是不具备多义性的。

那么，应当如何处理(4)中的例子呢？否认了构式的多义性，是否就抹煞了(4)中各例句的共性了？本书认为，(4)中各例句具有共性，即它们都表达了一种致使-移动，体现了致使-移动构式，是这一构式在具体语境下的体现。那么，否认了构式的多义性，是否也等于否认了Goldberg所看到的(4)中各例句的区别呢？即对条件的满足、对行为的协助等。本书认为，要正确地认识和解释(4)的共性和区别，以及为什么不同的动词可以出现在同一个构式中，首先必须了解事件或情境在语言表征和构式中的作用。这留待后文阐述。

### 2.3.3 参与者角色和论元角色

Goldberg(1995)首先区分动词的参与者角色（participant roles）和构式的论元角色（argument roles）。参与者角色旨在描述动词的框架角色(frame-specific roles)，而论元角色指的是更加抽象的语义角色，如施事、受事等。

动词所在的语义框架存在着多个参与者的语义角色，这些语义角色会得到不同程度的凸显（profile）。Goldberg认为，动词作为一个独立的词可以决定其语义框架中的哪些方面必须得到凸显（As was the case with nouns, verbs lexically determine which aspects of their frame-semantic knowledge are obligatorily profiled. Goldberg, 1995）。这些被凸显的语义角色在某一个情境中处于焦点位置，有很高的语义显著性。总的来说，能够体现抽象的语义角色的参与者更容易被凸显。比如，动词*break*所在的语义框架中，能够分别体现施事和受事的打碎者(John)和打碎物(vase)是这一动词比较容易凸显的两个参与者角色。

那么到底如何确定动词的哪个参与者才具有语义显著性呢？Goldberg(1995)认为，凸显在词汇层面已经得到确定，具有规约性(conventionalized)，是不能被某一个具体的语境所改变的。那么如何确定规约性呢？当然要诉诸这一个词的常规用例。由此推断，要了解动词的哪些参与者角色是必须要凸显的，就必须了解哪些参与者角色经常与这一个动词共现。了解了与动词共现的参与者，我们就可以确定这个动词中必须被凸显的参与者角色有几个，是什么。按照Goldberg对词汇中心论的批判，这同样是一种循环论证。比如：动词*hand*凸显三个参与者角色，因为它只能在*She handed me the book*这类句子中出现。而 *hand* 只能在这类句子中出现的事实又决定了 *hand* 可以凸显三个参与者角色。因此，Goldberg 对动词参与者角色的确定方法存在着她所力求避免的循环论证问题。这在理论上有悖于她的立论基础。要克服这一理论上的缺憾，必须重新审视动词在构式中的作用，尤其是动词所表达的事件在构式中的作用。

对于构式来讲，任何一个与直接语法关系相关联的论元角色都会得到凸显[Every argument role linked to a direct grammatical relation (SUBJ, OBJ, or OBJ2) is constructionally profiled. Goldberg, 1995]。Goldberg 进一步强调，所有的并且只有表达直接的语法关系的论元角色才会得到构式层面的凸显。那么什么是直接的语法关系呢？Goldberg 认为直接的语法关系包括两种，即语义上具有显著性的角色或者在语用层面上被凸显的角色。然而，她并没有对语义和语用层面的角色做进一步的解释，这也就留下了关于构式的疑问，即论元角色的本质到底是什么？论元角色什么时候可以凸显？构式如何获得论元角色？

根据笔者的观察，Goldberg 将"构式"当作先验地存在的概念，没有解释其来源、存在的动因和本质意义。这些问题的根本，在笔者看来，皆源于对构式地位的静态处理。也就是说，在构式语法看来，构式实质上是一个静态的存在。事实上，事件的语言表征是一个动态的过程，构式只是这一过程中的一个环节，它本质上仍是在转喻某一个事件整体。

论元角色和参与者角色的另一个问题是，"凸显"这一概念没有得到充分的解释。比如，凸显的动因是什么？凸显在构式中起到什么样的作用？凸显对构式产生什么样的影响？什么时候凸显什么样的参与者角色？凸显的决定性机制是什么？在构式语法中，凸显也是一个静态的客观存在。也就是说，一个动词带有固有的被凸显的参与者角色，例如，*break* 被凸显的角色就是打碎者(breaker)和被打碎物(broken)，*hand* 被凸显的角色就是传递者(hander)、被传递物(handed)和传递目标(handee)。

然而，本书认为，凸显是构式之所以存在的最根本的机制，正是因为凸显的不同，才会产生不同的构式。事件是一个客观存在，有着多种凸显潜势(profiling potentials)。凸显不同的参与者角色就会产生不同的构式，而这样的结论需要诉诸整个事件框架才能够得到充分的解释。

### 2.3.4 动词与构式的互动

针对句法-语义的接口问题，Goldberg (2006)提出动词的参与者角色和构式的论元角色的融合(fusion)。也就是说，动词所在的语义框架中的参与者角色进入构式时必须与构式中的论元角色相融合，才能获得进入构式的资格和合法性。

具体来说，只有当动词的参与者角色可以成为构式论元角色的实例时，才能够与构式融合。由于动词和构式分别凸显不同的角色，因此匹配原则(the correspondence principle)要求动词中所有被凸显的角色都必须在构式中得到解释。这样就保证了动词的角色必须要适应构式的角色要求，而构式则不必针对动词进行任何调适。也就是说，构式对动词有单向的压制(coercion)作用。

动词与构式融合的理想状态就是动词的参与者角色与构式的论元角色一一对应。以 *hand* 为例。动词 *hand* 有三个参与者角色：传递者(hander)、被传递物(handed)和传递目标(handee)，而双及物构式(ditransitive construction)凸显三个论元角色：施事(agt)、与事(rec)和受事(pat)。如图 2-2 所示，三者的一一融合就产生了双及物构式。

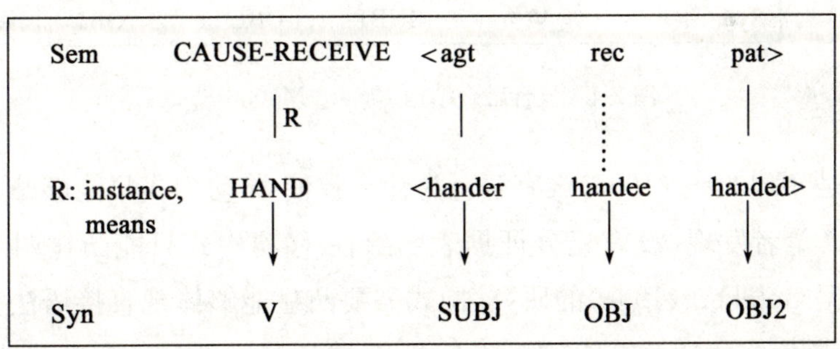


图 2-2 复合融合结构 Ditransitive+*hand*

然而，不是所有的角色都得到凸显，这就导致了论元角色和参与者角色之间的凸显不一致。构式不能够凸显动词所需要的全部角色。比如，在复杂述谓致使-移动构式中，只有两个论元角色得到凸显，即致事(cause)和受事(theme)，而目标(goal)论元没有得到凸显，如图 2-3 所示。但是动词 *put* 却凸显了三个参与者角色，即置物者(putter)、被置物(putee)和放置地点(put-place)。那么动词 *put* 怎样与构式达成融合呢？根据匹配原则，动词中所有被凸显的角色都必须在构式中得到解释，因此动词中被凸显的“放置地点”(put-place)角色就和构式中没有被凸显的“目标”角色相融合，如图 2-4 所示。

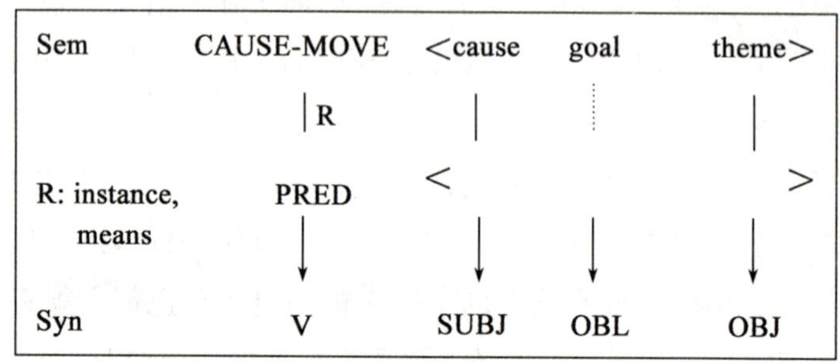


图 2-3　致使-移动构式

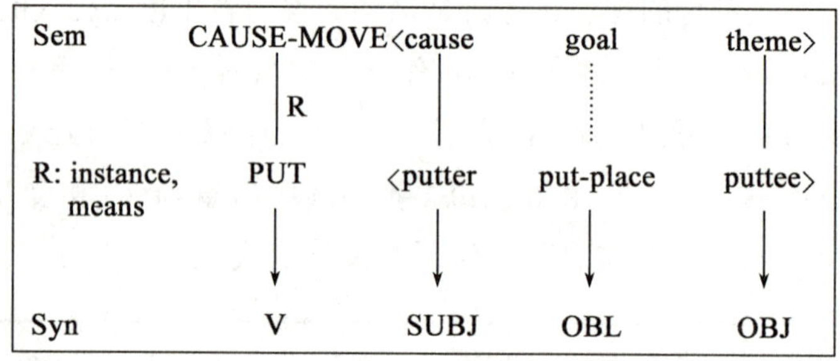


图 2-4　复合融合结构 Caused-Motion＋*put*

但是，Goldberg(1995)没有解释为什么致使-移动构式只能够凸显两个论元角色。笔者发现，没有充分证据表明致使-移动构式只能凸显两个论元角色。根据 Goldberg(1995)的研究，构式需要凸显能够体现直接语法关系的论元角色，而直接语法关系体现在两个方面：或者是语义上具有显著性，或者是在语用上需要成为焦点。

对于致使-移动构式，从逻辑语义上来讲，表达“致使-移动”的概念必然涉及三个角色，即导致移动的原因、移动的实体和移动的方向/方位。也就是说，三个论元角色在语义上有足够的显著性，否则致使-移动就不成为致使-移动构式。从语用的角度，之所以存在致使-移动构式，就是要表达在这样一个事件中出现的三个论元之间的语义关系。因此，三个论元角色在语用上有被凸显的必要，应当是被凸显的论元角色。

本书认为，Goldberg 设想构式凸显论元的不足既没有理论的优势，也不能产生经济的效果。如果不假设构式对论元凸显的不足，而是假设构式凸显足够多的论元（以致使-移动为例，假定构式凸显三个论元角色，即致事、受事和目标），动词 *put* 和致使-移动构式之间就是一一对应的融合，这样既可以在理论上取得一致，即没有必要针对致使-移动构式设想额外的对应方式，同时也符合语言习得过程中的经济原则。

动词与构式融合在凸显上的另一个不一致现象体现在动词上，即动词没有凸显足够多的参与者角色。例如，动词 *mail* 仅仅凸显两个参与者角色：寄件人（mailer）和所寄内容（mailed），而收件人（mailee）角色则没有凸显：

mail——mailer mailed mailee

然而，双及物构式却凸显了三个论元角色，即施事（agt）、与事（rec）和受事（pat）。在这种情况下，构式就通过压制实现二者的融合（见图 2-5）。

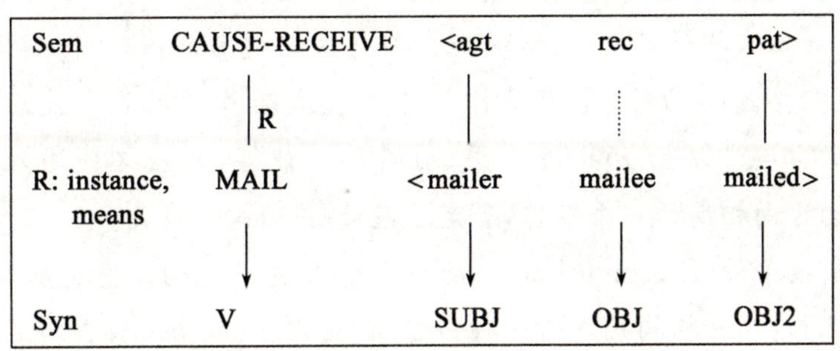


图 2-5 复合融合结构 Ditransitive＋*mail*

Goldberg（1995：54）认为“所有被凸显的参与者角色必须在构式中得到解释，而构式中的论元角色则不必对应动词的某个参与者角色”（All profiled participant roles must be accounted for by the construction. However, it is not necessary that each argument role of the construction correspond to a participant of the verb）。这样就保证了构式对动词的压制，从而使动词必须根据构式的需要进行调整；相反，构式却不需要适应动词。因此，压制是单向的。

然而，很多研究表明，动词对构式也有压制作用。比如，Sweetser 和

Bouveret (2009)通过对 *cut/break* 的研究发现,动词和构式在论元结构中同等重要。因此,Goldberg 因为太过强调构式的作用,而忽略了动词,似有构式决定论的嫌疑。事实上,动词和构式是双向互动的(王寅,2011)。

Goldberg(1997b)认为动词与构式之间存在着四种关系,分别为:

具化(Elaboration)。比如,例句 *She tosses me the pillow* 是一个双及物构式,表示一种传递,但是动词 *toss* 使得这个构式有了具体的意义,即这种传递的实现方式是 *toss*,而不是如 *kick* 等其他方式。动词使得构式意义实现的方式具体化了。

力动态(Force-Dynamics)。力动态在具体句子中连接动词的意义和构式的意义,使二者合而为一,具体包括四种关系:方式、工具、结果和否定。比如:在 *Elena sneezed the foam off the cappuccino* 中,动词 *sneeze* 自身不能表达构式意义,而只是表达完成构式意义的方式,即通过"打喷嚏"使得泡沫移动。而在 *David hammered the metal flat* 中,动词 *hammer* 是完成构式意义所使用的工具。在 *The chef cubed the meat* 中,*cube* 本来指的是肉的最终形状,但是这里被用来指代"得到这样的形状"所需要做的动作,是用动作行为来表达动作的结果。最后,在 *Pat locked Chris out of the room* 中,动词 *lock* 使得 *Chris* 不能进入房间,是与移动方向相反的一个动作,否定了致使-移动构式意义。

前提条件(Precondition)。动词有时表达完成构式意义所满足的条件。比如:双及物构式表达一种传递,但是在 *Dave baked Marina a cake* 中,动词 *bake* 就表达了完成构式意义所需要满足的条件,即只有预先烤好蛋糕,才可以实现传递。所以这里的动词表示实现构式意义的前提条件。

伴随行为(Co-occurring activity)。动词有时只是表示在构式意义实现时所进行的动作或行为,如:*She typed her way to the assistant manager*,这里动词 *type* 体现了她在晋升过程中一直进行的动作。另外有一些动词与构式意义之间没有任何因果关系,只是表达动作的重叠,如:*He seemed to be whistling his way along*.(董燕萍、梁君英,2002)

然而，Goldberg 所列出的动词与构式的四种关系有很多重合。比如，没有充分的理由区分动词与构式之间的“具化”和“力动态”关系。如果说“具化”描述了实现某一个构式意义的具体动作，那么完全可以认为力动态中的每一种关系（方式、工具、结果和否定）都是对构式意义实现的一种具体描写。例如，*Elena sneezed the foam off the cappuccino* 不仅表达了一种致使-移动，还表达了这种致使-移动的具体实现方式，从而使得构式意义更加具体；*David hammered the metal flat* 不仅表达了一种结果，还详细描述了实现这种结果所使用的工具，从而从工具的角度具体化了构式意义的实现。因此，力动态也同样可以认为动词从某一个角度体现了构式意义实现的特色，也可以认为是对构式意义的“具化”。具化似乎比力动态更加宽泛，包括力动态的部分内容。

另外，体现具化关系的句子 *She tosses me the pillow* 表达了传递时具体的情境，那么为什么不能认为这个动词表示了实现构式意义的一种特殊方式，从而使具化关系归于力动态中的方式关系呢？由此可见，Goldberg 关于动词与构式关系的分类有着不同程度的交叉重合，还需进一步研究和详细区分。

同时，如前所述，Goldberg 对动词与构式关系的描写和分类仍然建立在对动词分类的基础之上。究其原因，本书认为是由于 Goldberg 没能区分抽象的构式意义与构式实例。也就是说，构式是一个抽象的图式框架，其意义也是抽象的。某一个构式只有被具体的词项填充以后才获得了具体的形态。然而，被词项填充以后的构式除了抽象意义还有了具体的意义，即由词项所提供的意义，也就是构式在具体语境下与词汇产生互动以后的意义。这时，被词项填充以后的构式是体现抽象构式的一个实例。每一个具体的句子都是一个抽象构式的实例。正是因为混淆了抽象的构式意义和被具体词项所填充以后的体现构式的实例之间的区别，才使得 Goldberg 没能完全描述动词与构式之间的关系。事实上，动词与构式之间的关系受制于动词所表达的具体事件（详见下文讨论）。

动词与构式互动的一个核心问题是构式得以存在的理论前提。Goldberg 等坚持认为构式涵盖语言的各个层面，从语素、词汇到句法，均是构式的范畴，其区别仅在于抽象程度的不同。也就是说，动词是构式，是抽象性比较低的构式；而句法也是构式，是抽象性表较高的构式。然而，在具体的讨论中，

Goldberg 又具体区分了动词与构式。这就意味着，动词与构式是构式语法中相对独立的两个概念或者群体。这样的假设势必违反了构式语法的理论基础，存在着逻辑上的缺陷(王寅，2011)。

同时，构式的作用似乎过于强大。根据 Goldberg 的研究，动词必须适应构式，但是构式不必受动词的影响。那么，是否所有的动词都要受到构式的压制呢？关于动词与构式的关系，王寅(2011:404-405)曾经针对 *sneeze* 提出这样的问题：

> 究竟是该词先通过隐喻机制使其词义发生延伸变化，然后才被用于该构式之中，还是仅因为被用于该构式才使词义发生变化的呢？是否存在动词参与者角色可以影响构式题元角色结构的情况(作者按：这种情况确实存在)？在词义变化过程中，或动词与构式互动过程中，可能会出现什么额外义？这是否与生活经验或百科知识密切相关，而不必总将其归结到“纯构式”上去？

本书认为，王寅的讨论触及构式的本质问题，即构式在语言中到底享有什么样的地位？构式在语言表达中的作用到底是什么？它是限制语言的表达，还是协助人们进行语言表达？为什么构式要对动词进行压制？构式对动词进行压制的结果是什么？是使动词获得了新的参与者，还是使动词有了新的构词能力？

以 *sneeze* 为例，是致使-移动构式使得 *sneeze* 被解读为隐含三个论元角色——*sneezer*，*sneezed*，*sneeze-goal*，还是一个“打喷嚏”的事件使得说话者选择了一个致使-移动构式来表达具体的场景？也就是说，构式与事件之间到底存在什么样的关系？是构式决定我们怎样解读一个事件，还是一个事件的类型决定我们选择什么样的方式或构式去表达它？对这一问题的回答决定着构式的本质，而只有认清了构式的本质，才能对构式有一个客观的描述，才能正确评价其作用。

根据 Goldberg 的论述，构式对动词有压制，或者更确切地说，构式对动词有一种塑造作用，它使得动词具备了与其本来没有的论元进行结合的能力，从而给予动词新的解读。同样以动词 *sneeze* 为例，它本来只能出现在 *John sneezed* 这类句子中，只能带有一个论元。然而，在 *Elena sneezed the foam off the cappuccino* 中，它却可以与 *foam* 和 *off the cappuccino* 相结合，表达一种移动，带有不止一个论元。因此，致使-移动构式决定了我们对这个动词的新解读。这就意味着构式在语言中是一个锻造“车间”，凡是经过这个“车间”的动词，都要经过一定的锻造。如果动词的特点与这个车间的特点完全一致，就不需要有任何的重新塑形；而如果动词与车间的特点有很大的不同，则要经历巨大的变化，*sneeze* 就是一个很好的例子。由此，构式在我们对具体动词的解读中有着决定性的作用。

然而，在本书看来，这样的解读未免本末倒置。因为 Goldberg 忽略了一个最为根本的问题：说话人为什么将 *sneeze* 用到这样一个构式里面？说话人想通过这一个构式表达什么？答案很显然，说话人希望通过这样的句子向听话人描述一个事件，传达一个信息：*Elena* 一打喷嚏，使得 *cappuccino* 上的 *foam* 离开了咖啡。那么，是致使-移动构式决定了 *sneeze* 可以与额外的论元结合吗？当然不是。是这个偶尔发生的打喷嚏的具体事件使得说话者选择了符合这一事件语义关系的致使-移动构式来表述这个事件。因此，Goldberg 将构式理解为一个静态的锻造“车间”，对动词有强大的塑造作用，这从根本上误解了构式的作用：不是构式决定动词的新解读，而是说话者对某类事件表达的需要使得动词进入到某个适合这种事件的构式。

## 2.4 小结

构式语法当前仍存在着许多问题有待解决。首先，构式语法强调动词语义的简约，认为动词中心论将不必要的词项意义强加于动词，增加动词的负担。相反，采用构式的理念则可以避免将此类不必要的词义赋予动词。然而，Broccias (2006)认为精简动词的词义没有理论和实践上的优势，反而以忽略不同句子之间的共性为代价。Langacker (2005a，2009)也认为从认知的角度最大限度地减少动词在句子中的意义是不合适的。而且，最根本的问题在于，构式语法认为构式是一个连续统，从最具体的词项到高度抽象的句法关系都可以视为构式。按照这样的思路，动词也好，句子也好，句法关系也好，都只是抽象程度不同的构式。既然一切都是构式，动词也是构式，那么应当得到和其他构式同等的对待，而如果刻意将其作用缩减到最小，则有悖于构式语法的基本理念。

其次，构式语法认为构式之间存在着多义关系。这同样与构式语法的立论基础有一定冲突。构式语法认为构式是句法-语义和用法的统一体，任何一方发生改变，就必然会导致一个新的构式出现。如此说来，形式的不同意味着不同的构式，那么意义的变化也会带来构式的变化，因此，构式多义性的假设很难成立。Goldberg(1995)之所以设想构式的多义性，主要原因在于混淆了高度抽象的构式意义和被具体词项填充以后的句子意义。前者高度抽象，而后者相对具体。前者的意义不受任何词汇的影响，而后者则有抽象的构式义和具体的词汇义共同构成。将二者混为一谈势必带来对构式多义性的错误界定。

在讨论动词与构式的互动时，构式语法认为构式对动词有压制作用，可以为动词赋予该动词在传统意义上所不具备的论元角色。但是，压制是单向的，动词必须适应构式，而构式则不必针对动词进行调适，这就将构式当作先验地存在的模具，任何经由这个模具塑形的动词都必须获得构式的论元角色。这一设想有本末倒置的嫌疑。

构式语法最大的贡献在于为 *John sneezed the foam off the cappuccino* 之类的句子提供了合理的解释，认为是致使-移动构式使得本来的一元动词 *sneeze* 在构式的压制下获得了新的论元“移动对象”和“位移路径”。然而，这一观点的假设就是构式改变了现实世界中的事件发生的方式。也就是说，构式通过对动词 *sneeze* 的压制，使得 *sneeze* 可以带有三个论元，从而改变了 *sneeze* 的方式。换言之，语言形式决定了语言表达的内容，即形式决定意义。

但是事实并非如此。语言形式是为意义服务的，它只能表达意义而不能决定意义(王黎，2005)。构式不具备改变现实的能力，它只能反映现实世界中实际发生的事件。因此，是现实中一个特别的 *sneeze* 事件使得说话者想要通过语言的方式去呈现这个事件，致使-移动构式只不过是恰好能够正确地对这个事件进行表征而已，而不是构式使得说话者可以在现实中“致使泡沫飞离咖啡”。

构式语法之所以会存在上述问题，关键在于其对事件在语言呈现中的核心作用的忽视。语言的终极目的在于传达意义，但是意义不是凭空而来的，而是植根于现实发生的事件。语言形式是为意义服务的,因此应当到现实的事件之中寻求其根本意义。

在本书看来,构式的本质是描述一类与人类经验相关的事件。这类事件有一定的概括性,所以具有抽象的意义。同时,这类事件的具体实现方式又很丰富,所以可以与不同的动词结合而产生很多具体的体现抽象构式意义的实例。这就是构式与事件之间的对应关系。

由于构式具有高度的概括性,可以用来描述一类抽象的事件,因此当其在语言中固化(entrench)以后,就成为人们表达类似事件的一个手段。所以,当类似的事件发生在日常生活中时,人们就会借助这个构式使用语言来表征这一类事件。

因此,要恰当理解构式,必须要了解动词与事件的关系、动词与构式的关系及其互动方式、构式与事件的关系(包括构式与具体事件的关系和构式与抽象事件的关系)。Goldberg (1995,2006)虽然并非没有认识到事件在构式中的作用,但是却没有深入讨论和挖掘动词、构式和事件之间的关系。

本书将以事件识解为基础,探讨其最后被表征为语言的过程,并描述在这一表征过程中经历的变化和抽象,以期对动词、构式和事件有一个比较清晰和全面的陈述,试图厘清有关构式的一些基本概念和基本关系,从而对构式有一个全新的认识。

# 第三章　事件的语言表征

## 3.1　导言

传统语法制定各种语法规则,限制语言的表达;描写主义语言学研究语言成分的分布,归纳出语言成分的使用规律;转换生成语法认为语言是一种心智活动,而句子是由深层结构转换为表层结构的结果,总结出一系列关于语言的转换生成规则从而描述句子的合法性。总的来说,以上三者主要关注语言表达的合法性,产生出一些规则描述语言表达,并避免不合语法的表达。与此相反,认知语言学认为意义与人的体验相关,了解意义必须将其与作为一个物种的人的特性联系起来,因此将人的语言能力与其认知能力的发展关联起来。这一领域的理论关注某一个表达何以成其为一个表达,人类为何采取一种而不是另一种方式看待世界(Geeraerts, 2006)。从某种意义上,认知语言学触及语言的本质。然而,认知语言学对于(1a)却仍然无力解释。

(1a) ♯The paper opened the door.

(1b) The key/The hammer/The dog opened the door.

(1c) John opened the door.

(1d) The wind opened the door.

(1e) John opened the door with the key.

(1f) John opened the door with a hammer.

Fillmore(1971a) 给出如下的例句：

(2a) The wolf got a divorce.

(2b) The wolf didn't get a divorce.

(2c) I accidentally broke your wolf.

问题是:尽管合乎语法,但是为什么(1a)在日常语言中不可接受？在(2c)中,为什么不能打碎一只狼？Fillmore (1971a:274)认为“上述例句的模糊在很大程度上来自我们对狼这种生物的了解,而非来自我们作为语言使用者对‘狼’这个名词的特征的了解”(The unclarity of the above sentences has a lot more to do with what we happen to believe about the creatures known as wolves than with what we, as speakers of English, know about the linguistic properties of the noun wolf)。因此,仅仅是语言知识并不足以判断一个句子是否可以接受,如何来理解和恰当使用一个语言成分,还需要对百科知识进行补充。

在关于世界的知识系统中,人可以开门,钥匙可以开门,人可以使用钥匙开门,或者可以使用锤头甚至枪支暴力开门,一般来说,我们不会使用纸来开门。但是,假设一种特殊的门只能使用某种特定的纸来打开,(1a)就完全可以接受。因此,问题的关键不在于(1a)是一个不合法的句子,而在于在人类的日常生活中没有经历过用纸开门的事件,哪怕是在可能的世界里也不存在这样的事件。然而,有了足够的背景作支撑,(1a)就完全合法了。因此,(1a)不可以接受而(1)中其他句子都可以接受的原因是在于语言深深地植根于人的日常生活经历,以日常生活的经验作为语义表达的参照。因此,关于日常事件的经历决定了一个动词可以和什么样的参与者共现,这是构成动词的基础。在“纸开门”的场景中,开门这样的日常事件的表征中没有将纸表征为一个参与者,因此纸是不可接受的。

由此可以推断,前文之所以将动词 *sneeze* 应用到致使-移动构式中去,不是因为这一构式通过压制给动词赋予两个额外的论元,而是因为说话者在经历了“某人打喷嚏使泡沫离开咖啡”这样一个事件以后,需要一个合适的表达方式将这个事件用语言呈现出来。也就是说,不是构式促使 *sneeze* 有了新的附带论元的能力,而是一个事件促使这个动词出现在这样的构式里面。那么,这个构式有什么样的特征足以满足这一事件的要求呢?换言之,是什么导致打喷嚏事件选择一个致使-移动构式,而不是其他构式来表达这一事件的内容呢?这就涉及构式的本质问题,而动词与事件、动词与构式以及构式与事件之间的关系在对构式的理解方面的作用就变得尤为重要。因此,事件的本质和组成及其在语言习得和表达中所发挥的作用就需要得到恰当的描述。

## 3.2 事件的核心作用

许多研究都表明,事件是语言习得过程中的重要因素(Bruner, 1983; French & Nelson, 1985; Lucariello & Nelson, 1982; Lucariello, Kyratzis & Engel, 1986; Mandler, 1984; Nelson, 1985, 1986; Snow & Goldfield, 1983)。Bruner (1983) 通过研究儿童的语言交流发现关于事件的知识在儿童的语言习得中起到关键作用。同时,事件还是儿童习得相关的语言知识的基础,如:体(Bohnemeyer & Swift, 2004)、被动语态( Lee & Lee, 2008)、视角转移(Narasimhan & Gullberg, 2006)、所有格(Knittel, 2010)等。

对于事件的表征构成了儿童关于现实世界的知识的基本形式(The representation of events constitutes a basic form of the child's real world knowledge. Nelson, 1986:x),儿童通过与其所在的外部世界进行互动而获得关于外部世界的知识。作为这个世界的新成员,婴儿了解周围世界的唯一途径就是观察并亲身体验具体的事件。因此,他们每天所经历的事件就为其认知的发展提供了丰富的原材料。

"儿童关于世界的知识几乎是独一无二地来自其关于世界的直接体验。"(Nelson, 1986:5)Nelson 认为,这种直接体验的核心部分就是事件。出生之后,新生儿置身于一个充满了无序信息的世界,在这样的世界中,事件是一个动态变化的过程,极易吸引婴儿的注意力,因此也构成了婴儿认知发展中的早期知识形式之一。"从现象学的角度,儿童在一系列正在发生的事件之中体验世界。"(Nelson, 1986:4)

Farrar、Friend 和 Forbes (1993) 研究儿童早期的语言发展,发现关于事件的知识与儿童的语义和句法知识的发展密切相关。儿童语言的使用随着其关于事件的经验的不断积累而不断增加，这就表明儿童在事件中积累起来的知识激发了他们的词汇和语法知识。

具体来说，从词汇类型(lexical type)的角度，随着儿童关于某一事件的知识的增加，他们在熟悉事件中对不同词汇的使用显著增加，而在陌生事件中没有观察到相应的增加。另外，在类例(token)的使用中也观测到同样的增加，即在熟悉的事件中，关于某一个词语的使用多于其在陌生事件中的使用。

同时，他们还测试了动词的多样性。结果表明，随着关于事件的知识的增加，儿童能够更加频繁地使用更多的与事件相关的表达具体动作的词汇。相反，在陌生事件中没有观察到类似的趋势。这可以解释为更具体的动作动词与具体的事件相关，而笼统的动词则能更灵活地适用于更多的事件类型。

这也表明，随着儿童对某一个事件的了解越来越多，他们就会习得更多的涉及具体事件的具体动词。然而，笼统的动词并不局限于某一个事件，因而能更广泛地应用于多种事件。这也表明，对事件的熟悉程度可以激发对动词的习得，具体的动词被标示为具体的事件。

事件的作用不仅体现在词汇使用的增加上，在语法知识的积累中也发挥作用。比如，对于熟悉的事件，儿童能够使用更加复杂的句式，而对于陌生事件则不能。这是因为随着对某一事件的熟悉程度的不断增加，儿童在理解中就不需要太多的精力进行信息处理，所以可以分配更多的时间在语言表达上。因此，“关于事件的知识为事件的解读提供了一个概念框架(conceptual framework)，并且提供了更多的信息处理空间，从而促进了语言的发展”(Farrar，Friend & Forbes，1993:603)。

作者最后认为，在儿童语言习得中所观察到的词汇和语法知识方面的区别应当归功于对事件的熟悉程度。也就是说，“儿童一旦理解了一个事件，就能够习得适用于这个事件的词汇”(Farrar，Friend & Forbes，1993:603)。更重要的是，儿童不仅能够学会适用于熟悉事件的新词汇，而且他们过去学会但是又适用于此类事件的词汇也得到激活。儿童在熟悉事件中的良好表现不是由于他们的语言或认知能力的相关因素得到了总体提高，有明确的证据表明，他们的进步在于其关于事件的体验。因此，随着儿童在事件中经验的积累，儿童的语言习得也进一步得到加强。这足以证明，是事件给儿童提供了概念基础，帮助他们从词汇和语法两方面习得语言。Steinberg 和 Sciarini (2007) 也认为仅仅听到 *John chased Bill* 这样一个句子并不足以使儿童习得两个参与者之间的关系。与此同时，儿童还需要观察到 *John* 追 *Bill* 这样一个事件，才能真正获得"S—V—O"这样结构的内在语义关系。因此，是事件或者对事件的体验为儿童习得语言提供了语义基础。

由此可见，事件在语言习得中发挥着重要作用。儿童通过经历和体验具体的事件，从而获得与这个世界直接相关的知识。在知识的累积过程中，儿童不断地总结和概括事件的规律，形成对周围世界的基本认识。而这样的认识又反过来指导儿童进一步认识这个世界，从而对世界中的事件进行分类(categorization)，使得周围无序的信息变得有序。语言所表达的就是儿童对世界的认识、归类和抽象。事件是人类认识世界的基础与核心，是人类关于世界的知识的起点。

同样，语言的表达也离不开具体事件。语言最重要的目的就是信息交流，就是对话双方传达关于事件的信息。因此，传达事件是语言交流的重要内容。人们关于事件的交流可以采取的方式有两种，一个是句子，另一个是段落。如果句子足以完整地传达一个事件，则没有必要诉诸段落。只有当句子不足以完整地传达事件时，才使用多个句子构成段落来表达信息。语言的一切形式都是为其内容和意义服务的，语言的交流在很大程度上是关于事件的信息传递。因此，事件对于理解语言中的动词、构式和句子有着至关重要的作用。

## 3.3 事件研究理论

柏拉图通过关于圆的论述试图解释完美的概念。康德进一步发展了这一概念并将其引申为图式(schema)。Piaget(1926)最先使用"图式"的概念研究人类的早期发展。Bartlett(1932)将其引入认知心理学。后来，教育心理学家Andersen 进一步将图式发展成为图式理论(Schema Theory)。图式的基本假设是：在与周围世界进行互动的时候，人不是被动地感知世界，而是通过感知建构关于世界的知识。图式就是人在体验世界的过程中，积极组织已有的经验所建立和积累的认知结构。

图式不仅是对过去经验的抽象和总结,也是对当前体验的组织,而且为未来的知识提供一个认知模板(framework),指导人们对新经验的理解。Piaget的发展理论认为,儿童会采用一系列的图式来认识周围的世界。图式影响着人们的注意力和对新知识的吸收,因为人们总是倾向于关注与他们所熟悉的图式相关的事件,而且也倾向于将观察到的事件纳入其所熟悉的图式中进行识解和认识。因此,人们在体验常规事件时不必对每一个新的经验都进行编码和重新组织,而是使用已有的图式来消解新的事件。这就是 Piaget 所说的同化(assimilation)。然而,不是所有的经验都可以被同化到已有的图式中。当新知识与旧图式相矛盾时,人们就会通过顺应(accommodation)来吸收新知识,调整已有的图式,从而实现知识的积累。

图式的概念也被用来解释日常生活中的事件。在文献中有很多关于事件的研究和描述,所以事件并不是一个新的名词。但是,它却仍然是一个模糊和笼统的概念,比如,事件和相关的概念如 *script*、*scene*、*frame* 或 *encyclopedic/world knowledge* 之间并没有特别明确的区分。事实上,要在这些概念之间进行区分并不容易 (Evans & Green, 2006; Taylor, 2001),甚至连提出这些概念的学者自己也认为它们之间有很多重合 (Lakoff, 1987; Langacker, 1983, 1987, 1990, 2002, 2003c)。总的来说,这些概念都在一定程度上试图解释人类的认知机制和知识结构的来源。然而,学者们并没有对事件作一个全面和详细的描述。

本章将讨论如下与事件相关的概念:格语法(case grammar. Fillmore, 1968)、框架语义学(frame semantics. Fillmore, 1975, 1977c, 1978, 1982, 1985)、辖域和射体-界标或图形-背景(domain & trajector-landmark/figure-ground. Langacker, 1983, 1987)、理想化认知模型(idealized cognitive model. Lakoff, 1987)、事体结构(event structure)以及视窗(windowing of attention. Talmy, 2001)。

不论在名称上的差异如何之大,这些概念都有一个共识,即对概念的理解建立在对该概念所处的背景知识的了解之上。也就是说,没有背景框架作为基础,人们不可能理解某个概念。比如,要理解星期一到底表达什么意义,就必须首先有星期的概念,并且要了解星期一在一个星期之中的相对位置。只有诉诸星期这个框架,才能够建立起一个星期之中每一天的意义。换言之,要理解名词,就必须要将这个名词置于其所在的框架之中进行考察,然后才能够建立起具体名词的意义。对名词范畴适用的背景同样适用于动词:对动词的理解同样要建立在关于动词的框架之上。Piaget (1971)也表达相同的观点,即任何知识都与动作相连……要了解一个物体或是一个事件,就要通过同化作用将其融入一个动作图式,而所谓动作图式就是同一个行为的不断重复和叠加。

从格语法到构式语法,语言学家在不断地探索动词与事件之间的关系的同时,也设想出各种模型来描述这种关系,以期解释动词-事件的关系与句法-语义接口之间的联系。

### 3.3.1 格

Fillmore(1968)从功能的角度分析了动词与其所联系的名词之间的语义关系,提出了语义格的概念,认为名词与动词之间存在着不同的语义关系,而这种不同的语义内容可以通过深层的格关系得到体现。如例(3)中的句子:

(3a) *John* opened the door.
(3b) *The key* opened the door.
(3c) *The door* opened.

尽管都是主语,(3a)中的主语在深层结构上是施事,而(3b)中的主语是工具。有了格的概念,就可以对(3)中主语与动词的关系有一个清晰的辨别。

Fillmore(1971b)进一步描述了深层的语义格:施事格、感受格(experiencer)、工具格(instrument)、客体格(object)、源点格(source)、终点格(goal)、处所格(location)、时间格(time)、路径格(path)。它们由左向右的排列构成主语选择的等级序列,即在一个句子中,总是最左边的语义格优先成为表层的主语。格由此而成为研究句法-语义接口的工具。它不仅是重要的语义概念,还在句法中起着举足轻重的作用:既体现句子中动词和名词的语义关系,还表达和解释深层的格关系与表层主语的关系,即一个事件中不同的参与者间的句法关系是怎样得以实现和表达的。

毫无疑问，事件成为区分语义格的基础。要建立某个动词与不同的名词之间的语义关系，必须将不同的名词置于同一个事件之中，考察其对于事件的发生所起到的作用，然后才能够区分不同的语义关系。格不仅能够梳理某个动词和某些名词的表层互动，而且可以触及语言中普遍存在的名词和动词间的语义关系。比如，Fillmore (1968)认为："格包含一系列普遍的，或许是内在的概念，这些概念辨识出人类对其周围所发生的事件所作的一系列判断的类型。"因此，格关系具有普适性，体现出人们对周围所发生的事件的一个判断。这也为 Fillmore (1971b)对"判断"(judging)的研究埋下了伏笔。

但是，格毕竟只是一个简单的具体的对某个动词及其所联系的名词之间关系的研究，脱离不了低层次的语义关系，不能够解决动词和名词之间高层次的语义问题(朱德熙，1986)，也不能解释实际的句法表征的不同。同时，格的来源没有得到详细的阐述。来历不明的格必定会带来概念上的界定不清，会存在格的重叠，亦会导致格的归类模糊等问题(Huddleston，1970；魏屏，1987；杨成凯，1986a，1986b，1986c)。Dirven 和 Radden (1987)则认为 Fillmore 的格系统是从传统语法中借用而来，他想当然地为从语义上定义的格赋予了句法功能。更严重的问题在于，格被视作一个自主的系统，未能与其他层面的语言描写建立系统的关联。

上述问题的根本原因在于，Fillmore 没有肯定事件在格中的作用。没有界定事件的作用，就不能够为格的存在提供理据，也就不能正确地认识格的作用和意义；没有分析事件与格的关系，就不能够解释说话者何时选择工具格作主语，何时决定由施事格作主语，也就不能深入探讨句法-语义的接口问题。

同时，格语法所研究的仅仅是一个具体的事件(如"开门"事件)中的一个动词(如 *open*)与这一事件中所涉及的不同的参与者(如 *John*，*the door*，*the key*)之间的语义关系，以及这种关系上升到句子表层的选择性机制。根据这样的逻辑，关于现实世界中的每一个事件，人们都应该对其具体的语义格有一个详尽的描述；同样，语言学习者对现实世界的每一个事件都须有一个具体的习得过程。这样既使得语言的研究沦为庸俗和琐碎，也为语言的习得带来巨大的负担。因此，格的概念仍需进一步扩展。

### 3.3.2 语义框架

前文提到,Fillmore(1968)所构想的简单的"低层次的"格关系的确有益于认清动词与其所联系的名词之间的关系。然而,若要全面细致地描写自然语言中的语义—句法之间的关系,格语法未免捉襟见肘。

框架语义学(frame semantics)得益于认知心理学关于框架(frame)的研究。Fillmore认识到每一个格系统都可以视作以一个抽象的场景(scene或situation)而发展出来的格框架,关于格的认识为框架的产生提供了语义基础,所以此后Fillmore致力于框架语义学(Fillmore, 1977a, 1977b)的研究也"就是再自然不过的了"(陶明忠、马玉蕾,2008)。

框架语义学认为可以将自然世界中的事件视为一个个场景,在不同的场景中有不同的参与者,每个参与者承担不同的语义角色。这是语义的深层表达。在句法层面上,不同的参与者通过视角(perspective)的选择进入具体的语言层面并得到表达,即视角选择某些参与者,使其成为句子的核心(nucleus)成分。例如,在商业事件(commercial event)中,具体选择动词*sell*还是*buy*抑或*pay*,关键在于我们想要选择什么样的视角来描述这个事件。如果视角落在商业事件中的参与者seller/buyer/goods上,动词*sell*就得到选择,产生句子*John sold me a book*;而如果视角落在buyer/money/goods,动词*pay*就得到凸显,产生句子*Mary paid five dollars for the book*。

相对于格语法,框架语义学跨出了具体动词的拘囿,将视线投向更加抽象的上位事件,同时关注到这一事件中不同动词之间的关联。不同的动词以各自的方式激活人们对同一个场景的记忆,并因此而在语义上互相关联起来(Fillmore, 1987)。也就是说,一个动词或一个参与者角色会触发关于整个商业事件框架的记忆,而这样的框架是实现句子理解必不可少的背景知识。由于对不同动词的理解需要触发同一个场景,因此就在这些动词之间建立了一种联系,形成了一个动词网络。

同时,框架语义学从语义的角度描述了不同的参与者可能与动词产生的联系,又运用视角的不同解释不同的参与者角色进入句法层面的可能。事件在这一过程中起到了决定性作用,因为只有建立了一个关于商业事件的框架,才有可能正确地理解每一个具体的商业过程(如buying、selling、paying)的意义。

然而,事件在框架语义学中只是发挥背景知识的作用,是用来描述不同动

词之间的语义联系的工具或媒介，是语义理解中的背景参照。以(4)为例，

(4a) John bought me a book.

(4b) John paid me five dollars.

(4c) The book cost me five dollars.

(4d) John charged me five dollars.

(4e) John sold me the book.

框架可以解释动词 *sell*、*buy*、*cost*、*charge* 以及 *pay* 等动词之间的联系，即它们都能够触发人们关于商业事件的框架，因此描述的都是同一类商业事件。然而，由于关注点在于动词之间的联系以及动词与具体参与者之间的关系，框架忽略了不同句子之间的联系。因此，它不能够解释这些在句法上具有相同结构的句子之间的共同点。

总的来说，框架将事件当作静态的存在，没有对其层次和内部结构进行描述(事实上，语言对事件的表征呈现出很规律的层次结构)。同时，框架所提供的信息仍然是比较具体的。比如，对于现在使用电子支付的场景来说，框架就不能够提供恰当的解释；而对于一个仍然使用物物交换的社团来说，框架同样不适用。因此，框架受制于具体的场景和文化背景，应用范围有限(Ungerer & Schmid, 2001)。

### 3.3.3 射体-界标或图形-背景和标准事件模型

图形-背景是丹麦心理学家 Rubin 提出的一对基本概念。在日常生活中，人们对事物的感知不同。有些事物曲线分明、形状明确、结构清晰，具有感知显著性(perceptual prominence)，称为图形；而有些事物没有明确的界限和结构，更容易被感知为背景。Langacker (1991)将图形-背景(或称射体-界标)应用到语言研究，分析了介词的位置关系以及句法结构。如(5)中的 9 个句子，主语各不相同，与动词的关系也不同。

(5a) Susan resembles my sister.

(5b) Susan is peeling a banana.

(5c) Susan loves bananas.

(5d) The hammer breaks the glass.

(5e) Susan has a large library.

(5f) Susan received the present.

(5g) Susan swam the Channel.

(5h) The garden is swarming with bees.

(5i) There was a loud bang.

但是,在 Langacker 看来,这些句子中的主语与其补充语成分之间都有一个共同点,即它们都体现了图形-背景的强烈对比,以主语为射体,而以补足语成分作界标。

针对说话者与事件参与者的关系,Langacker 设想一个舞台(stage)。对话者从外部观察舞台,而舞台为我们提供了发生在一定场景(setting)中的事件。观察者对所观察到的事件进行组织,将其识解为由不同的参与者共同占据的场景。

这里需要区分舞台上的事件参与者和舞台下的观察者。舞台构成图形,观察者的角度则为背景。观察者通过观察协调(viewing arrangement)或视角(perspective)决定从何种角度来汇报事件的发生。一般来说,说话者会采取中立的第三方角度,但是有时候也会采用不同的移情(empathy)来呈现事件(Kuno, 1987)。

如在(6a)中,Channel 只是一个事件发生的场景;而在(6b)中,场景 Channel 具备了边界,因此比(6a)更加显著;而在(6c)中,Channel 的显著性增加,成为了事件的一个参与者,与施事产生了一定的互动。

(6a) Susan swam in the Channel.

(6b) Susan swam across the Channel.

(6c) Susan swam the Channel.

舞台包括场景(setting)和参与者(participants),参与者之间的互动构成一个个事件。那么在这些事件中到底哪一些参与者可以得到表征呢?Langacker 提出角色原型(role archetype)的概念。角色原型来源于我们与周围世界进行互动的体验和经历。比如，日常经历告诉我们，人类有能力对物体或其他生物施加外力从而导致后者的物理变化，因此人就具备施事的角色原型。同样，实体受到外界的物理冲击会发生状态变化或位置移动，这样的实体被我们感知而表征为受事(patient)。因此，每一种实体都有各自不同的角色原型。

问题是，什么时候决定由哪一个角色原型充当句子的主语呢？Langacker借助于人类与世界互动时的动作链(action chain)来解释。在动作链中，能量由链首(energetic head)发出，经过一系列传递，最后到达链尾(energetic tail)。在例(5b)中，*Susan* 既是链首，又是句子的射体，因此就成为句子的主语；而 *banana* 既是链尾，又是句子的界标，因此成为句子的宾语。

Langacker 认为同一个动作具有不同的呈现可能。一个打碎玻璃的场景，除了可以表达为 *Jack broke the window with a hammar*，还可以说 *The hammer broke the window* 以及 *The window broke*。为什么会有这样不同的呈现呢？Langacker 将日常生活中的能量传递视作河流，链首是上游，链尾为下游。在主语选择中，总是最上游的角色原型被选择为主语。而在 *The window broke* 中，不再有力量的传递，因此没有必要在链首和链尾之间建立联系，也就不再需要句法上的宾语成分。

角色原型、动作链和舞台场景三者共同构成了标准事件模型(canonical event model)，见图 3-1。

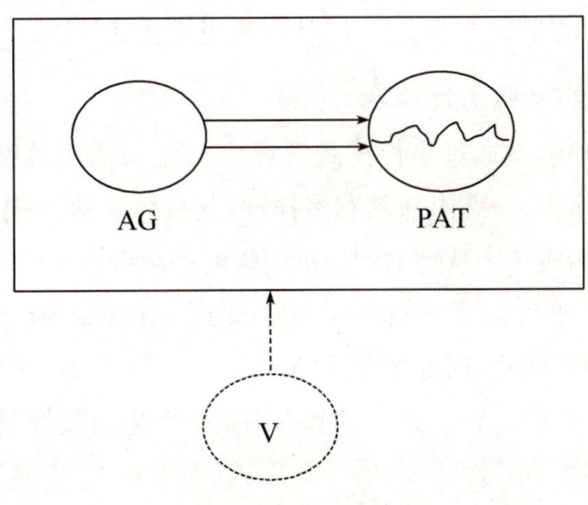


图 3-1 标准事件模型

标准事件模型不仅关注事件的参与者之间的关系，还关注参与者与场景之间的关系，同时考察说话者对事件的呈现。这相对于格语法和框架语义学来说是很大的进步。如果说格语法关注了事件中的某一个动作与该事件中的参与者之间的关系，框架语义学关注了同一个上位事件中不同的动作之间的关系，以及对这些关系的呈现所体现出的视角的不同，那么标准事件模型就是对这三种关系的统一。

Langacker 通过舞台区分参与者与观察者，从而体现出呈现视角的不同；通过动作链和舞台上的参与者之间的互动以及这些参与者不同的角色原型，确定了句子层面对主语和宾语的选择。然而，同格语法和框架语义学一样，Langacker 的目的不是解释事件，而是借助于事件解释小句的结构和语义。这导致他设计了不同层次的概念来解释不同的现象。比如：对于 *The plane flew over the house*，他首先将 *plane* 和 *house* 辨识为射体和界标，然后又将其分析为在一定场景中互动的参与者和地点，还将其理解为动作链中的链首。这样就缺乏一个统一的解释，造成术语上的混乱。至于观察者与事件之间的互动，Langacker 更多的是从言语行为的角度来阐释，并没有讨论其在认知加工中的意义。

究其原因，本书认为，还在于 Langacker 没有将语言的事件性作为核心思想。如果承认语言的事件性，就会从事件的角度对所有的情景有统一的认识和解读；也就可以避免使用不同层次的名词解释同一个事件；同时也就识别出说话者在对事件的呈现中的主体性，从而适当描述其作用。

### 3.3.4 Heine 的事件图式

Heine(1993)尝试通过事件图式解释语法化与语法范畴（如：时、体和情态）的关系。他认为，情态内部具有多样性，其具体表达方式体现出一定的梯度（gradience），构成一个从动词到屈折词缀的连续统（continuum）。语法范畴来源于人类基本事件的图式（propositional 或 event schema）。因此，Heine 归纳三种基本事件图式，即处所图式（X is at Y）、移动图式（X moves to/from Y）和行为图式（X does Y）。这三种基本图式又派生出其他图式（等价图式、伴随图式、领属图式、方式图式、状态变化图式、意愿图式）。这些图式中的每一种都被不同的语言以不同的词汇句法形式编码在具体的表达中。

研究表明，世界上最典型的情态构式都可以追溯到这些基本事件图式中的某一个。Heine 认为语言中的进行体普遍来源于处所图式，如德语：*Er ist beim Lesen* (He is at the reading)；而在意大利语中，方式图式就语法化为进行体，如：*sto mangiando* (I stay eating) (Ungerer & Schmid, 2001)。一旦基本事件图式语法化为一个进行体的表达，就会产生不同的体构式（aspect construction），但是这些体构式仍然会体现源事件图式的一些特征（Steele, 1994）。

Heine(1997) 试图利用事件图式解释领属关系的语法化问题，认为领属关系的表达也来源于基本的事件图式。他首先区分出七种领属关系，即物理领属（physical possession）、暂时领属（temporary possession）、永久领属（permanent possession）、不可分割领属（inalienable possession）、抽象领属（abstract possession）、非生命类不可分割领属（inanimate inalienable possession）、非生命类可分割领属（inanimate alienable possession）。典型的领属应该具有一系列典型特征，即领属主体是人，领属物是具体的事物，领属者对领属物具有一定的操作权，领属者和领属物之间在空间上接近，领属关系没有时间界限等。

问题是，这些特征是怎样通过语言进行表达的呢？Heine(1997)认为，领属关系的表达有赖于基本事件图式的语法化。也就是说，现有的领属关系的句法结构是人类的基本事件图式在语言发展的历史进程中语法化的结果。比如，大多数典型领属关系构式已经在跨语言研究中得到确认（Herslund, 1999）。

因此，Heine(1997)识别出如下几种事件图式来解释领属关系构式：行为图式（the action schema：X takes Y）、处所图式（the location schema：Y is at X's place）、伴随图式（the companion schema：X is with Y）、存在图式[the existence schema，这包括三个子图式，即 X's Y exists；Y exists to/for X；As for X，Y (of X) exists]、源图式[the source schema：Y exists (away) from X]、等价图式[the equation schema：Y is X's (property)]。Heine 的基本假设是，能够体现典型领属特征的领属表达在语言交际中逐渐被大家所共同认可，成为领属的常规表达，从而渐渐地语法化（Herslund, 1999）。

根据 Heine (1993, 1997) 的假设，事件构成了语言的基本要素，而一些基本的事件类型由于频繁地出现在人们的日常交际和经历中而被固化为语言表达方式（具体体现为句子结构）。这些语言表达方式中最常用的那些又进一步语法化为一些语法标记。因此，人类经历的基本类型构成了语法范畴的基本来源。不仅语言中的具体表达根植于人类基本的事件类型，就连最具抽象性的语法范畴也与人类的经验密切相关。这一方面肯定了事件在语言中的作用，另一方面也揭示了语言的根本来源就在于人类的日常生活体验。然而，与其他学者一样，Heine 也只不过将事件当作研究语法化所依赖的手段，并没有具体和详细地描述事件。

### 3.3.5 视窗和事件框架

Talmy(2001，其中收录并修改了 1978、1985、1988、1991 年的相关研究）关于事件框架（event frame）的描述超越了 Fillmore 的框架概念，认为框架是一个基本的认知途径，可以涵盖更加抽象和具有概括性的现实场景，是人类所共有的认知结构。

Talmy(2001:259)发现，“语言使用者显然会将一个事件的某些成分及其关系当作紧密联系在一起，用以识别这一事件或事件类型的区别性特征”(Language users apparently tend to conceive certain elements and their interrelations as belonging together as the central identifying core of a particular event or event type)，而另外一些元素则与这个事件的关系不是那么紧密。因此，“以这种方式被触发或者互相触发的一系列概念元素及其关系就同属于或者说构成一个事件的框架，而其他那些被感知为偶然——不论其是被轻微触发还是根本没有被触发——的元素则不属于这个事件框架”(A set of conceptual elements and interrelationships that in this way are evoked or co-evoke each other can be said to lie within or constitute an event frame, while the elements that are conceived of as incidental—whether evoked weakly or not at all—lie outside the event frame)。

Talmy 将一个事件解构为六个组成元素，即图形、背景、路径、位移、方式和事因。在这六个元素中，方式和事因不是语言表达中的必要成分，而图形、背景、路径和位移则是了解一个事件时必不可少的成分。因此，对于说话者来说，图形、背景、路径和位移构成一个事件的事件框架，而方式和事因、事情发生的时间和地点、说话人的心理状态等则不属于事件框架的范围。

Talmy 认为，事件框架也可以解释与词汇成分相关的补足语(complement)和附加语 (adjunct)的区别。补足语成分有必要补足语和选择性补足语。除此以外，还应该增加一个闭锁性补足语(blocked complement)。以图 3-2 为例：

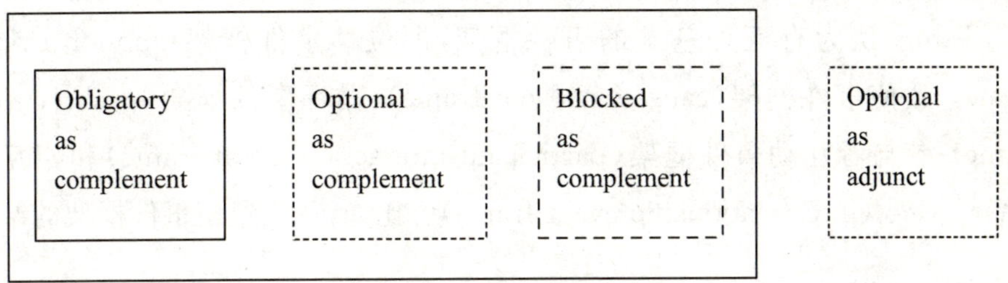


图 3-2 事件框架

在图 3-2 中，大长方形表示一个具体的事件框架，其中的实线方框代表必要性补足语，中间的方框代表选择性补足语，右边的方框代表闭锁性补足语，而长方形之外的方框表示可以表达为附加语的选择性成分。也就是说，补足语成分，无论是必要性补足语还是选择性补足语，抑或闭锁性补足语，都是事件框架内的成分，而选择性附加语则不属于事件框架。Talmy 以 *spend* 为例来说明这一事件框架。

I spent *$50* (for this book) [ * from/by/to/for/... the clerk] {at that store}{last Friday}.

在这个句子中，斜体部分表示动词的必要性补足语，即作为主语的购买者 *I* 和作为宾语的钱 *$50*；圆括号中的是选择性补足语，即作为介词宾语的商品 *this book*；方括号中的是闭锁性补足语，即作为一个间接成分的出售者 *the clerk*；大括号中的是选择性附加语，表达地点和时间的 *at that store* 和 *last Friday*。

那么，一个事件框架中不同的补足语和附加语是怎样在语言中进行表达的呢？Talmy 引入了视窗(windowing of attention)的概念。在日常的观察中,人们总是倾向于将注意力集中在一个事件的某些部分,而不去关注此事件的另一些部分。这样一种将事件框架中的某一些部分前景化的认知过程就被称为视窗。通过视窗,说话者凸显一个事件中的某些片段,而阻断(gapping)另外一些片段。根据事件的发生、过程和结果,视窗也被区分为开始视窗(initial windowing)、过程视窗(medial windowing)和结果视窗(final windowing)。

Talmy 认为有五种基本的事件框架,即位移事件框架(motion event-frame)、致使事件框架(causation event-frame)、循环事件框架(cyclic event-frame)、参与者互动事件框架(participant-interaction event-frame)和相互关系事件框架(interrelationship event-frame)。比如,一个致使事件框架的结构如下:

Agent's scope of intention

[……]

Sequence of causally chained subevents

[1] Agent's act of volition that activates bodily motion

[2] Bodily motion of the agent [particular body part(s) or whole body] that initiates the physical causal chain

[3] Intermediate causally chained subevents

[4] Penultimate subevent=immediate cause of final result

[5] Final resulting subevent=agent's intended goal within scope of intention

NB: a. [3] may be absent

b. [3] may be absent and [2] may coincide with [4]

c. [3] and [4] may be absent and [2] may coincide with [5]

在实际的语言表达中,视窗会将注意力集中到这一事件的不同部分或阶段。也就是说,并不是每一个对这一致使事件的认知表征都在语言中得到完整的呈现。比如,在 *John broke the window* 中,只有[1]和[5]被视窗化,而所有的中间过程都被阻断了。[4]也会前景化，因为这是导致结果的直接原因，英语中 *John broke the window by hitting it with a stone* 就是一个例子。

在本书看来，Talmy 最大的贡献就是认识到一个具体的场景可以诉诸不同事件框架及其组合。以(7)为例：

(7a) The ball rolled off the lawn back onto the court.

(7b) The ball rolled back onto the court.

(7c) The ball rolled back.

(7d) I rolled the ball back.

(7e) I kept rolling the ball back.

(7f) If I hadn't kept rolling the ball back, there would have been no game.

其中，(7a)体现一个完整的路径事件框架(除了一个过程阻断)；(7b)表达同一个路径事件框架，但是阻断了开始和结果视窗而将过程视窗化；(7c)将这一事件当作一个相互关系事件框架，即将其视作图形-背景的位移事件，但是只保留了图形，而阻断了作为背景的 *court*；(7d)加入了施动者，从而将路径事件框架表达为一个致使事件框架，阻断了中间过程而体现了开始和结果视窗；(7e)则将事件视为一个循环事件框架，但是只体现了回归(*back*)，而阻断了循环中的其他过程；(7f)将事件置于一个对比框架中。

(7)中的例子表明，一个事件可以通过不同的框架在语言中表达出来。因此，一个事件有多种被视窗化的可能，即说话者可以选择从不同的角度用不同的方式来表达现实经历中的同一个事件。另外，这也表明说话者在事件表征中的主体性作用，即究竟将哪些成分置于前景之中是由说话者主观决定的。同时，也为事件被置于不同的构式提供了动因，即不同的框架将同一个事件置于不同的表达方式中去。

Fillmore 的框架，从某种角度讲，重在解决在同一个事件框架中的不同动词的主语和宾语的问题。Talmy 则首先超越了具体的事件，将框架的概念延伸到人们日常经历的普通事件中，并将人类经历的事件简单分为五个基本框架,以此涵盖人类所体验到的所有事件,从而更具有语言普遍性。同时,他还考虑到具体表达中的其他元素,如状语等不太为人注意的句子成分,从而更全面地考察事件过程与语言表达的关系。在从事件到语言的过程中,视窗发挥了关键性作用,决定着一个事件中的哪些部分得到语言表征,哪些部分被阻断。因此,可以说 Fillmore 的框架只是 Talmy 事件框架中的一个部分。

Talmy 辨析出五个事件框架来涵盖人类经历的所有事件,认为这五种事件构成了人类经历的基本事件类型。但是,他更关注的是在一个完整的事件过程中不同的事件片段。以位移事件框架为例,*The crate that was in the aircraft's cargo fell out of the airplane* 表达了开始视窗;而 *The crate that was in the aircraft's cargo fell through the air* 体现的是过程视窗;*The crate that was in the aircraft's cargo fell into the ocean* 暗示的是结果视窗,而 *The crate that was in the aircraft's cargo fell out of the airplane through the air into the ocean* 则反映了开始、过程和结果视窗的结合。由此可以看出,Talmy 更加注重如何通过事件框架描述和分析动词补足语成分在句子中的出现。

同时,他更多的是从语言理解的角度关注一个句子所体现出的视窗的不同,而没有从语言编码的角度描述事件在语言中的呈现过程。事实上,视窗在语言表达中的作用至关重要。同时,尽管 Talmy 强调对某一个视窗的开启有赖于对整个事件框架的理解,他却仍旧停留在对完整事件的具体片段的描述上,因此没有从总体上呈现事件的全貌,也没有从语言表达的角度描述说话者对事件的认知和呈现过程(即说话者到底是怎样观察一个事件,怎样在大脑中理解这一事件,后来又如何选择一定的视窗从而用具体的词汇或句法形式将其表达出来)。

### 3.3.6 事体结构的理想化认知模型

Croft(1990) 从事件构成的角度研究动词的分类。他认为,事件是结构性的,或者说,人类对事件的认知是结构性的。这样的结构决定了动词可能会具备什么样的意义。也就是说,动词的意义也是结构性的。要理解事件的结构和动词的意义,首先要诉诸一个关于致使的基本框架。因此,事件的基本结构就是一个广泛存在的致使网络,要理解它们的意义,人类首先必须将其分解为不同的组成部分。

Croft之所以认为致使的基本模式是个体作用于其他个体(individuals act on other individuals),最主要的原因在于,这样的假设可以认定具有因果关系的两个事件共享同一个参与者。比如,在 *The rock broke the window* 中,原因事件和状态事件中有一个共同的主体 *window*,即 *window* 是 *the rock* 击打的对象,同时也是 *broken* 的主体。在原因事件和结果事件中都有 *window* 的参与。因此,Croft 认为致使关系就是"个体作用于其他个体"的致使链(causal chain)。

同时,致使的这一基本模式还提供了关于表层格关系的线索,即在 *The rock broke the window* 的例子中,*the rock* 在句法上先于 *the window*,这具有一定的象似性(iconicity)。动词代表了一个简单事件中致使链的一个部分。Croft 认为,致使链能够很好地体现 Lakoff(1987)的理想化认知模型(idealized cognitive model,ICM)。

Lakoff(1987) 认为,人们的知识通过理想化认知模型组织起来,所谓的范畴和原型都只不过是这一模型的副产品。ICMs 是人们对世界知识的心理表征,是一个最理想化状态的表达,反映了从人类日常生活经历中提炼出来的关于世界的最完美和完整的知识。概念是由众多不同的认知模型共同作用而得以生成的、在心理上更为基础的复杂集合体(A number of cognitive models which combine to form a complex cluster that is psychologically more basic than the models taken individually. Lakoff, 1987:74)。比如,母亲的概念就涉及多个不同的认知模型,他们共同构成了关于母亲的理想化认知模型:

(a)生育模型:母亲是给予孩子生命的那个人。

(b)基因模型:母亲是为孩子提供基因的那个人。

(c)抚育模型:母亲是哺育和抚养孩子的那个人。

(d)婚姻模型:母亲是与孩子父亲处于婚姻状态的女性。

(e)谱系模型:母亲是在谱系角度与孩子最接近的先辈。

上述五个模型共同构成了关于母亲的理想化认知模型,而现实生活中的母亲则会在不同程度上偏离这个理想模型,从而产生不同的关于母亲的模型。

例如:有的母亲给了孩子生命,却没有抚育孩子,就构成一个生育母亲;有的母亲与孩子没有任何血缘关系,但是却抚养了孩子,因而构成抚育母亲。

Lakoff 认为,理想化认知模型是人类为了达到理解的目的而对其经历的简化。根据这一理念,Croft (1990:66)认为对简单事件的概念化在理想化认知模型中能够得到理想的表达。于是,他设想了关于简单事件的理想化认知模型(event structure idealized cognitive model)如下:

简单事件的理想化认知模型:

a. 简单事件是致使网络中的一个环节。

b. 在简单事件中个体作用于其他个体。

c. 力的传递是不对称的。

d. 简单事件是单一路径、不分叉(nonbranching)的致使链。

e. 简单事件的结构包含有三个环节组成的致使链:致使—变化—状态。

f. 简单事件以力的终点为主导;有的动词体现致使链中的最后环节(stative 状态词),有的动词体现致使链中的第二和最后环节(inchoative 启动词),还有些动词体现致使链中的三个环节(致动词)。

g. 简单事件是自主的:它们可以同致使网络中的其他部分分离开来。

简单事件的理想化认知模型将简单事件置于一个致使网络中去,因而对简单事件的理解必须要诉诸整个致使网络。因此,简单事件的理想化认知模型构成了人们了解新事件的背景知识和参照,为对事件的理解提供了认知基础。同时,这一模型辨识出一个事件的内部结构,即简单事件中涉及不同个体之间的力的传递,一个个体作用于另一个个体,力从一个个体传递向另一个个体,而不是相反;致使力在第二个个体上产生一定的变化,最终达到某种状态;而在对简单事件进行语言表征时,力的终点或效果总是成为人们关注的焦点,因此动词总是以不同的方式呈现力的终点状态。

简单事件的理想化认知模型试图从认知的角度讨论句法表现,代表了简单事件的完整和理想状态。然而,在对事件的实际表征中,会呈现出对理想状态的不同程度的偏离。这样的偏离就带来了语言表达的多样性。与 Talmy (2001)相同,Croft 也认识到一个事件有不同的呈现可能。比如:在石头打碎玻璃的致使链中,可以选择呈现事件的状态(*The window is broken*),也可以选择呈现事件带来的变化和状态(*The window got broken*),同时也可以呈现整个致使链中的致使—变化—状态(*The rock broke the window*)。无论句法形式和实际传达的信息多么不同,或者无论说话者呈现事件的哪一个过程,人们在理解事件时总是会以一个完整的事件作为背景知识。可以说,简单事件的理想化认知模型是人们对日常经历的一类事件的抽象、总结和提炼,构成了人们认识和了解事件的模板,同时也是对人们日常经历的有效分类和高效组织。

Croft 运用原型理论解释简单事件,主要通过分析事件中致使力的传递,研究动词在表达致使链中的不同环节以及对这些不同环节进行呈现的过程中所带来的动词的分类和范畴化。由此,Croft 在事件和动词之间建立了认知意义上的联系。也就是说,人们语言的表达归根结底还是来自日常经历的事件,唯一不同的是,人们不是在每一个语言交流中都会呈现一个事件的完整过程。但是,Croft 更多的是从语言理解的角度对动词进行了分类,考察哪些动词呈现事件的过程和结果,哪些动词呈现事件的结果,哪些动词呈现事件的原因、过程和结果。他只是在事件和动词之间建立了一种静态的联系,即什么动词指向事件的哪一个环节。但是,对于事件为什么会得到不同的呈现,什么时候决定呈现事件的哪些环节,对于事件呈现过程中的主观性因素以及在呈现过程中的认知机制,Croft 并没有作详细讨论。

从本书的角度,简单事件的理想化认知模型描述了一个事件呈现的多种可能性,但是并没有解释这些可能性的具体实现方式。换言之,Croft 关注的是具体的事件以及一个典型事件应该涉及的要素,没有从认知的角度研究事件的呈现过程,即从对事件的观察到对事件的心理表征和认知识解,再到最后选择一定的语言表达方式将事件表达出来,说话者到底经历了什么样的过程。

#### 3.3.7 体事件和事体结构

体事件(aspectual event) 是事体结构理论(event structure) 的核心内容。事体结构理论关注事件的内部时间结构(internal temporal structure)与动词的体特征的表达，发端于 Vendler (1967) 关于词汇语义的研究。Vendler 认为，根据动词内部的时间特征，即动作是否可以持续、是否有界、是否同质(homogeneous)，可以将其分为四类：状态类动词(state)、活动类动词(activities)、完成类动词(accomplishment)和成就类动词(achievement)。状态类动词可以持续，没有内部结构，没有终结点，因此是无界的，如：*He knows Mary* 中的 *know*。活动类动词可以持续、无界，但是动作有内部的变化，如 *Mary ran* 中的 *run*。完成类动词表达持续性、有界和同质的事件，如 *John ate an apple* 中的 *eat*，在这类动词中有一个内在的终结点。与完成类动词不同，成就类动词是非持续性的，但是动词所表达的动作中有一个即时的高潮和终结点，如 *John arrived at the summit* 中的 *arrive*。四类动词的特点如表 3-1 所示。

表 3-1　动词的内部特征

| | 持续性 | 有界性 | 同质性 |
|---|---|---|---|
| 状态 | + | − | + |
| 活动 | + | − | − |
| 完成 | + | + | + |
| 成就 | − | + | − |

后来动词又被概括为状态和非状态两个基本类别，如 Bach (1981) 创造了事件性(eventuality)这个词来指代所有非状态类动词，即活动、成就和完成类动词。在研究文献中，根据一个动词是否表达动作的终点状态，研究者使用了不同的名词：有界和无界 (bounded/non-bounded. Jackendoff, 1990; Verkuyl, 1972)，极点和非极点(culminating/non-culminating. Moens & Steedman, 1988)，完成和未完成(telic/atelic. Smith, 1991)，受限和非受限(delimited/non-delimited. Tenny, 1992, 1994)，累积和量化(cumulativity/quatization. Krifka, 1992; Tenny & Pustejovsky, 2000)。

动词是否具备一个内在的终点在很大程度上是由动词的域内论元(internal argument)来决定的，这个域内论元具体实现为动词的宾语。这也是为什么很多关于动词的内在时体研究都关注动词的宾语。比如：同态

(homomorphism)就表达动词的客体论元(theme argument)与事件域(the domain of the event)的融合(Dowty, 1991; Krifka, 1989, 1992)。也就是说,对于一个完成类述谓动词,述谓论元所表达的部分关系可以融合到事件中,并在事件中得到反映。比如,假设A是B的一部分,如果B通过动词*eat*而融合为eating事件的客体,那么A也被融合到这个事件中而成为整个eating事件的一部分。

正因为此,Dowty (1991)提出增量客体论元(incremental theme)的概念。其主要观点是通过观察客体的状况,我们就可以判断整个事件的进程。例如,在句子*John drank a glass of beer*中,只要观察一下酒杯,我们就可以断定喝酒的事件是否开始,进行到何种程度,或者是否已经完成。同样,Krifka (1992)提出累积和量化对象的概念,用来区分述谓动词。如*run*是一个累积述谓,动作不断持续,没有终点,而*run a marathon*就是一个量化述谓,虽然是持续性的,但是有内在的终结点。

Dowty(1991)将所有体现从客体论元到事件的同态映射的论元都当作增量论元。但是,Tenny (1994) 认为增量论元还可以再细分为两类,即受影响的客体和状态变化的客体。因此,她认为动词可以区分为创造类动词、消费类动词、成形类动词以及状态变化类动词,后来又进一步分析出路径类动词。这类动词的客体在路径上的移动与事件的进程同步。如:*John drove from Champaign to Chicago*中客体*John*从*Champaign*到*Chicago*的移动就表达了*driving*事件的进程。

在句法-语义的接口问题上,事体结构理论有两个阵营。一个认为句法-语义接口在词汇层面,因此应该在词库中分解动词(Bierwisch, 1997; Dowty, 1979; Gropen, et al., 1992; Jackendoff, 1990; Pustejovsky, 1991; Rappaport Hovav & Levin, 1998);而另一派认为事体结构隐含于句法层面(Borer, 2005; Hale & Keyser, 1993, 2002; Ramchand, 2003; Ritter & Risen, 1998; Travis, 2000; von Stechow, 1996a, 1996b),因此动词的意义是从句法中派生而来。

词汇阵营的观点则认为句法是由动词派生而来的,动词可以被分解为更基本的成分,这些基本成分才真正代表了事件的结构(Gropen, et al., 1992)。

因此，动词决定了句法表现。对于句法阵营来说，“动词的意义是由与功能性核心词和抽象的动词词根直接相连的原子成分组合而来的，因此是句法规则决定了对动词的解读”（The meaning of verbs is viewed as being compositionally constituted from primitives linked immediately to functional heads and abstract verbal roots. Doelling, Tatjana & Schaefer, 2008:IX）。

动词的意义因此而被分为两个层面，并被冠之以不同的名称，如：语义结构和语义内容（semantic structure & semantic content. Grimshaw, 1993），结构范式和“核心”（structural configuration & head. Hale &Keyser, 1993），结构性信息和特质信息（structural information & idiosyncratic information. Rappaport Hovav & Levin, 1998）。结构性信息表达语法信息，决定动词所表达的事件类型，而特质信息将一个动词与其他表达同类事件的动词区分开来。也就是说，动词的句法表现是由其所表达的事件框架所决定的，而特质信息则是由动词的常规意义所表达，具体是由不同的动词提供的（Rappaport Hovav & Levin, 1998）。

事体结构分析认为，动词自身包含了关于时间结构的信息。然而，进一步的研究表明，其实是述谓的论元使得动词所表达的事件具备了终点，由此而将动词区分为不同的种类（Dowty, 1979; Tenny, 1994; van Voorst, 1988; Verkuyl, 1972）。Tenny 更是强调，是动词的域内直接论元使得事件得以量化，从而给予事件一个终结点。她在 1994 年的研究表明，语言使用中所运用的所有量化事件的策略都包括直接宾语。因此，动词的直接宾语和事件的终结密切相关。也就是说，作宾语的名词词组的性质会影响到动词的时体特征（Tenny & Pustejovsky, 2000）。由宾语所量化的事件的终结对于动词的内部时间结构有着重要影响。

然而，有些研究表明，不仅事件的终结，事件的开始对于事件的理解也很重要。比如，van Voorst (1988)发现，“事体结构描述事件的发源所在或事件的实现和终结”。事件的终结与动词的直接宾语相关，而事件的发源则与动词的主语相关。

同时，事件中的另一个因素也得到了广泛关注和研究，即事件的发展以及其最终达到的状态。Croft（1991）、Dowty（1979）、Higginotham（2000a,

2000b)、McClure(1995)、Parsons(1989，1990，1995)、Pustejovsky(1991)、Ramchand (1997)和 Smith(1983)都曾指出，完成类事件一般包括两个要素，即 become 和 cul (Dowty，1979)，或者其他名称如 *development* 和 *culmination* (Parsons，1989)、*process* 和 *telos* (Higginbotham，2000a，2000b)、*a development* 和 *a resulting state* (Borer，2005)。因此，典型事件中有三个关键元素——事件的发端、发展和终结。但是 Ritter 和 Rosen(2000)认为，并不是所有的元素都能够在句法中得到体现。实际上，在语言中语法化的只有事件的发端和终结。

但是，述谓的域内论元不是唯一决定动词体特征的因素。"人们普遍认为我们应该考虑整个动词词组或小句，而不只是动词的体特征。因为很多因素，包括副词性修饰成分，以及做宾语的名词性词组的特征共同与动词的时体特征发生联系。"(Tenny & Pustejovsky，2000：6)也就是说，动词的词汇意义并不能单独决定其事体结构(Ritter & Rosen，1998；Wyngaerd，2001)。

Wyngaerd(2001)指出，宾语自身的性质有助于决定述谓的事件类型。比如，*John drank beer* 表达一个没有终结的状态，而 *John drank a beer* 则是一个完成的状态。Jackendoff (1996)也发现，对介词短语的选择决定了事件是否表达终结点。van Hout (2000)进一步指出，前缀、小品词、介词短语以及结果类短语都有助于决定一个述谓的事件类型。例如，Hoekstra (1988，1992)证明，结果类小句可以将动作类动词变为完成类动词。在 *Mary cried* 与 *Mary cried the handkerchief wet* 这两个句子中，*cry* 在 *Mary cried* 中是一个动作类动词，没有终结点，而在 *Mary cried the handkerchief wet* 中 *cry* 就有一个终结点，这个终结点主要是由后面的结果小句所带来的。也就是说，是 *the handkerchief wet* 这个小句限定了 *cry* 所持续的时间，使得 *cry* 有了一个界线。

同时，Smith (1983)也表示，进行体也可以改变事件类型。例如，表达进行体的句子 *Mary is hating her brother* 就把一个状态呈现为一个事件，从而将事件特征赋予了一个状态动词。Tsujimura 和 Iida (1999)对日语名词性动词的研究揭示，语境信息也可以激活事件的完成状态。Koontz-Garboden (2007)研究发现，有些语言的事件性体现于词库，而有些语言则通过压制等语用方式来实现事件性。

事体结构理论将动词所表达的体特征与其所表达的事件联系起来，从而在体特征和事件之间建立了联系，以解决句法-语义的接口问题。这无疑是别具心裁的视角。但是，本书认为这一视角有本末倒置之嫌。原因在于，事体结构认为动词自身天生带有时体特征，而所有外围因素，如介词短语、宾语等，只不过从某种程度上改变这种特征。事实上，这些体特征不是动词自身天然具备的，而是利用不同的手段将动词所表达的抽象事件具象以后，使得动词所表达的事件具备了现实的意义。这就涉及一个核心问题，即如何看待动词与事件的关系？如何看待具备了时体特征的动词与事件的关系？

本书首先认为，动词与事件之间存在着转喻的关系，动词只是表达一个事件整体的一部分，就像名词与其所表达的概念之间的关系。桌子只是一个概念，而不指代任何现实生活里的桌子。同样地，动词也只是表达一个事件的概念，是施指。只有当这个概念以某种方式在现实生活中找到所指以后，动词才能指代一个具体的事件。

上述研究表明，事体结构或者事件的内部时间特征不是由动词单独决定的，而是很多因素共同作用的结果，如词汇因素（宾语、前缀）、语法因素（进行体）、句法因素（介词短语、结果小句、副词性修饰成分）和语用因素（语境）等。因此，要对动词所表示的时体特征作恰当的说明，我们还是要超越词库而从其他方面寻求解释。

既然时体概念不是由动词自身单独决定的，那么到底是什么在发挥作用呢？纵观所有关于时体特征的论述，最后都归结到与动词相关联的成分，比如宾语、进行体、介词短语、结果小句、具体的语境等。那么，这些成分的加入对动词产生了什么样的影响，从而使得动词内部的时体特征发生改变？

根据本书的理解，这些外围成分的加入从某种程度上限制了动词所表达的范围。有了这些成分的限定，动词不再是存在于人头脑中的一个概念，而变成了一个具体的事件。这个具体的事件使得动词有了不同的解读，而非动词内部的时体特征发生了改变。或者说，不是附加的成分，如语法标记、介词词组等使得动词内部的时体特征发生了变化，而是这些成分的加入使得动词指向了一个具体的我们可以经历和体验的事件。这些经历和体验告诉我们这样的事件有一个终结点，所以动词才被解读为表达一个终结点。

因此,事体结构分析将事件所表达的终结点归于动词,恰恰颠倒了动词与事件的互动关系。究其原因,还是在于没有彻底认清事件的作用。事体结构分析只不过将动词的时体表达与一个具体的事件联系了起来,至于二者怎样联系,怎样互相影响,这一领域的研究并不充分。

### 3.3.8 构式事件

一个句子的意义本质上是由构成这个句子的具体词汇成分的意义和这些词汇成分的组成方式所传达的意义共同构成的。但是,结构主义学者过分强调词汇成分的意义而忽略了结构的意义。Goldberg(1995)因为想要彻底解放动词,所以将传统语法中附加于动词的意义转嫁到构式之上(Langacker, 2005b),最大可能地消减动词在构式中的作用,这就走向了另一个极端(王寅, 2011),所以其没能够对动词在构式中的作用进行客观的评价,忽略了事件在构式中的基础性作用,也就不能详细描述动词和事件以及构式和事件之间的关系。事实上,无论是动词还是构式,都是深深植根于人类经验中的事件。

但是,这并不是说 Goldberg 没有意识到事件在构式中的地位。她承认事件在构式中的作用,比如:

> 简单句构式与那些反映人类经验中最基本场景的语义结构直接相关。(Simple clause constructions are associated directly with semantic structure which reflects scenes basic to human experience.)(Goldberg, 1995:5)
>
> 那些反映基本句子类型的构式将人类经验中最基本的事件类型编码为中心意义。(Constructions which correspond to basic sentence types encode as their central senses event types that are basic to human experience.)(Goldberg, 1995:39)
>
> 格语法中的语义角色描述与人类相关的场景,而这些角色特殊的组合方式又与论元结构构式相关。论元结构构式反过来又将现实世界切分为不同的事件类型。(Particular combinations of roles which designate humanly relevant scenes are associated with argument structure constructions, which therefore serve to carve up the world into discretely

classified event types. )(Goldberg，1995:40)

动词所标示的事件类型其实就是构式所表达的更加抽象的事件类型的一个实例。(The event type designated by the verb is an instance of the more general event type designated by the construction. )(Goldberg，1995:60)

唯一的问题就在于，Goldberg(1995)没能将事件的基础性作用彻底运用到对动词和构式关系的考察之中。相反，在研究为什么 *sneeze* 可以在 *Elena sneezed the foam off the cappuccino* 中构式带有三个论元时，她忽视了事件，而认为构式自己有赋予论元的能力。事实上，是某一个特定的事件使得人可以通过某个特定的构式表达这样一个关系。因此，是现实发生的具体事件使得 *sneeze* 可以出现在一个表达这些参与者关系的表达中去，而不是构式使得 *sneeze* 具备了带有三个论元的能力。

## 3.4 小结

Fillmore 的格语法研究了一个具体的动词和一系列与其相关的名词成分之间的关系，发现在同一个事件中的不同参与者之间存在着不同的深层语义关系。语义框架发现与同一个事件相关的不同动词也互相有关联，它们因为都以不同的方式指向同一个上位事件而构成了一个动词网络。Langacker 的标准事件模型通过图形-背景区分了观察者与舞台上的参与者，从而肯定了观察者视角的不同而产生的对事件的呈现的多种可能性。Heine 的事件图式建立了人类经历的基本事件与语法化和语法标记之间的关系，认为语法化和语法标记体现的是人类日常生活经历的最基本类型。Talmy 分析了事件框架的组成部分，认为每个部分或者部分的组合都有被视窗所关注的可能，从而使一个事件场景有了多种被表征的潜势。Croft 的简单事件的理想化认知模型研究了事件的典型特征，认为实际的语言表达对具体事件的表征总是有不同程度的偏离，动词根据对事件的不同阶段的呈现而体现出不同的类别。事体结构分析方法研究动词的体特征与事件之间的关系，发现动词与不同的成分搭配时会产生时体方面的变化，从而将事件纳入动词的体特征中来。构式语法认识到事件在构式中的作用，认为构式表达的是与人类经历最密切相关的基本事件。这些研究从不同的角度触及事件在语言中的核心地位，揭示了事件在语言表达中的基础性作用。然而，如前所述，他们或没有将事件作为描述对象，或没有将其作用发挥到极致。我们对事件的研究还远远不够（Ungerer & Schmid，2001）。

# 第四章　情境编码假设

## 4.1　导言

认知语言学认为，大多数语言的表达都是建立在对现实世界中的物体或情境的感知之上(Ungerer & Schmid, 2001)。事件或者人类的日常生活经历在语言表达中占有最中心的位置，语言需要到外部世界空间中去寻求其最根本的意义。因此，"语言的意义深深植根于人类的经验"(Geeraerts, 2006:5)，如下所述：

> 语言根植于外部自然；而词汇，无论它是表达存在、情感，还是关系，无论其当前的用法多么抽象，其本源都是(可以放心地说)表达外部的现象和外部的关系。因此，对于不同的格关系，我们必须诉诸外部空间中不同的物体之间的关系来寻找其最初的思想。那些更加抽象的关系就是在这些最初的物理和空间关系上发展起来的。[Language has its basis in external nature; and words, whether employed to denote an existence, an affection, or a relation, and however abstract may be their present use, originally denoted (it may be safely assumed) only external phenomena and external relations. We must consequently look for primary ideas of the various cases in the relations subsisting between objects in space. On these original material or spatial relations, all the more abstract relations are built.](Laurie, 1859; in Anderson, 1987: 114)

根据事件在语言交流内容中的核心地位，以及事件在语法形式方面的核心作用，本书提出“情境编码假设”，基本观点是：语言最基本的形式和功能在于对人在现实世界的经历进行编码，从而实现说话者之间的交流。同时，语言的任何形式都要诉诸人类的日常生活经历而求取意义。之所以提出“情境”而不是“事件”的主要原因在于，事件的使用非常广泛，同时也非常模糊；另外，对于状态类表达，如：*There is a book on the table*，母语者的直觉比较难以认可这个句子表达一个事件。相反，情境既可以涵盖不同的动作事件，也可以包括状态类的情景。其实，情境描述的就是事件，只不过将传统意义上的状态也包括进来。因此，情境的范畴更大。

情境编码假设不仅从语言解码的角度解读语言形式的意义，更注重从语言编码的角度考察语言形式与意义的接口。它认为，从一个情境的存在，到其最终被说话者以语言形式表达出来，经历了六个不同的过程，即经验情境、概念情境、框架情境、凸显情境、构式情境和词汇情境。同一个情境在语言对其编码的过程中经历了不同程度的抽象和概括。这样的抽象和概括一方面使得说话者能够用固定的语言形式表达固定的意义，另一方面也容许听话者对说话者的语言编码进行解码，并达到最终的理解。这六个过程捕捉到了说话者从经历一个情境开始，到最后对这一情境进行编码的全过程。编码的过程也就是唤醒相关框架的过程。最终，说话者将这一情境用语言表达出来。当听话者在听到这一语言表达时，同样需要经历一个反向的情境激发过程，在此基础上，听话者才能真正理解说话者的语言形式所表达的特定意义。

## 4.2 百科知识中事件的构成要素

情境不同于百科知识中的事件。百科知识中的事件指的是现实世界中所发生的一切活动或行为。语言的意义是百科类且非自主的（Geeraerts，2006）。也就是说，意义中的基本信息就是对人类经历的编码。语言知识不能够脱离我们作为一个物种所具备的知识而单独存在，因为语言知识既包括我们关于世界的总体知识系统，也包括我们的认知能力。“……只有诉诸说话者的背景知识，语言形式的意义才得以描述……而对哪怕是最常见的表达形式的理解都需要激活相应的百科知识。”（Taylor，2001：91）

有了百科知识，我们理解具体的概念或物体时就可以将与其相关联的所有的开放的知识共同激活(Langacker，2008)。Langacker (2009a)发现，正是我们关于世界的百科知识使得我们可以理解某些短语成分，如 *the cake in the oven* 或 *the letter in the envelop*。尽管 Wierzbicka (1995)认为应当区分语言知识和百科知识，但她并不否认语言知识对百科知识的依赖。Spaeth 和 Trautwein (2004)更主张外部世界构成了一个评价语境，帮助我们来推断信息传达的具体意义。Evans 和 Green (2006)指出，不仅语言，就连思维本身也依赖百科知识，没有关于世界的百科知识作背景，意义很难被精确理解。

尽管百科知识对于意义的理解很重要，但却没有明确的关于百科知识的定义，这并不是说百科知识就是杂乱无章、毫无秩序的。Evans 和 Green (2006)认为百科知识有自己的内部结构，比如，一个实体就具有某些核心特征，围绕这些核心特征构成了一个有关这个实体的系统网络。Langacker (1983,1987)总结了百科知识的四个参数，即规约性(conventionality)、概括性(generality)、内在性(intrinsicness)和特征性(characteristicness)。情境不是百科知识，因为关于情境的知识是一个抽象的体系，既包括通常意义所说的事件，也包括通常意义上的状态。但是，百科知识构成了情境的基础，为情境提供了最原始的资料。

情境的构成要素是什么？就事件而言，它首先是一种行为。“事件就是发生，因此事件涉及的行为就构成了事件的一部分。”(van Voorst，1988：21)既然是行为，就必然有行为的开始和结束。同时，行为总是要涉及参与者，因此参与者也成为事件中不可缺少的一个组成部分。Mandler (1984) 和 Nelson (1986)认为，事件包括日常的生活惯例，提供关于行动者、行为和道具等方面的信息。

Bohnemeyer 和 Swift(2004)的研究揭示，从跨语言发展的角度，儿童对业已实现的事件的指称早于其有关未完成事件的指称。也就是说，如果儿童谈及他们的经历，他们仅仅提及那些已经实现的事件，并不关注事件的过程和结果之间的区别。决定他们早期的时间指称的标准是事件的完成状态。儿童对有清晰结果的事件的倾向性也在其他研究中得到证实，如 Antinucci & Miller (1976)、Bloom，et al. (1980)、Clark (1996)、Bronckart & Sinclair(1973)、

Shirai & Anderson (1995)。这些研究表明,结果是事件最重要、最容易引起关注的部分。或者,当有什么事情发生时,儿童总是期待着这件事情有一个明确的结果,要求事件必须是处于一种完成的状态。Lee 和 Lee (2008)的研究也证明,儿童对那些有明确的结果或目标状态的述谓更加敏感,即能够表达一个清晰的目标或结果的述谓比那些缺乏清晰的目标或结果的述谓更容易被儿童所理解。由此可以推断,情境的核心组成部分包括行动者、行为、道具和行为的结果。

事件受到时间和空间的限制(Carlson, 1998)。时间和空间的变化带来事件的不同。以(1)为例,(1a)*Mary bought an apple today* 是一个事件,(1b)*Mary bought an apple yesterday* 构成另外一个事件,(1c)*Mary bought an apple today at Walmart* 是一个事件,而(1d)*Mary bought an apple today at Meijer* 是另外一个事件。同时,事件涉及行为,而行为又有开始和结束,因此,事件也有开始和终结。行为中必然涉及参与者,参与者不同,事件也有所不同。比如,(1a)*Mary bought an apple* 是一个事件,(1f)*Mary bought a laptop* 就是另外一个事件。

(1a) Mary bought an apple today.

(1b) Mary bought an apple yesterday.

(1c) Mary bought an apple today at Walmart.

(1d) Mary bought an apple today at Meijer.

(1e) Mary bought an apple.

(1f) Mary bought a laptop.

一个关键的问题在于,上述各事件之间的共同点是什么?不同点又在哪里?这里我们首先要区分经验事件和概念事件。经验事件指的是我们在日常生活中与外界互动时所体验到的情境。比如:用钥匙开一扇门;观察到墙上有一幅画;看到孩子用足球打碎了玻璃;听到小狗把孩子吵醒;等等。这是最直接的身体感知或体验,构成了我们关于世界的最直接、最原始的知识。(1)中各例所表达的就是这些最直接的与"购买"相关的情境。这就是它们之间的共同点。而其不同在于,这一事件所涉及的时间、空间或参与其中的行为者不同。这些不同的事件构成了我们关于购买事件的基础范畴(basic category of events. Ungerer & Schmid, 2001)。事件的基础范畴的特征之一就是信息的丰富度和详细度。

关于事件的特征同样适用于状态。事件中的要素包括参与者、参与方式、道具和行为结果。同样,状态也涉及参与者、参与方式、道具和行为结果。比如,墙上挂着一幅画,就标明这一情境的参与者(墙和画)、参与方式(挂)和行为结果(在墙上挂着)。

情境编码假设还认为,在现实世界的情境和语言表达中的情境之间存在着不同。也就是说,现实世界中的情境并不总是能够被语言完整地表达出来。以(2)为例:

(2a) Mary is eating a pizza.

(2b) Mary is eating a pizza at Papa John's.

(2c) Mary is eating with chopsticks.

(2d) Mary is eating with Tom.

(2e) Mary, with Tom, is eating a pizza with chopsticks at Papa John's.

(2a) *Mary is eating a pizza* 描述一个情境,但是(2b)*Mary is eating a pizza at Papa John's* 可能描述的是同一个情境。同样,(2c)(2d)和(2e)汇报的可能都是同一个情境。(2)中所有的句子可能都是描述同一个场景,即 *Mary* 正和 *Tom* 一起在 *Papa John's* 用 *chopsticks* 吃 *pizza*。因此,不同的语言表达并不一定描述不同的情境(Carlson,1998)。这也同样说明,现实生活中经历的事件在语言上有不同的呈现方式。也就是说,针对同一个情境有很多不同的表达方式,这些不同的语言表达方式体现的是对这一情境中不同部分的不同识解。

总的来说,情境编码假设认为语言是对现实经验的编码,现实经验有事件和状态,二者共同构成情境;情境要素包括参与者、参与方式、道具和行为结果。语言可以对某一个情境中的不同部分进行编码,从而将其在语言层面上表达出来。但是,情境受到时间和空间的制约,人类与外部世界的直接互动构成了情境的基础范畴。

### 4.2.1 动词与事件的转喻关系

动词中心论认为动词中包含了有关句法的一切信息,因此句法是由动词投射而来,动词中的论元决定了句法层面的论元数量。然而,很多动词出现在传统意义上不应该出现的句子中,如:

(3) Mary sneezed the foam off the cappuccino.

根据动词中心论,*sneeze* 是一个不及物动词,只带有一个论元,因此不能与两个论元共现。事实是,*sneeze* 确实出现在这样的句子中,因此,动词中心论的支持者认为动词 *sneeze* 获得了新的意义——使某物离开某处。

构式语法反对这样的主张,认为这加重了动词的负担,给动词添加额外的语义。因此,构式语法认为 *sneeze* 之所以出现在这样的句子里,不是因为动词自己获得了新的意义,而是因为这样一个构式——致使-移动构式,通过压制赋予了一价动词 *sneeze* 一个新的论元。或者说,动词并没有获得新的论元,而是动词出现在这样的一个构式中,这个构式凸显这样一个论元,因此 *sneeze* 就被压制着被迫与该论元共现。

Goldberg(1995)的论断解决了给动词赋予不必要的论元的冗余,同时也凸显了构式在语言中的作用,似乎很合理。然而,一个仍有待回答的根本问题是:构式为什么能够赋予论元?动词 *sneeze* 为什么非要出现在这样一个构式中?为什么 *sneeze* 不去选择出现在其他类型中的构式,如双宾语句。要回答这一问题,首先要讨论动词与事件之间的关系。

首先,应当区分抽象动词与具体事件。Parson (1990) 建议将动词与普通名词等同起来。也就是说,普通名词表示的是一个关于实体的概念。同样,动词所表达的是一个关于事件的概念。比如 *Mary hit Fred yesterday in the park* 中的动词 *hit* 表达的是一类行为,而整个句子所表达的是在某个时间某个地点发生了某个事件。这个事件中涉及两个具体的人,一个是 *Mary*,另一个是 *Fred*。这两个人发生联系的方式是击打(*hit*)。因此,包含有 *hit* 这个动词的句子所表达的信息就是一个关于击打的事件。

Parson(1990)首先指明了动词与事件的关系,即动词的典型功能就是对事件的描述。而将动词与名词等同起来,就将动词与受时空限制的事件区分开来。也就是说,动词所指代的是人们关于某一个事件的概念,具备一些概念特征。受时空限制的事件是人们日常生活中经历的具体事件,是动词所表示的抽象事件的实例。因此,语言中的动词所表达的不是某一个具体的事件,而是人们对日常体验的事件的概念化。也就是说,上述 *hit* 所表达的绝对不是 *Mary* 昨天在公园里打了 *Fred*。动词所表达的是人们关于击打这个事件的一系列典型特征,比如:涉及两个实体,有一系列动作,产生一个结果等。总之,动词表达的是抽象的事件。这样的认识更容易解释下列句子之间的共同点:

(4a) Pat kicked the wall.

(4b) Pat kicked Bob black and blue.

(4c) Pat kicked the football into the stadium.

(4d) Pat kicked at the football.

(4e) Pat kicked his foot against the chair.

(4f) Pat kicked Bob the football.

(4g) The horse kicks.

(4h) Pat kicked his way out of the operating room.

Goldberg(1995) 认为上述各例分属于不同的构式,因此有关 *kick* 的意义之间的差别应当由构式来解释。然而,如 Broccias (2006)所说,构式的处理方法掩盖了上述各例之间的共性,即它们都与“用脚踢”这个事件有关,其不同仅仅在于它们描述了“踢”这一事件中的不同部分。

前文提到,事件包括参与者、参与方式、道具和行为结果。动词仅仅对应事件中的动词。但是,我们需要一个施指来指代整个事件。显然,作为事件中最生动、最具活力的元素,动词是当之无愧的选择。动词所表示的是事件中最基本的成分,即动作或状态(Ritter & Rosen,1998)。动词是事件的代言者,而事件是动词的内容。因此,动词作为施指,其形式本身并不重要,重要的是它所指代的内容。

动词指代事件，但是不能够涵盖有关事件的全部信息。因此，在动词和事件之间存在着转喻的关系，即动词更典型地指代事件中的具体动作。然而，动词与事件之间的转喻关系也有区别。也就是说，尽管动词实际上描述的只是一个事件中的某个动作或者状态，但它事实上指代的是整个事件。换言之，提及一个动词时，我们不仅激活了与这个动词相关的某个具体的动作，还同时激活了与这一动作相关的事件以及事件中所涉及的一切可能的参与者或工具等。

由此，当谈及动词、动词的论元、动词的配价或者动词的体特征时，人们所指的绝不仅仅是动词这个形式，而是这个形式所指代的内容——某个具体的事件。比如，说 *give* 是一个三价动词，不是因为这个动词形式带有三个论元，而是因为与 *give* 相关的事件中涉及三个参与者——一个给予的人，一个接受的人，还有一个被给出的物品。尽管这个事件中有不止一个元素——给的动作、三个参与者，但是在词库中，人们只是将这个事件中的行为部分当作该事件的代表。但是，当人们谈及 *give* 时，他们不仅仅是在谈这个事件中的动作，而是在谈论整个事件。

Ungerer 和 Schmid(2001)指出，从宏观的角度来讲，事件是有层次的，其中最为人们所熟知的是事件的基本范畴，向下有下位范畴，向上有上位范畴。下位范畴是每一个具体的经验事件，而上位范畴是所有基本范畴事件的共性。Fillmore (1968)描述某一个动词和与其相关的名词之间的深层语义关系，这些语义关系所揭示的就是基本事件类型和基本动词。换言之，动词表达的是关于事件的基本范畴。当这些基本范畴的事件进一步概念化，就构成了一个事件的上位范畴，如商业事件。也就是说，每一个具体的商业事件都是这个事件的基本范畴，而商业事件是一个上位范畴，包括了所有的基本范畴。但是，事件的基本范畴又可以进一步区分，如每一个具体的体验都可以视为一个下位范畴。

综上所述，动词与事件之间存在着转喻关系，动词主要指向某一个事件中的动作，具体描述这一动作的某一个方面，如事件实现的工具、方式、条件或结果等。但是，动词所激发的不仅仅是某个事件中的一个动作，而是整个事件。

这在句子理解中至关重要。

### 4.2.2 动词对构式的示例作用

动词通过转喻指代整个事件。那么动词与构式之间又存在什么样的关系呢？Goldberg (1995)认为动词与构式之间存在着五种互动关系，即动词可能是构式的一个次类，也可能表达构式的工具、结果、条件或方式。具体来说：

(5a) Mary handed me a ball. (次类)
(5b) Mary kicked me the ball. (方式)
(5c) Mary hammered the metal flat. (工具)
(5d) Mary broke the window. (结果)
(5e) Mary baked me a cake. (条件)

王寅(2011)将动词与构式之间的关系划分为两大类，即具体示例和转喻关系。其中，转喻关系包含有五类，即工具、结果、条件、方式和意欲关系。因此，动词所表达的是高度概括的关于事件的信息。Goldberg (1995) 和王寅(2011) 都将动词和构式看作两个相互独立的系统，并且尝试在两个系统之间建立联系。事实上，动词、事件和构式不是独立存在的，三者互相依存。

一个根本的问题在于：是动词的意义决定构式的表现，还是构式的意义决定动词的表现。Fillmore (1968:21)早就注意到格的分类作用，认为格通过区分不同的句子类型从而实现对动词的分类：

> 简单句子中所允许的不同格的多种组合序列表达着“句子类型”的概念，而这种句子类型很可能具有普适性……决定语言中句子类型的格的组合序列实际上发挥着对这一语言中的动词进行分类的作用(根据这些动词所出现的句子类型)，而且这种分类中的很多方面都可能具有普适性。[The various permitted arrays of distinct cases occurring in simple sentences express a notion of “sentence type” that may be expected to have universal validity... the arrays of cases defining the sentence types of a language have the effect of imposing a classification of the verbs in

the language (according to the sentence type into which they may be inserted), and it is very likely that many aspects of this classification will be universally valid.]

Fillmore认识到,不是动词对句子进行分类,而是格关系决定句子类型,进而实现对动词的分类。具体动词应该出现在什么样的句子中,是由具体的格关系来决定的,是整体决定部分,而非部分决定整体。换言之,动词并不是先验地存在的,而是由句子类型所决定,归根结底是由具体的格关系所决定的。

相对于Goldberg (1995)关于动词和构式的保守观点,Langacker (2009b)持有更激进的看法,认为根本就不存在词库。一个词汇项目通过构式获得自己的属性,是构式决定了词汇项的类别属性。动词只不过偶然出现在某一个构式中,并且负责填充构式中的某一个空格而已。随着使用频率的提高,动词就逐渐获得了与其所出现的位置相关的特质(Langacker, 2009b)。因此,是构式决定了动词,而不是动词决定了构式。

类似的整体—部分关系也得到Croft (2001)、Croft和Cruse (2004)的响应。他们认为,句法关系和句法范畴都是由构式决定的。以英语中的及物动词和不及物动词为例,传统的语法没有办法解释为什么有些动词,如*sleep*和*walk*,只能出现在不及物句中;而有些动词,如*buy*和*capture*,只能出现在及物句中;而有些动词,如*sing*和*drink*既可以出现在及物句中,又可以出现在不及物句中。

如果将那些只能出现在及物句中的动词命名为及物动词,那些只能出现在不及物句中的动词则称为不及物动词,那么那些既可以出现在及物句中又可以出现在不及物句中的动词又应当如何命名呢?

因此,Croft (2001)、Croft和Cruse (2004)断定,出现在及物构式中的动词与出现在不及物构式中的动词是不同的。不及物构式可以表示为[IntrSbj IntrVerb],及物构式可以表示为[TranSbj TranVerb TrObj]。出现在及物构式中的动词就具备及物的特点,而出现在不及物构式中的动词就具备不及物的特征。因此,动词在不同的构式中获得了不同的范畴特征,是构式定义了动词的范畴，而不是相反的情况。

我们在本书2.3.2小节讨论构式多义性时提到，构式中心意义与扩展意义的区别可能是一种表象。构式作为高度抽象、图式化的表达，具有抽象的构式义，而每一个动词都从不同方面体现了这一种抽象的构式义。但是，作为一种抽象的概念结构，构式本身只是表达了一种词项的组合方式，不具有有形的外在。构式若要为说话者所听、所见、所读，需实体化方可成为有形的实体。本书上一节提到，动词转喻着具体的事件。在这一认识的基础上，动词为构式的实现方式提供了事件基础，表明构式所传达的具体事件。由此可以说，动词使得构式实体化，使其以具体的语言形式呈现于说话者。

### 4.2.3 构式对事件语义关系的编码

动词与事件之间的转喻关系使得动词能够激活关于事件的框架，同时激活与事件相关的一系列信息，如：事件的参与者、条件、工具、方式、结果等。那么，与事件相关的大量信息如何在语言层面得到表征呢？

Ritter和Rosen(1998)指出，句子是用来描述事件或状态的。Spaeth和Trauwein (2004)认为，事件是句子描写的先行词，句子是对事件的命题。事件具有时空感，对事件的命题描述等同于对物体的名词描述。每一个句子描写一个事件，每个句子的语义表征包含一个事件论元。句子描述事件，但是句子的信息容量毕竟有限，因此句子只能够选择事件中的部分信息加以表征。同样以*slice*为例：

(6a) He sliced the bread. (Transitive)

(6b) Pat sliced the carrot into the salad. (Caused-motion)

(6c) Pat sliced Chris a piece of pie. (Ditransitive)

(6d) Emeril sliced and diced his way to stardom. (Way-construction)

(6e) Pat sliced the box open. (Resultative)

根据对*slice*事件的了解，“切”涉及切的主体、客体、工具、结果、方式等。那么每一个构式所体现的是什么呢？(6a)描述了“切”这一事件中最基本的信息，即实施"切"这一事件的主体、"切"这一事件的客体和"切"的最终结果。(6b)描述了东西被切以后移动的路径，即被切的客体进入某处。(6c)表达的是与"切"相关的受益者，即东西被切给了某一个人。(6d)暗示的是另外一种可能，即切也可能成为成名的一种方式。最后，(6e)同样传达了东西被切以后所达到的一种状态，即盒子被切开了。

如前所述，动词 *slice* 指向这一事件中的具体动作，但同时激活了与这一事件相关的一切信息。但是，并不是所有的信息都能够得到完整的传递，因此这一事件中的不同部分需要通过不同的构式被表达出来。由此可见，构式表达的是一个事件中的部分信息。具体来说，(6a)中的构式表达的是施事 *he* 和受事 *bread* 在"切"这一事件中的语义关系。(6b)的构式所表达的是施事 *Pat*、受事 *carrot* 和 *salad* 之间的语义关系。而(6c)表达的是施事 *Pat*、受事 *carrot* 和受益人 *Chris* 之间的语义关系。以此类推。因此，构式不过传达了某一事件中的某些参与者之间的语义关系。换言之，构式是对一个事件类型中某一个固定的语义关系的识解与编码。

因此，构式与事件之间也存在着转喻的关系。Evans 和 Green (2006)据此认为，当说话者说出 *He paid five dollars* 这样一个句子时，他不仅仅是在陈述某人花了某些钱这样一个事实，而是在陈述一个完整的事件，即某人支付给另外某个人一定数量的钱，另外那个人因此而出售给这个人某种商品。尽管说话者并没有明确说明这个具体的事件，但是他的话激活了我们关于商业事件的一系列相关信息，其中包括这个句子所没有提到的 seller 和 goods。而这个构式只是凸现了这一事件中的某些语义关系，阻断了另外一些语义关系。但这并不是说，另外那些语义关系因为没有浮现到句子层面就不存在。

#### 4.2.4　凸显

一个事件中有多种因素的参与，因此在语言呈现时会有不同的部分得到具体的表征。对这些部分进行选择的机制就是凸显或视角化(perspectivization)。Kuno(1987)提出移情说(empathy)来解释对同一个事件的不同角度的表征。在描述一个事件时，说话者总是以不同的方式呈现事件中的参与者。尽管逻辑语义内容相同，或者说，尽管命题意义相同，具体的表层呈现方式却是不同的。如，兄弟两人 *John* 和 *Bill* 牵涉到一个击打的事件，我们可以采取下述角度来呈现这一事件(Kuno, 1987)：

(7a) Then John hit Bill.

(7b) Then John hit his brother.

(7c) Then Bill's brother hit him

(7d) Then Bill was hit by John.

(7e) Then John's brother was hit by him.

Then his brother was hit by John.

(7f) Then Bill was hit by his brother.

同一个事件，不同的说话者从不同的视角进行呈现。Kuno (1987)将这一现象比作摄影中的“取景角度”，即不同的说话者采取不同的取景角度来呈现这一事件，这就是移情。也就是说话者站在哪一个参与者的角度来描述这一事件。

格语法(Fillmore, 1968)和框架语义(Fillmore, 1977b)采取视角(perspectivization)，旨在解释事件中的哪些部分得到凸显。比如，不同的格凸显不同的语义关系，而在具体事件中采用不同的动词则视角化不同的参与者。

Langacker(1987)则用侧显(profile)来描述实体中占据注意力核心的那一部分，旨在解释某一个表达式所属的范畴以及承继关系的实现。如，名词 *tree* 侧显一个实体，而介词 *in* 则侧显两个实体之间的位置关系。认知语言学家认为，构式之间存在着一种侧显继承的关系。一个复杂构式通常继承其某个组成部分的侧显。比如，*apple tree* 就继承了 *tree* 的侧显，因此它侧显的是一种树，而不是一种苹果。而 *in the room* 继承了 *in* 的侧显，因此它侧显的是一种位置关系，而不是一种房间。侧显就成为人们在构造新构式时所依据的机制。Goldberg (1995)也尝试解释哪些部分得以侧显，但是与 Fillmore 不同，她更关注构式，而不是句子类型或动词。Talmy(2001)引入了视窗(windowing of attention)的概念，认为在日常的观察中，人们总是倾向于将注意力集中于一个事件的某些部分，凸显其中的某些片段，而阻断(gapping)另外一些片段。

这些概念主要尝试从语言表达的角度解释为什么句子层面对同一个事件有不同的表征。但是有几个最基本的问题:是什么使得一个事件有不同的呈现视角?为什么有不同的视角可供选择?是什么决定说话者选择一个视角而不是另一个视角?也就是说,凸显机制的存在本身就表明多种选择存在的可能。只有当存在不止一种呈现可能的时候,才会存在视角选择的可能。

那么,一个事件所提供的选择是什么呢?以商业事件为例。在商业事件中,可以选择凸显 seller 和 goods,由此而选择动词 *sell*;也可以凸显 buyer 和 goods,由此使动词 *buy* 前景化;或者可以凸显 seller 和 money,由此凸显动词 *charge*。凸显之所以可能,是因为我们要呈现的事件是一个信息丰富、参与者多样的宏观事件。这些丰富的信息和多样的参与者就使得事件有了多种凸显潜势。比如,"吃"这一事件的构成因素包括:吃的方式(devour, gobble, gorge, wolf, eat)、吃的主体、吃时所运用的工具、吃的伙伴、吃的结果、吃的时间和地点等各种要素。所有这些要素可以共同出现在一个句子中:"*Mary, together with John, ate a pizza with a fork yesterday in Walmart.*"由此,是事件中所涉及对象的多样性使得事件具备了多种呈现潜势。

那么,凸显又是如何运作的呢?换言之,哪些构成要素必须得到凸显,而另外一些要素则只是选择性成分呢?一个典型的事件围绕一个动作行为而发生,这个动作行为有始发、延续和结束三个部分(van Voorst, 1988)。而 Ritter 和 Rosen (2000)发现,不是一个事件中的所有信息都在语言层面得到呈现。真正语法化的只是动作的始发和结束。其中,动作的始发被语法化为句子的主语,动作的结束被语法化为句子的宾语,他们构成了事件中必不可少的部分。语言习得的研究也证实了这样一种结论,即儿童对有清晰终结的事件更感兴趣(Antinucci & Miller, 1976; Bloom, et al., 1980; Bohnemeyer & Swift, 2004; Bronckart & Sinclair, 1973; Clark, 1996; Shirai & Anderson, 1995)。

凸显之所以可能是因为事件具备多种凸显潜势,但是凸显为什么发生呢?如前所述,在句子层面常常不只是必要的参与者得到表征,其他选择性参与者如工具、地点、时间等也会得到凸显。就一个事件而言,句子通过主语和宾语来表达事件的始发和结束。除此以外,说话者总是想通过语言表达传递自己的角度或立场。因此,说话者对一个事件所采取的最终呈现方式体现了其对事件的判断(Fillmore, 1977a, 1977b; Kuno, 1987)。Habel 和 Tappe (1999) 指出,在汇报一个事件的时候,说话者从来也不能进行完全客观的描述。他们对客观世界的描述常常是主观的,体现了自身的立场和倾向性。因此,凸显体现了人在表征客观世界时的主观性因素。

Fillmore(1977a, 1977b)描述动词对语义关系的凸显,Kuno(1987) 的移情解释句子对说话者立场的凸显,Langacker (1987) 的侧显关注某个实体对范畴的凸显,Talmy(2001)的视窗彰显句子对事件片段的凸显,而 Goldberg (1995)则关注构式对语义关系的凸显。遗憾的是,上述关于凸显的研究都没有解释凸显在事件呈现中的地位和作用。换言之,凸显何时出现?上述研究都认为凸显是一个静态的存在,而非一个动态的过程。本书认为,凸显是连接框架和构式的桥梁,即凸显决定哪些参与者在语言中得到表达,从而选择合适的构式来容纳这些参与者。

认识到凸显在语义框架和构式之间的桥梁作用,就可以更清晰地看到构式和事件之间的对应关系,即在事件和构式之间不存在一一对应的关系,一个事件对应于多个构式。以恐吓事件为例,恐吓事件涉及参与者、具体的动作行为、工具和结果。恐吓事件中实施恐吓的主体可以是人,也可以是非人的实体,综合此因素,恐吓事件中就有五个要素竞争凸显:恐吓者、恐吓动作、恐吓道具、恐吓对象和恐吓结果。说话者可以选择凸显其中的任何要素。如果选择凸显恐吓者和恐吓对象,就得到(8a);如果选择凸显恐吓者的恐吓动作所产生的结果,就得到(8b);如果想要凸显恐吓者的恐吓动作对恐吓对象的影响,就产生(8c);如果凸显恐吓工具对恐吓对象的恐吓作用,就得到(8d);而如果凸显恐吓工具对恐吓对象产生的恐吓效果,就得到(8e);同样,如果强调恐吓工具对恐吓对象产生影响以后恐吓对象的反应,就得到(8f)。

(8a) 他吓到我了。 (及物构式)

(8b) 他把我吓呆了。 (把构式)

(8c) 我被这把枪吓呆了。 (被构式)

(8d) 这把枪把我吓呆了。 (把构式)

(8e) 这把枪吓得我一动不动。 (得构式)

(8f) 这把枪把我吓得躲到了桌子底下。 (致使-移动)

综上所述,因为事件涉及不同的参与者,动作行为又必然地引起一个结果,因此事件中存在着多种凸显潜势,从而赋予说话者多种选择的可能。凸显是连接语义框架和具体构式的桥梁,正是因为说话者在事件呈现过程中的主观性选择,从而产生了不同的语义关系,而对这些语义关系的呈现需要诉诸不同的构式,因此凸显决定了构式,从而决定了最终的对具体事件的语言表达。

## 4.3 事件的情境编码

人类所置身其中的世界也许是一个杂乱无序的环境,但是人类对这一环境的表征却是有组织有结构的。在事件被语言表征之前,它首先应当被表征为具体的认知单位。这些典型的认知单位就是动词和名词。那么,这些不同的词汇项目是如何排列组合并最终用以表达一个复杂的事件的呢(Ungerer & Schmid, 2001)? 或者说,语言表达的认知心理过程是怎样的呢?

### 4.3.1 情境编码的认知心理过程

儿童的词汇习得经历了由具体到抽象、由个体到关系的过程(Steinberg & Sciarini, 2007)。比如,儿童会首先获得有形实体以及直接活动类词汇,如桌子、椅子,跑、坐等,然后再习得关系类词汇和状态类动词,如在……上面和坐着,接着习得心理活动或体验类词汇,如饿、高兴,最后才习得抽象的概念,如我、你、诚实等。

Steinberg 和 Sciarini(2007)认为儿童的词汇习得经历了体验—判断—联想—类推—应用的过程。也就是说,儿童首先体验到一个场景,比如"饥饿",接着说话人可能会对这一场景进行讯问,如:"你饿了吗?"儿童则在说话人对这一场景进行描述时对这一场景作出判断,确定"饿"是描述这一场景的核心词汇,接着儿童将说话人的描述与自身饥饿的体验联系起来,从而获得关于这个场景的最基本的知识,比如"饿"这个词,然后在再将这一联系类推到其他相似场景,从而确定对这一词汇的掌握,最后在语言表达中运用所习得的词汇。

Levelt(1989) 研究从产生交际意图到最后意图得以传递的过程,认为将事件最终表征为语言的过程受控于三个模块(modules):概念模块(conceptualizer)、形式模块(formulator)和发声模块(articulator)。概念模块将需要传递的思想转换成形式语法,形成前-语言信息(pre-verbal message),形式模块通过语法编码(grammatical encoder)将前-语言信息编码为表层形式,而音系编码(phonological encoder)则负责将前-语言信息通过语音的形式进行编码,最后信息通过发声模块得以传递。这一过程清晰地呈现了从交流意图的产生,到语言的转换,以及最后通过声音形式的表达,人类是怎样表达思想并进行交流的。然而,概念化过程被描述得过于简单,语言学家似乎更关注这一过程中的形式模块和发声模块,对概念模块的研究不足(von Stutterheim & Nuese, 2003)。

事实上,概念化是连通现实世界的事件和语言形式的桥梁,它以现实世界为基础,包括四个规划阶段:

(1)切分(segmentation)。在现实世界中充满着各种各样的信息,说话者需要在这些信息中抽取相关的信息。比如,将复杂事件切分为简单事件,或者将复杂的动态事件切分为原子事件或过程等。(Parsons, 1990)

(2)选择(selection)。说话者需要选择他/她所希望的事件成分进行语言表征,比如,一个事件中的参与者、事件发生的时间和地点或是行为等。(Parsons, 1990)

(3)组构(structuring)。在这一过程中,此前选择的事件成分需要被组织成符合某个语言规范的方式,比如,受到述谓类型的制约、时间和空间框架的制约等。这一过程受到视角(perspectivization)的支配。(von Stutterheim and Klein, 2002)

(4)序列化(linearization)。所有被选择的事件成分在经历了组构以后会以线性序列的方式表达出来。(Levelt, 1982; von Stutterheim & Nuese, 2003)

von Stutterheim 和 Nuese(2003:853-854)对概念化的描写分析了四个过程,然而他们主要是针对一个复杂事件,讨论的重点在于这一事件的呈现精细度，如关于邮件速递的事件：

(9a) 邮递员到了我家门口，按了门铃，我下楼打开门，他把快递递给我，我签好了字，他就离开了。

(9b) 邮递员把快递送到了我家。(von Stutterheim & Nuese，2003)

对于这一事件，既可以详细描述其中的每一个过程，如(9a)，也可以选择将事件视作一个宏观的整体进行表达，如(9b)。在切分阶段，说话者是以不同的精细程度来呈现这一事件的，而对精细程度的选择也受制于不同的文化和社会因素。因此，他们并不关注对一个事件的单句呈现，而更强调对整个事件流程的分析。

Langacker(1999) 在认知心理过程和构式表达之间建立了对应关系，认为事件呈现过程中有如下五个心理过程：

(1)固化(entrenchment)。心理上经历过的事件会留下一定的痕迹，从而激活这一事件的重现。通过不停地重复，即使一个复杂的事件也会固定下来成为惯例。这时，语言使用者就不必再对这一事件的组合方式或是语义关系进行分析，而将其接受为约定俗成的表达。这时，语言就成为一个单位(unit)。

(2)抽象(abstraction)。在不同的体验中经历的事件拥有一些共性，而抽象过程主要负责概括这些共性，从而实现语言方面的图式。

(3)比较(comparison)。这一过程通过比较两个结构从而实现对结构的范畴化，即将与图式相同的结构归为同一个范畴。

(4)组合(combination)。这里关注复杂结构如何通过简单结构的组合而得以产生。

(5)联想(association)。相似的经历会激活所有与此相关的概念和框架。

Langacker 在这一过程中更多地强调构式之间的关系，着眼于构式的形成和扩展，而不是事件的呈现。但是，他注意到在具体表达固化为单位以后，还可以经过抽象从而形成图式，而比较又通过图式对新的表达或形式进行范畴化。这符合语言呈现的过程，只不过 Langacker 并没有详细描述事件具体呈现为有形的语言形式的过程。

王黎(2005:3)认为语言的根本价值在于表达意义，而"客观世界和人的认知为语言提供意义的基本来源"，因而从事件到语言经历了五个过程，如图 4-1 所示。

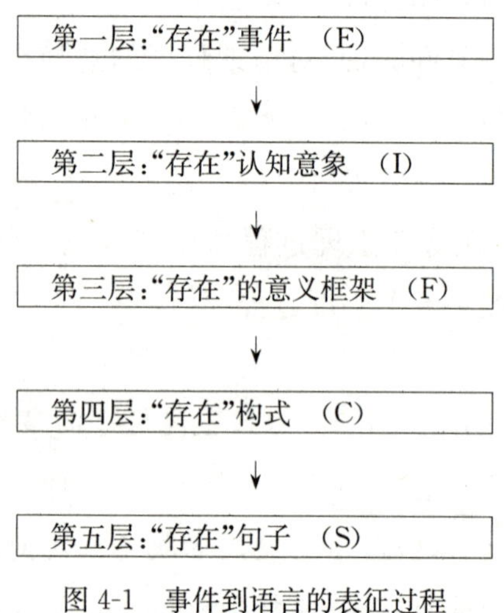


图 4-1 事件到语言的表征过程

也就是说，从一个事件的发生，到这个事件最后以语言的形式表达出来经历了五个过程。说话者首先观察到一个典型的事件，而后这一事件在人的认知域形成一系列的存在意象；接着，这些意象又激活了人头脑中深层存在的意义框架，这个意义框架被位于表层的语言表示出来时，就出现了构式；最后，具体的词项被填充到构式中，得到了一个具体的关于存在事件的句子。这五个阶段完整地描述了事件的发生和说话者对事件进行解析和表达的全过程。

然而，王黎(2005)认为存在事件和存在意义框架之间存在着层级关系，即事件要经过一个意义框架的过滤，而对事件的意象表达独立于意义框架。也就是说，意义框架的存在先于事件。这一点值得商榷，因为说话者在观察到一个事件的同时，也就对事件之间的语义关系有了一个大致的了解，因此对事件的观察和对意义框架的解读不应当被分离。同时，王黎(2005)并未详细解释意义框架。比如，意义框架是不同事物之间的语义关系，还是一个具体的构式和构成其整体的词汇意义以及其所表达的具体意义？因此，其对于意义框架的论述太简单。

陆俭明(2009)补充了王黎(2005)的假设，认为从事件的发生到语言呈现经历了六个阶段：

i ≠客观世界(客观事件或事物之间客观存在的关系等)；
ii ⟶通过感觉器官感知而形成意象；
iii ⟶在认知域内进一步抽象，由意象形成意象图式(概念框架)；
iv ⟶该意象图式投射到人类语言，形成该意象图式的语义框架；
v ⟶该语义框架投射到一个具体语言，形成反映该语义框架的构式；
vi ⟶物色具体词项填入该构式，形成该构式的具体的句子。

相对于王黎(2005)，陆俭明(2009)在客观事件中增加了事物间的关系。因为事物和其间的关系并不是分离的，而是紧密联系在一起的。人在关注到一个事件的同时也关注到事物之间的关系，不同的事物要在相互关系中获得意义。此后，这些事物和关系被人感知而成为大脑中的意象。陆俭明(2009)认为，意象之后还存在意象图式的阶段，意象在认知域内会进一步抽象成为意象图式。

对此本书认为，意象图式只是人在对客观世界进行组织时所运用的手段，是一种延伸身体感受和理解抽象思维的机制，并不是事件呈现过程中的阶段。人利用意象图式来理解和范畴化具体的意象，意象图式是一种结构模型，不是事件呈现过程中的层次。同时，语义框架与意象图式之间不是投射关系，而是工具关系，即意象图式只是表达某一个语义框架的工具或方式，不是语义框架的结果。

另外，陆俭明(2009)认为意象图式投射到人类语言从而形成一个语义框架。相对于王黎(2005)，陆俭明首先明确了语义框架的内容，但与此同时，他也将语义框架当作一个先验地存在的语义组织方式。他认为意象图式进入的是人类语言的语义框架，这就意味着语义框架是为人类所有语言所共有的，缺乏理论依据和论证。另外，语义框架在语言表征中到底是什么，并没有作详细的描述，因此概念仍然比较模糊。

Steinberg和Sciarini(2007)从词汇学习的角度设想了语言表征的过程，对事件呈现有一定的借鉴意义，但是未能将其扩展到对事件的研究。Habel和Tappe(1999)认识到人对现实世界进行表征时会主动选择想要呈现的内容，体现了人在事件表征中的主观性。同样，von Stutterheim和Nuese (2003)也关注到主观性或者视角在事件呈现中的核心作用，但他们主要研究复杂事件的呈现，关注事件呈现中的精细度。王黎(2005)和陆俭明(2009)都将客观世界作为构式的起点，前者主要关注事件中的参与者，后者却同时关注事件参与者之间的关系。陆俭明(2009)认为语义框架为人类语言所共有，而构式为具体语言所有。这一点符合Croft(2001)的论证，即构式具有语言特殊性，不同的语言对相同的语义关系所采取的构式不同。然而，如前所述，二者都认为事件在认知域中被投射为意象以后进入语义框架，暗示着语义框架先于事件而存在，事件是经由语义框架才得到表达的，这仍有待论证。

本书认为，谈及对事件的表征过程，有两个问题需要澄清，即这一表征过程针对的是儿童的语言习得，还是针对一个陌生的事件。二者之间有本质的不同。从语言习得角度，语义框架是习得的，儿童在获得语义框架之前并没有先验设定的语义框架。也就是说，儿童在观察、学习及模仿中获得语义框架。因此，一个事件在被投射为意象之后不是进入某个语义框架，而是同时被描述为语义框架。

相对而言，如果我们所面对的是对一个陌生事件的表征，那么在说话者的语言系统中已经存在固定的语义框架。也就是说，说话者对某些语义关系的表征方式已经以框架的形式固定下来。这样，在面对陌生事件的时候，说话者只需要理解事件的参与者及其之间的关系，然后把相应的关系投射到对应的表达这种关系的框架中就可以了。所以，二者的机制不同，路径也不同。然而，王黎(2005)和陆俭明(2009)并没有区分语言习得过程中的事件表征和对陌生事件的表征，因此其表征模型有待商榷。

本书从语言习得的角度描述事件从发生到表征为语言的过程，认为语言或者构式就是对人类基本生活经验的编码，即情境编码假设。对情境进行编码的过程经历了六个认知心理过程，即体验—判断—抽象—选择—组构—序列化(见图 4-2)。

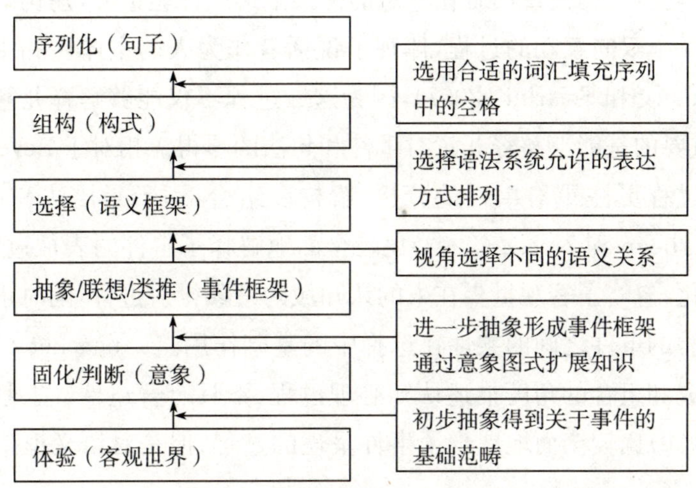


图 4-2　事件表征的认知心理过程

具体来说：

(1)说话者首先要通过自身与世界的互动而体验周围的世界，通过感知器官而感知外界的实体、事件及其关系。

(2)在体验的基础上，说话者会对实体、事件及其关系作出初步判断和范畴化，这样的判断经过固化而成为语言单位，形成初步的意象。

(3)随着身体体验和语言经验的丰富，说话者会抽象出周围事件中的共性，从而形成关于某个事件的宏观框架。

(4)宏观框架一经形成，就为说话者的说话内容提供了多种选择，而说话者也可以自由地从这一宏观事件中选择自己想要表达的内容。

(5)在对表达内容进行选择之后，说话者考虑每种语言的特征和语法规范，根据某个具体语言的语法状况对所选择的内容进行组构布局。

(6)最后，将所排列好的序列中留下的空格用合适的词汇填充完毕，形成语言中的句子，也就实现了对事件的语言表征。

### 4.3.2　情境的编码过程

情境编码的认知心理过程综合了各家关于认知心理过程的描述，认为，说话者对世界的判断建立在对世界的体验基础之上，但是在体验世界的时候，说话者同时也在建构关于世界的知识。对世界知识的建构同时也规定了说话者对世界的体验，从而使说话者在一定的框架下继续体验世界，建构对世界的知识。这是一个双向互动的过程，体现了说话者作为人的主体性和主观性。它优于 Steinberg 和 Sciarini (2007)，因为这一过程不仅能够解释儿童对词汇的习得，更重要的是能够解释儿童对事件和句法的习得。相对于 Levelt (1989)，这一心理过程更注重对事件的分析、解构和组合，而不是语法和语音方面。von Stutterheim 和 Nuese (2003)比较全面地解释了事件的表征过程，但是过程太过简化，忽略了客观世界在人的认知域的意象投射过程，同时也没有认识到个体体验的事件之间的共性在选择中的基础作用。Langacker (1999)主要从构式形成和组合的角度描述认知心理过程，不具有普适性。王黎(2005)和陆俭明(2009)比较全面地展现了事件呈现的过程，但是对语义框架没有作详尽的描述。

本书的情境编码假设的认知心理过程既体现了人对客观世界的体验的主观性，也体现了人对客观世界呈现过程中的主观性，同时也注重客观世界的多样性为语言表征提供的多种选择，旨在全面展示事件在人的心理认知过程中经历的每一个阶段。其表征过程可以通过存在构式进行说明：

(1)客观世界中存在着各种实体，发生着各种事件，并且实体之间和事件之间存在着各种各样的关系。说话者通过对周围世界的体验和观察来认识世界，获得关于世界的最直接的知识，从而建构关于世界的知识(Nelson, 1986)。比如，在一个存在事件中，可能会有三个主体：房子、树和说话者(见图 4-3)。

图 4-3　客观存在的事物

从对世界的观察开始，说话者的偏见就已经形成，因为客观位置的不同，观察者由此形成的对世界的表征也不同。Langacker(1991) 认为需要区分舞台上的事件参与者和舞台下的观察者。语言所呈现的内容都属于一个舞台(stage),它为人们提供了发生在一定场景(setting)中的事件。观察者则站在舞台之外,从旁观者的角度组织所观察到的事件。观察者通过观察协调(viewing arrangement)或视角(perspective)决定从何种角度来汇报事件的发生。也就是说,说话者相对于房子的位置决定了说话者对房子和树之间关系的描述。如果说话者面向北,他可能会作出判断,房子的左边有一棵树;而如果说话者面向南;他可能作出判断,房子的右边有一棵树。

(2)在体验的基础上,说话者会对实体、事件及其关系作出初步判断,这样的判断经过一系列的重复以后得到固化(entrenchment),从而成为语言单位,并在说话者的大脑中形成初步的意象。这一过程类似于 Langacker (1999)所探讨的固化、von Stutterheim 和 Nuese (2003)的切分以及 Steinberg 和 Sciarini (2007)所谈及的判断过程(见图 4-4)。

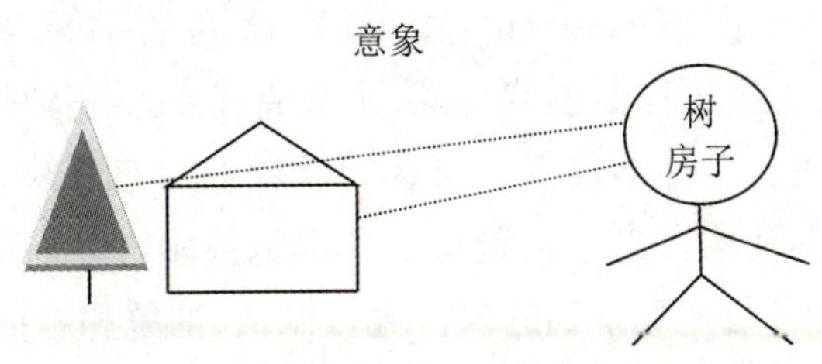


图 4-4　现实世界的认知意象

通过这一过程,说话者获得关于某一个事件的基本层次范畴特征(basic level category)。比如,说话者所体验到的树和房子都属于基本层次范畴。实体具备基本层次范畴的特征,同样,由这些基本层次范畴的实体所构成的事件也具有基本层次范畴的特征。因此,事件也具有基本层次范畴,并有上位范畴和下位范畴的区分(Ungerer & Schmid, 2001)。从认知的角度,基本层次范畴的事件在人类对事件的认知中占有主要地位。

(3)随着身体体验和语言经验的丰富,说话者会抽象出周围事件中的共性,从而形成关于某个事件的宏观框架。在房子和树的例子中,房子和树在人的认知域被投射为意象,这些意象的存在方式和位置关系也同样被投射为意象。随着对类似事件的体验的不断增多,儿童观察到这类存在事件的共性,即两个实体,并且二者处于一定的关系之中,这两个实体一个可以被表征为存在事物，另一个可以表征存在地点。由此，儿童获得关于存在的事件框架：存在物、存在地点、存在方式或关系（见图 4-5）。

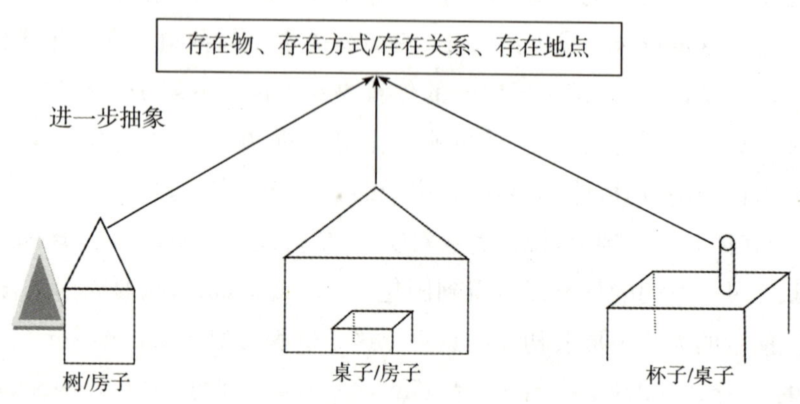


图 4-5　宏观事件框架的抽象

这一过程类似于 Langacker（1999）所谈到的抽象以及 Steinberg 和 Sciarini (2007)的类推过程。也就是说，儿童最直接的身体体验可以被类推到其他相似事件中去。事件不仅仅是对客观世界的静态反映，而且还是对客观世界的动态组织和建构。当儿童置身于外部世界中，他们不仅观察并参与到事件中来，还对所参与和观察到的事件进行概括、抽象和总结。随着时间的推移，当初原始的经验会得到进一步分析、归纳和概括，儿童由此而获得关于事件的抽象认知结构，这样的认知结构可以通过图式或脚本的方式组织起来（Mandler，1979）。

Mandler(1979)认为，事件图式是在人类对世界的具体体验中抽象出来的，它揭示了世界的运作方式。事件是具体和个性化的，而图式则是抽象并且具有普遍特征的；事件是人的具体日常生活经历，而图式则是人的大脑对这些经历的认知表征。有了这样的认知表征，儿童就可以将图式扩展到对新经验的认识和对新的表达方式的理解中去。为了达到这一目的，可以采取很多策略和手段，比如，意象图式就是其中之一。儿童借助于意象图式扩展知识，将具体的经验引申为对抽象事物的了解中去。因此，意象图式只是事件表征过程中所运用的手段和策略，而不是事件呈现中的认知心理过程。这一过程进一步表明，事件是儿童获得关于世界知识的基础来源。简言之，“儿童关于事件的知识提供了一个概念基础”(Farrar，et al.，1993)。

在宏观事件框架阶段，对事件的心理表征突破了具体事物，如房子和树、房子和桌子或者桌子和杯子，事物之间的关系也突破了内外、左右、前后等，存在的方式也突破了栽、立、站、挂等具体词汇，而达到一定程度的关于某一类事件的高度抽象，即存在物、存在地点和存在关系或方式，也就是 Ungerer 和 Schmid (2001)所说的上位事件范畴。

(4)宏观事件框架一经形成，就为说话者的说话内容提供了多种选择，而说话者也可以自由地从这一宏观事件中选择自己想要表达的内容；这一过程对应于 von Stutterheim 和 Nuese (2003)的选择过程。

如前所述，在抽象过程中，说话者归纳出关于一类事件的范畴化特征，而在这样的特征中，有多种选择可供使用。比如，在房子和树的例子中，可以选择存在物、存在方式和存在地点，从而构成一个关于这三者之间语义关系的语义框架；这一语义框架可以进一步指向句子“房子后面种着一棵树”，凸显存在物在存在地点的存在方式。说话者也可以选择存在物、存在关系和存在地点，而形成有关这三者之间语义关系的语义框架；这一语义框架进一步指向句子“树在房子后面”，凸显树与房子的位置关系。

对于其他的动态事件，选择的可能性就更多。比如，打碎玻璃的事件，就有多种表征方式。首先，打碎玻璃事件属于一个致使-结果的宏观事件框架，在这一框架中有施事、受事、工具、动作行为、结果等各要素。如果要选择施事、受事、动作行为和结果，就会凸显它们之间的语义关系，从而指向句子“我打碎了玻璃”；如果凸显受事和结果，就会指向句子“玻璃碎了”；如果凸显受事、工具、动作行为和结果，就会指向句子“石头把玻璃打碎了”；如果凸显施事、受事、工具、动作行为和结果，则会指向句子“我用石头把玻璃打碎了”。

当然，这一事件的表征过程非常复杂，在最后呈现为句子的过程中受到很多因素的制约。此处仅仅表明，对宏观事件框架中不同元素的选择，尤其是不同参与者的选择，会指向不同的语义框架，从而最后说出不同的句子。具体选择哪些元素进行表征是由说话者的主观判断来决定的，这一过程受制于说话者的观察角度、移情对象以及其他语用因素。可见，不同的选择会导致不同的组构方式(见图 4-6)。

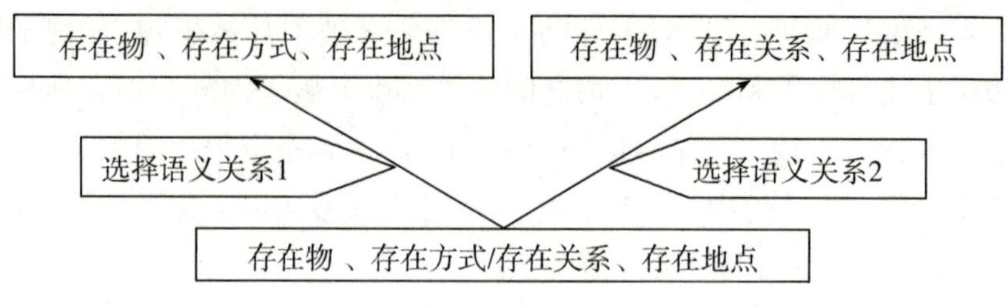


图 4-6　语义关系的选择

（5）在对表达内容进行选择之后，说话者会根据某个具体语言的组织方式而对所选择的内容进行组构，从而产生构式。这一过程对应 von Stutterheim 和 Nuese (2003)的组构过程。组构的过程非常复杂，因为它受到某一个具体语言所能允准的语法规范和惯有的表达方式的制约，同时组构过程还要受到说话者的观察角度和移情对象的影响。

同样以房子和树为例，在前一阶段中选择的不同语义关系，会直接导致不同的组构方式，而组构方式的不同视不同语言的结构方式而定。如果选择的语义框架（存在物、存在方式、存在地点）投射到汉语中，则会产生两种不同的表达组合方式："介词短语＋动词＋名词"（房子前面种着一棵树）或"'有'＋名词＋动词＋介词短语"（有一棵树种在房子前面），而如果选择的语义框架（存在物、存在关系、存在地点）投射到英语中，则会产生"介词短语＋动词＋名词"(In the room is an elephant)或者"*There is*＋名词＋介词短语"（There is an elephant in the room）（见图 4-7）。

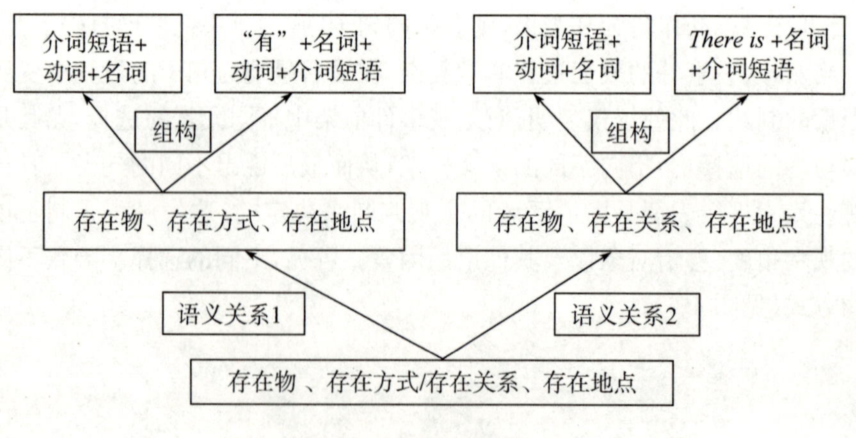


图 4-7　语义关系的组构方式

因此,不同的语言对同一语义框架的组构方式不同。具体的组构方式受到该语言的表达习惯的约束。比如,在英语中,表达存在物、存在关系和存在地点有不同的组织方式。如果说话者以客观的立场表达三者的关系,可能会用 *There be* 这样的组构方式。如果说话者以树为话题,则可能会选择将树作为句子的主语,从而说出句子 *The tree is in front of the house*。另外,具体的组构方式还受到很多语用因素的制约。因此,相同的语义内容在具体表征时,还会经过很多其他语言因素和语用因素的修正。

(6)最后,选择合适的词项填入已经组构好的序列中,形成语言中的句子,也就实现了对事件的语言表征(见图 4-8)。这类似于 von Stutterheim 和 Nuese (2003)的序列化过程和 Steinberg 和 Sciarini (2007)的应用过程。

情境编码假设过程详细描述了事件发生之后被说话者通过语言进行表征的过程,即说话者首先通过自身的知觉和感觉器官感知现实世界中的事件,分析其中的不同实体、实体之间发生联系的方式以及结果或状态;而后,某一个事件在说话者认知域中留下痕迹;待类似的事件重复发生以后,就会在说话者大脑中固定下来,成为对事件的意象;当相似的事件不断发生,说话者会对在某种程度上有相似性的事件进行抽象和概括,从而获得关于这一类事件的宏观框架。目前为止,说话者是在语言习得的角度了解事件,通过意象表征事件,其中并不涉及语言因素,而是在认知域中对外界刺激的加工和组织。在获得了关于一类事件的宏观框架以后,说话者对这一类事件的总体语义关系有了宏观把握。宏观语义关系中涉及不同的参与者、行为方式、工具和结果,对事件的这些构成元素的选择决定了说话者对语义关系的表达。当语义关系确定以后,说话者就可以采用相应的组构方式来对语义关系进行表征;组构方式因语言的不同而不同;一旦组构方式确定下来,就只需要根据某一个语言的特点而填充相应的词汇来表达意义了。至此,一个事件的语言表征得以完成,说话者成功地向听话者传达了基于他/她的角度而获得的关于某事件的信息。

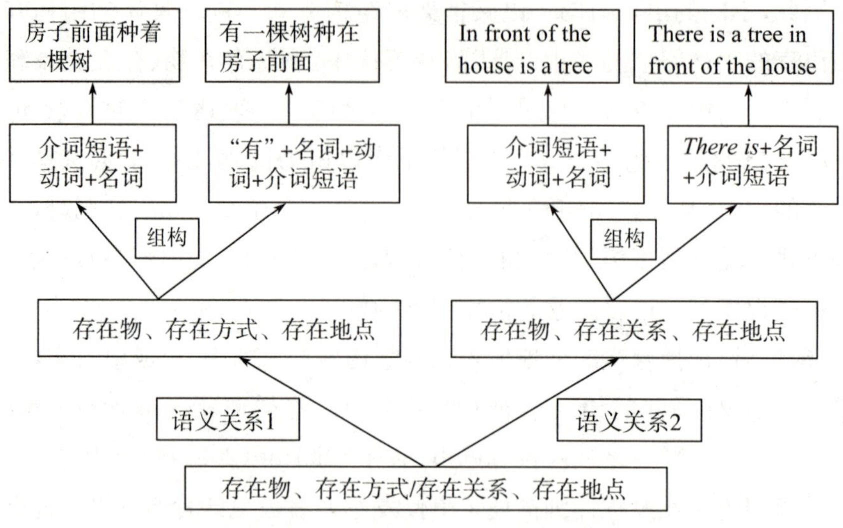


图 4-8 语义关系的语言表达

上述过程比较完美地呈现了事件的语言表征过程，而且说话者如果遵循这一过程，就会说出完美的合乎语法的句子。但是，请看以下例句：

(10a) 门前流着一条河。

(10b) *墙上流着一幅画。

(10c) 墙上挂着一幅画。

(10)中的例句都是对存在构式的表达。对于(10a)，首先，客观世界中存在着两个实体，并且二者之间存在着一定的位置关系。说话者观察到这一现象，并且发现二者之间有固定的存在方式。实体及其之间的关系在说话者大脑中被表征为一定的意象，这些意象进一步抽象，形成宏观的事件框架。从这个框架之中，说话者可以选择想要表达的语义关系，也就是：存在实体、存在方式和存在地点。在语义关系选定以后，说话者将这样的语义关系投射到汉语中，得到关于这种语义关系的组构方式：存在地点＋存在方式＋存在实体。最后，具体的词项被填充到组构方式之中，从而形成关于事件的语言表达。如果说话者在语言产生的过程中完全忠实地遵守这一过程，那么他所说出的句子一定是完全合乎语法的。但问题是，为什么说话者尤其是汉语学习者，会说出诸如(10b)这样合乎语法却不符合汉语习惯的句子呢？回答这一问题，首先需要了解说话者对事件进行表征的过程。

情境编码假设及其心理认知过程主要针对语言习得。本书所呈现的是儿童习得语言的过程中对事件进行的分析、表征和最终的语言形式表达，并不完全适用于已经熟练掌握某一语言的语言使用者。

事实上，对于熟练的语言使用者来说，在实际表达思想时，他们并不完全遵循这一心理认知过程，而是要越过某些阶段，直接运用某个构式表达思想。其原因在于，随着使用频率的不断提高，某一表达方式在语言中逐渐固定下来而成为规约化的表达，因此其分析性也就愈来愈低。比如，现在的人们很少会将 *computer* 理解为是由 *compute* ＋ *er* 这样一个派生的过程而产生的词汇。相反，*computer* 已经变为一个固定的表达，所以在使用这个词时，我们不再关注其派生过程。也就是说，某一个表达的使用频率越高，其分析性就越低(Langacker，2008)。同样，对于构式来讲，一旦说话者掌握了构式所表达的语义关系，除非特殊情况，他们一般不会再去分析这个构式的组构情况和具体细节。因此，构式的分析性也越来越低。最后，说话者会想当然地使用一个构式，而不去细究它的内部结构或组成方式。这就是为什么汉语学习者会说出(10b)这样的句子。说话者根据观察类推，完全仿照存在构式说出了(10b)。也就是说，说话者没有完全依照事件表征的认知心理过程来认识“墙上有画”这样一个事实。如果说话者完全遵从这样的过程，就会在事件和语言经验中得知，典型的描述“墙上有画”的存在方式的词不是“流”，而是“挂”。但是，因为没有完全遵从这一认知心理过程，说话者就没有根据经验的积累而获得关于画的存在方式的正确词汇，所以就说出了汉语中不能接受的句子。

那么，为什么(10b)不符合汉语习惯，又如何避免这样的表达呢？第一个问题的答案很简单，(10b)不能被接受是因为“流”不是正确描述画的存在方式的动词。关于第二个问题，王黎(2005:4)曾经提出，填充一个构式的不同词项“在意义上能互相兼容”。比如，不能说“桌子里吊着一个人”，因为这个词在句中的三个词项(桌子、吊、人)不能互相兼容，“吊”不是汉语中描述人的存在方式的典型词汇。然而，这样的论述缺乏客观依据，也就没有可资借鉴的论证。

本书认为，任何句子的发出都是以现实存在的事件为基础的。换言之，语言或句子就是为了传递现实生活中发生的事件。构式则是对这样的事件中的语义关系的编码。语言中所表达的任何内容都可以在现实生活中找到原型，或者是对现实原型的隐喻。当听到一个句子时，听话者会对这个句子进行解码，然后在现实世界中找到与这个句子所描述的语义关系重叠的事件。此时，不仅仅句子中所描述的关于事件的那些部分得到激活，同时得到激活的还有这个事件框架中的所有未被凸显的元素(Ritter & Rosen, 1998)。听到“墙上流着一幅画”这样的句子，听话者大脑中激活的是两个框架：一个是关于墙和画的存在，一个是关于“流”的事件(基本特征：流动物和移动方式)。但是，听话者此前对于这两个框架的经验中并没有二者共现的经验。也就是说，对于(10b)，我们不能够在现实生活中找到这样的原型参照，因此，是不合法的句子。

这说明在具体的语言表征中，说话者并不是凭空随意组合一些词项填入某个构式，而是在说出某个句子之前到现实世界中进行对照。同样，听话者也不是完全盲目听信所听到的内容，而是将说话人的信息与现实世界进行对照，判断二者是否相合，由此决定句子是否合理以及传达有效信息。因此，判断一个句子可否接受，真正起作用的是语言外的知识，而非语言自身的因素(Borer, 2005)。这就是评价(evaluation)的过程(Spaeth & Trautwein, 2004: 39)：“谈论世界时人们总是要将其所传达的意义与一定的评价环境(所谈论的那部分世界)匹配起来。”(Talking about the world always involves matching the meaning of what we communicate with an evaluation context, i. e. the part of the world we are speaking about.)

在实际的语言交流中，人们不仅对所传达的内容本身作出反应，还要对所传达的内容与相应世界的匹配状况作出反应，以此来判断一个陈述的真值状况(Andresen, 2009)。换言之，尽管人们不必经历每一个语言所传达的事件，但是他们必须确保语言所传达的那类事件在现实世界中确实存在或可能发生。

正是这一点帮助他们判断一个句子的可接受程度。本书将这一过程称为“评价”，评价过程在事件表征的认知心理过程中起到审核的作用。当人们听到一个句子时，他们会首先到自身的经历中去寻找与这一表达相关的事件，以此来判断句子合法与否。在事件表征中，说话者回到事件表征的最原始状态——客观世界，去寻找某一个表达的现实依据。如果存在这样的现实依据，句子就可以接受;否则,句子就不合法。因此,对事件的语言表征的认知心理过程可以进一步描述为图 4-9。

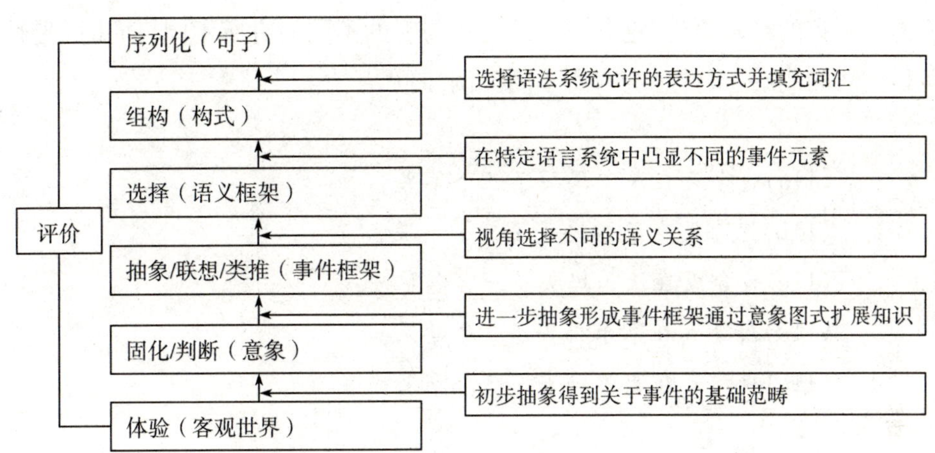


图 4-9 修正的事件表征的认知心理过程

## 4.4 事件表征的六个层次

如前文所述,人们首先观察到客观世界及其中的实体、事件及其关系等,然后再将其投射为认知域中的意象。这些意象经过进一步的抽象,会被表征为宏观事件框架。对于世界中的事件,本书认为应该区分三个层次的事件:经验事件、意象事件和框架事件。这三种事件对应认知心理过程中的三个层次,即体验过程、固化过程和抽象过程。因此,三个事件之间有一定的层级关系,如图 4-10 所示。

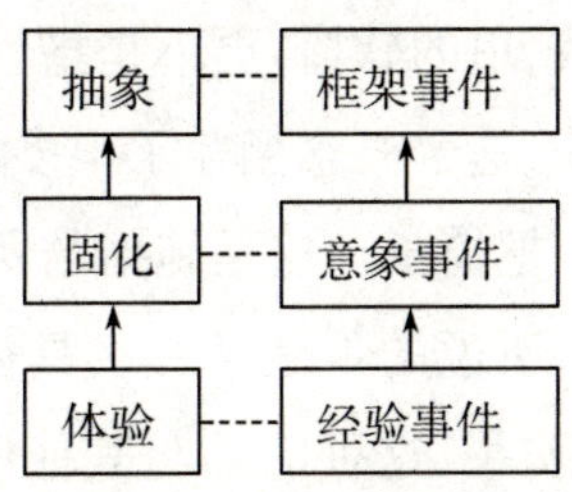


图 4-10 事件的三个层次

图4-10中的箭头有一定的象征意义，表明了自下而上的思路。经验事件指的是人们日常生活中所经历的所有具体事件。比如，“我今天买了三个苹果”“他昨天买了一台平板电脑”。所有由“购买”这一动词所描述的事件构成了关于购买的经验事件，这些事件因为参与者的不同而有所不同。同时，受时间和空间的制约，事件也会有所不同。例如：

(11a)我今天在沃尔玛买了三个苹果。

(11b)他今天在沃尔玛买了三个苹果。

(11c)我今天在沃尔玛买了一台电脑。

(11d)我今天在家乐福买了三个苹果。

(11e)我昨天在沃尔玛买了三个苹果。

以上描述的事件是五个不同的事件。(11a)是一个购买事件；与(11a)相比，(11b)是另一个购买事件，因为购买主体发生了变化；(11c)又是一个完全不同的购买事件，因为购买的商品发生了变化；(11d)也是一个不同的事件，因为购买地点发生了变化；(11e)不同于上述购买事件，因为句中的购买时间与其余事件不同。这也说明，经验事件是人们在与世界进行互动或参与世界中的活动时所经历的每一个具体的事件。这些事件的信息量极其丰富多样，因参与主体、时间和地点的不同而构成不同的事件，是人们与世界最直接的互动，也是人们经历的最琐碎、最具体、最微观、最朴素的事件。

Parson(1990)建议将动词视作普通名词而非专有名词来对待。具体来说，动词之于事件就如名词之于物体。语言中的名词不指代现实生活中的任何实体，例如：语言中的名词“椅子”，不是指陈列在橱窗里的藤椅，也不是指饭店中的餐椅，也不是指咖啡馆里的软椅，更不是指创意中的艺术品。语言中的椅子是一个关于椅子的概念，这个概念涵盖了很多关于椅子的区别性特征，但并不是指现实生活中任何一把椅子。这是施指与所指之间的区别。

同样，当谈到“购买”时，所说的不是某一次具体的购买活动，而是指的一类购买活动。这一类别将“购买”这种活动与其他活动，如“吃”“打”等区别开来。因此，Parson(1990)认为，动词使人们联想到的不是某一个具体的受时间空间限制的活动，而是动词所指代的某一类事件。这一类事件具有一定的区别性特征，从而使这类事件又区别于其他各类事件。

当提到“打”时，Parson(1990)认为“打”所表达的是一个抽象且有概括性的事件。因此，当说出“小明打了小红”时，人们不是将“打”理解为彼时彼刻小明对小红所实施的那次打，而是指向一个有关打的概念事件。“小明打了小红”只不过是这个概念事件的一次具体体现。

重要的是，恰恰是将“打”理解为一个抽象的事件类别，人们才能够互相理解和交流，语言的负担才被大大减轻。设想一下，如果每一个“打”都被理解为独一无二的事件而在语言中占有专属的地位，那么每一次“打”都会被标示为一个新的意义，而每一个人因为对“打”的个人经历不同，对“打”的理解也不相同(例如，一个人关于“打”的经历是小王打了小李，那么他关于“打”的理解就是小王对小李实施的一个动作；而另一个人关于“打”的经历是小张打了小赵，那么他关于“打”的理解就是小张对小赵实施的一个动作)。那么对于语言学习者来说，就要记忆所有的“打”事件，语言学习的负担大大加重，甚至是不可能完成的任务；而对于语言交流来说，沟通也就不可能实现，因为双方对“打”的理解都有各自的个性化特征。

综上所述，动词自身并不代表任何具体的动作，而是指代一类事件。换言之，动词在语言中的作用，就像名词一样，是表征一类抽离了时间、空间和参与者特征的抽象事件，代表人类经历中的一类事件。

在此基础上，我们就可以区分特殊事件和一般事件。特殊事件是有时间和空间特征的事件，有明确的时间和空间标识；一般事件指的是人们概念框架中的事件。Ogden 和 Richards(1923)认为，词项和其所指代的实体之间并不是直接相关的，二者有赖于概念来联系。概念有概括性和抽象性，而实体则是具体和特殊的。

在 Parson(1990)的基础上，本书强调动词的概念特征，将语言中的每一个动词视作一个概念，而将这一动词在每一个句子中的应用当作这一概念的具体实例体现。如果说名词是对无数具体事物的概括和抽象，那么动词就是对无数具体事件的概括和抽象。

同样，我们也区分经验事件和意象事件。经验事件就是人们在每一次具体的与世界互动的过程中所体验的事件，意象事件是对所有这样的事件实例进行抽象和概括的结果。

### 4.4.1 从经验事件到意象事件

根据情境编码的认知心理过程，事件首先被人体验为直接的经验，这样的经验经过固化在认知域投射为意象。这一过程抽象出某一个事件中的各个参与者以及参与者之间的逻辑语义关系，在语言上体现为格语法中抽象出来的关于某一个事件的具体语义关系。格语法分析了针对某一个动词的语义关系，即一个动词和与其相关的名词之间的语义关系。尽管这是一种低层次的语义关系(朱德熙，1986)，但却捕捉到人类认知过程中的最初阶段。

以购买事件为例：说话者亲身经历一定的购买事件，或者观察到一些购买事件，并对购买事件中的参与者及其相互关系作出一定的判断。人们日常体验中会在不同的场合和不同的事件中经历不同的购买事件，这就是具体的经验事件。在图 4-11 中，观察者可能会在生活中经历或观察到如下事件：观察者自己买了一本书；观察者的母亲卖了苹果；观察者的爷爷买了一斤瓜；观察者的朋友买了一个书包。这些都是关于购买事件的基本层次范畴的概念。

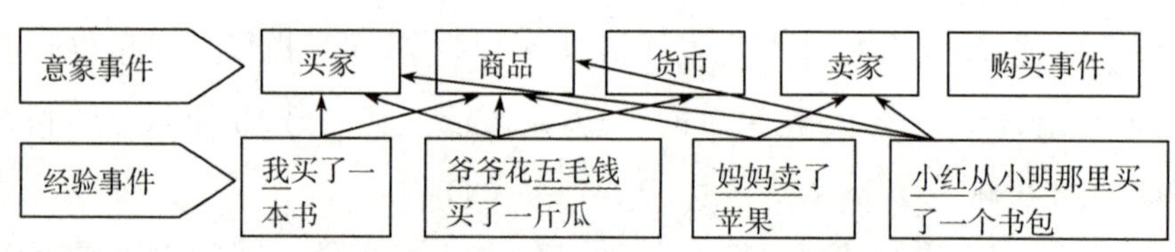


图 4-11 购买事件的初步抽象——逻辑语义关系

我们不关注买的什么苹果，不关注所买的书包是什么图案或材质，这一事件也是基本层次范畴的事件。所有这些事件的参与者及其关系首先在观察者大脑中投射为具体的意象，如买家、购买商品。比如，从“我买了一本书”这个事件中抽象出买家和购买商品；从“爷爷花五毛钱买了一斤瓜”中抽象出买家、购买货币和购买商品；从“小红从小明那里买了一个书包”中抽象出买家、卖家和商品。

购买事件的参与者及其关系也得到初步抽象，即购买物品转移为买家所有。格关系就清晰地描述了购买事件的参与者与购买行为之间的关系。例如,买家是实施购买的施动者,购买物品为购买过程中实现转移的受事(theme)。语言学习者在所有这些日常生活经历中抽象出有关"购买"的意象事件:参与者和参与者之间的相互关系。动词"买"表征人类经历中的一类事件,这一类事件涉及一些参与者,如买家、购买商品、购买货币(或在广义上称为工具)和卖家。

在图4-11的经验事件中,这个购买事件被定位在一个具体时间、具体地点、由具体的人实施的一项具体购买事件。在"我买了一本书"中,实施购买这个动作的是"我",购买的商品是"一本书";在"爷爷花五毛钱买了一斤瓜"中,买家是"爷爷",购买所用的工具是"五毛钱",而购买的商品是"瓜"。这些事件都是受到时间、地点、参与者限制的特定事件。

意象事件所揭示的语义关系反映了在一定程度上得到抽象的具体事件的深层语义关系,属于基本层次范畴的事件,是人类生活经验中最直接、信息量最大、最早为儿童所习得的那类事件。由此,在认知心理过程和事件表征之间可以建立起联系,即说话者首先体验现实世界,然后对其进行初步抽象,概括出与这一事件相关的参与者及其关系的意象(见图4-12)。

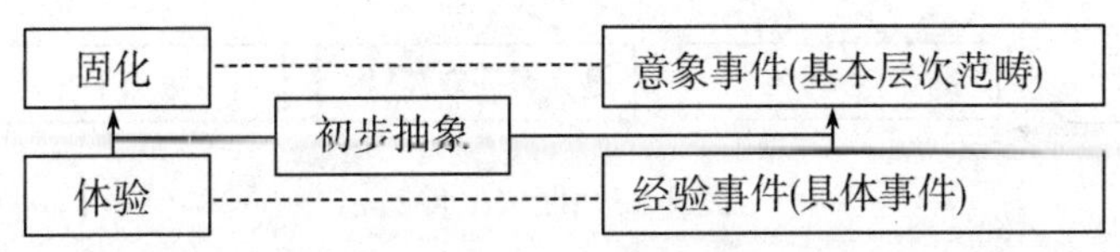


图4-12 认知心理中的固化过程与事件表征中的意象事件

### 4.4.2 从意象事件到框架事件

前文提到,事件的组织是有层次的。经验事件描述客观世界中对一个事件的具体体验,而意象事件则从这些具体事件中抽象出有关某一类事件的基本层次特征。如果语言的习得到此为止,那么语言中的事件将与动词等同起来。但是,这样就会使语言习得变得异常繁重,因为人们如果没有经历过某个事件,就不可能了解该事件。果若如此,人类的知识将无法扩张,因为语言学习者将花费很多时间和精力去记忆每一个不同的事件和动词。

然而,语言对事件的表征,或者说人类对事件的认知和表征并非杂乱无章。相反,事件是系统地组织在一起的。意象事件中抽象出来的语义关系仅仅适用于某一个具体的事件，如具体的购买事件。然而，在实际的购买活动中，还会有很多其他的因素涉及在内。例如，购买活动仅仅适用于买家获得某件商品的具体事件。可是，在这个事件之前还有其他相关的事件发生，比如：买家询价、卖家要价、双方达成协议、买家支付款项、卖家售出商品等一系列事件。

随着购买经历的不断丰富，语言学习者会总结出相似或相关事件中的共同特征(Langacker，1999)。无论两个事件多么不同，总是能够在某种程度上存在着一定的共同点。当语言学习者对所经历的事件作进一步抽象时，就形成了对相似事件的认识，从而形成一个更加抽象的宏观事件框架。这一过程对应于 Fillmore (1977)的框架语义，框架和域都是在认知概念领域对经验事件的抽象(Evans & Green，2006)(见图 4-13)。

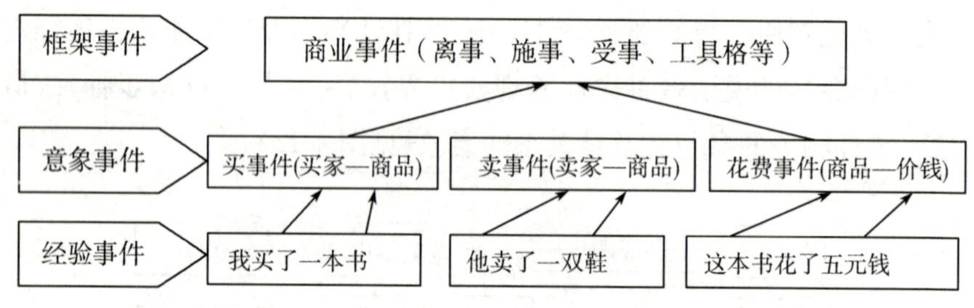


图 4-13　框架事件

在语言学习者对每一个具体事件进行初步抽象，从而引申出关于某一类事件的基本参与者和语义关系以后，他们会进一步寻找这类事件与相关事件的相似性并抽象其共同特点，从而推断出一个与这些不同类别的事件相关的宏观事件框架。

同样以与购买有关的事件为例。首先，在语言学习者对购买事件进行抽象以后，得到一些与购买这类事件相关的参与者及其语义关系的描述。然后，语言学习者进一步分析其他相关事件，如销售事件、讨价还价事件、达成协议事件或花费事件。这些事件有一个共同点，即都是针对一个销售对象、一个待售商品、一定数额的货币、一个商品出售者等。认知心理过程与事件的表征过程也可以表示为图 4-14。

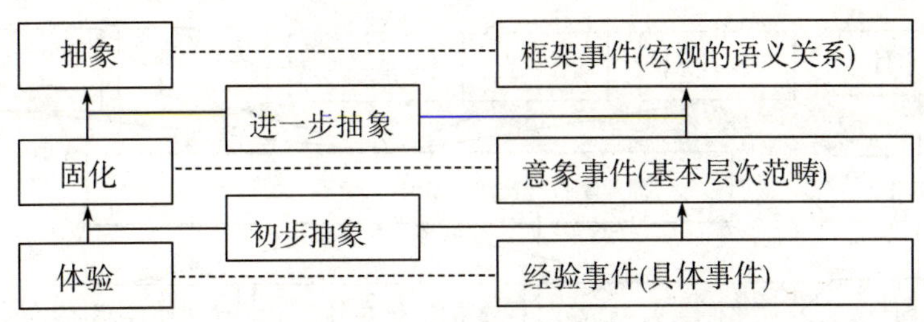


图 4-14 认知心理中的抽象过程与事件表征中的框架事件

这些不同的参与者及其之间的关系共同构成了一个宏观的事件框架——商业事件框架。在这个宏观的商业事件框架中，涉及不同的语义关系。例如，买家在购买事件中的施事角色，卖家在购买事件中的离事关系，商品在购买事件中的受事关系以及货币在购买事件中的工具关系。此时，从意象事件中抽象出来的事件的参与者角色不再局限于购买事件中的卖家、买家、商品或货币，而变为更加抽象的逻辑语义关系中的各种角色，如施事、受事、离事、工具。这些不同的语义角色及其关系构成了商业事件的宏观框架。这一框架不仅适用于商业事件，也同时适用于其他各类事件。因此，从意象事件中抽象出来的宏观事件框架能够用于几乎所有具有相同语义关系的事件。

### 4.4.3 从框架事件到凸显事件

认知语言学认为，语言能力的发展与人类基本认知能力的发展密不可分。从经验事件到意象事件再到框架事件的表征过程描述的其实是事件的认知和理解过程。在对世界有了基本的认知和理解之后，语言学习者就可以运用语言呈现事件。

那么，语言学习者如何通过语言来表征事件呢？前文提到，现实世界中的事件经历了一系列的抽象之后以框架事件的形式存在于人的认知框架之中。在对这样的一个宏观事件框架进行语言表征时，说话者并不能够将其中的任何一个细节都完整地表征在语言形式之中。事件中的有些元素是必需的成分，而有些元素则是选择性的，因此说话者的视角会对事件中的元素进行选择(Fillmore，1977a，1977b；Goldberg，1995，2006；Kuno，1987；Langacker，1987，1991，2008；Talmy，2001；von Stutterheim & Nuese，2003)，从而凸显事件中的某些元素，而阻断事件中的另一些元素。图 4-15 以商业事件为例：

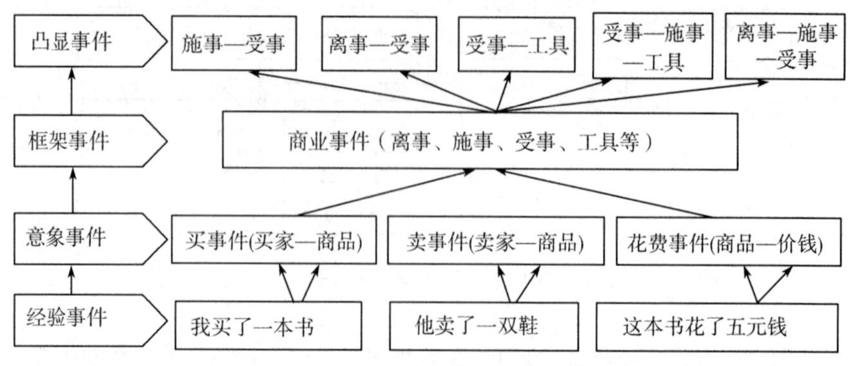


图 4-15　凸显事件

商业宏观事件框架中包含了这一事件的所有元素，离事、施事、工具以及受事。这些参与者之间存在着不同的语义关系，如：买家买入商品，从而获得对商品的拥有权；卖家卖出商品，从而体现出卖家与商品之间离格关系；买家支付一定的货币，从而获得商品等。说话者在呈现这一事件时，总是要呈现事件参与者之间的某些语义关系。语义关系的多样性就赋予了说话者很多选择。比如：说话者可以选择凸显施事和受事之间的语义关系；也可以凸显离事和受事之间的语义关系；或者凸显受事和工具之间的关系；或者凸显受事、施事和工具三者之间的关系；抑或凸显离事、施事和受事三者的关系。在作出这一选择时，说话者就决定了他/她将要在句子中呈现的这个事件中的某个语义关系。换言之，说话者想要通过语言传递某个事件时，不是呈现事件的全貌，而是选择事件中他/她认为重要的关系。这体现了认知心理中的选择过程，如图 4-16 所示。

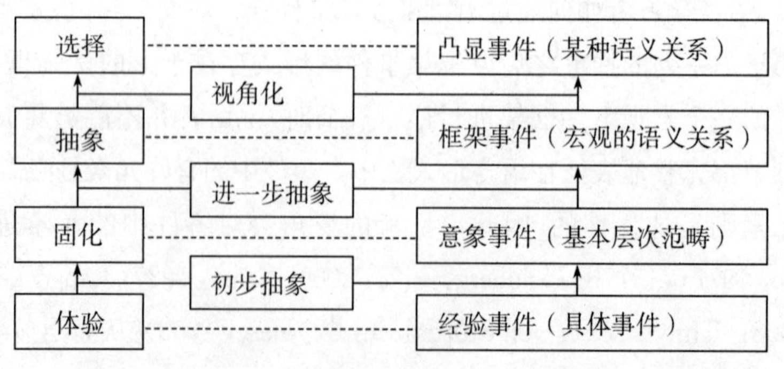


图 4-16　认知心理中的选择过程与事件表征中的凸显事件

需要说明的一点是,凸显事件所凸显的语义关系,如施事和受事关系,最后会指向一个句子"我买了一本书"。这样看来,凸显事件似乎是对经验事件或意象事件的简单重复。然而,事实并非如此。因为在事件经由抽象而投射为意象,再进一步抽象而概念化为一个宏观的事件框架时,事件已经不是具体的事件,一切操作都是以意象的形式在人的认知领域中进行。尤其在宏观事件框架中,从意象事件中抽象出来的卖家、买家、商品或货币不再以卖家、买家、商品或货币的形式存在,而变为一定的逻辑语义关系中的各种角色,如:施事、受事、离事、工具等。这样的逻辑语义关系具有普适性,不仅适用于购买事件或商业事件,还适用于击打事件、追逐事件等人类经历的各种事件。

### 4.4.4 从凸显事件到构式事件

凸显事件选择了特定的语义关系以及语义角色,但是这些语义关系和语义角色需要借助于一定的外在形式得以表达。这就是构式的作用。构式是对事件中语义关系的编码,因此可以用来表达相应的语义关系,如图 4-17 所示。

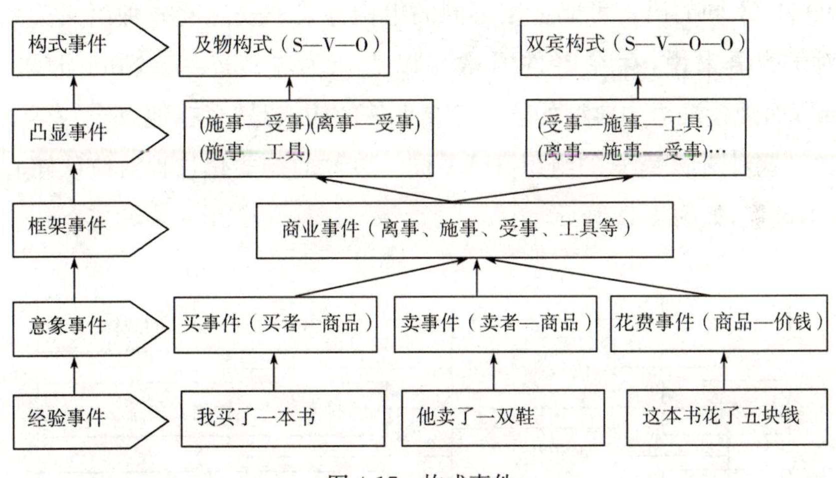


图 4-17 构式事件

由此可以看出,构式是用来表达一定的逻辑语义关系所借助的手段,是语义关系得以表达的形式。它以事件中的深层语义关系为基础,但是具体的实现形式受到特定语言的语法规约的限制。比如,在对购买事件的呈现中,说话者可能会选择施事和受事之间的语义关系进行表达,这样就要求一个及物构式(S－V－O:小红买了一本书);如果说话者想要选择受事和货币之间的语义关系，可能同样会借助及物构式(S—V—O：这本书花了五块钱)；同样，如果说话者想要体现离事和商品之间的关系(S—V—O：小明卖了一本书)，可能也要通过及物构式来表达；如果想要凸显商业事件中三个参与者之间的关系(受事—施事—工具、离事—施事—受事)，可能就需要双宾构式来表达(Noun＋V＋Obj＋Obj：这本书花了小红五块钱；小明卖了小红一本书)。

至于不同的深层语义关系为什么可以选用同一个构式进行表达，这涉及句法-语义之间的具体投射规则，如：普遍联合假说（Perlmutter，1978；Perlmutter & Postal，1984)、语义层级说(Bresnan & Kanerva，1989；Givón，1984)、广义角色说（Dowty，1979，1991；Foley & van Valin，1984；van Valin，1990，1993，2007)，同时也受到具体的语用因素的制约，如话题化等。

将事件纳入构式的过程就是为凸显的语义关系寻找合适的表达方式的过程。但在这一过程中，事件的表达或者构式的形成受到语言因素的制约和限制。也就是说，不是所有表达相同语义关系的构式都是一样的。构式具有语言特殊性，不同的语言可能适用不同的组构方式来表达同一种语义关系。比如，对于英语来说，存在事件通常可以表征为“*There is* Noun＋Prep.＋Noun”，而现代汉语中典型的表达存在事件的构式是“存在地点＋‘有’＋存在物”。二者对图形-背景的组织方式不同。事件的构式化过程对应认知心理中的组构过程，如图 4-18 所示。

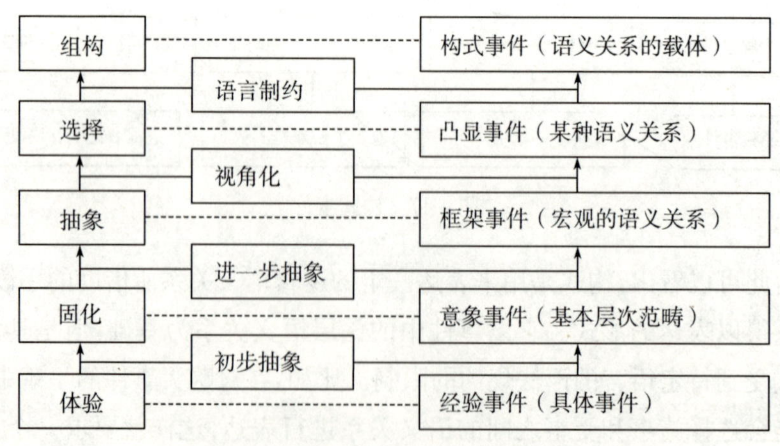


图 4-18　认知心理中的组构过程与事件表征中的构式事件

### 4.4.5 从构式事件到词汇事件

构式只是给予了事件一个可以借用的语义关系的编码方式，而编码方式需要借助具体的词项才能够传达关于事件的信息。这就是词汇事件，也是人们在日常的语言交流中主要使用的外在手段：利用词汇形式来表达关于事件的信息和具体的事件参与者之间的语义关系，其结果就是交际中实际使用的具体句子。从事件的发生到最后以语言的形式呈现出来的过程，如图 4-19 所示。

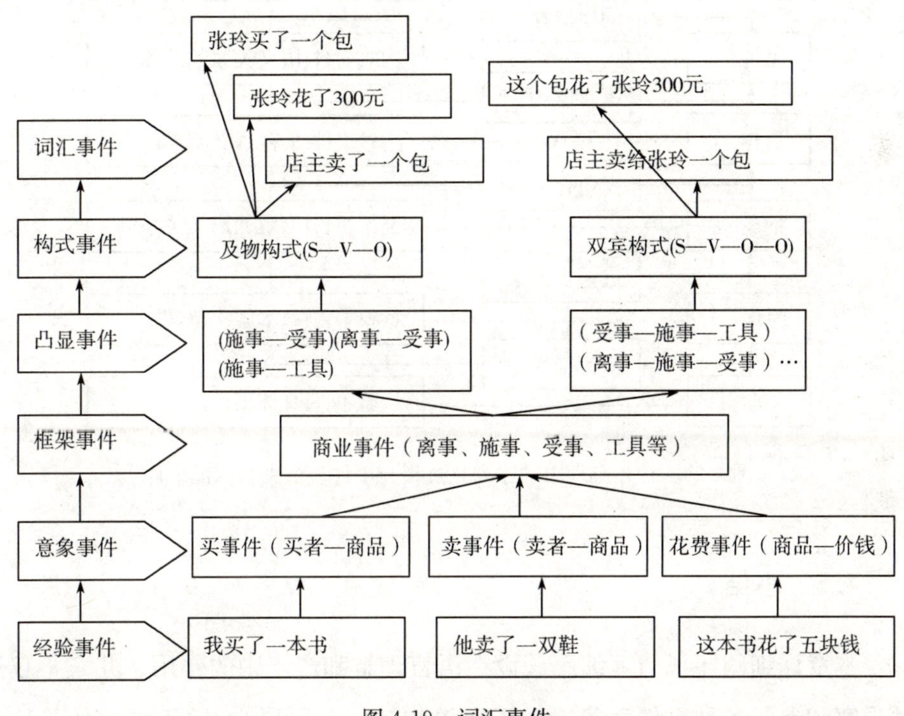


图 4-19 词汇事件

事件的表征过程对应认知心理中的序列化过程(见图 4-20)。也就是说，选择了具体的语义关系，并且寻找到合适的表达这种语义关系的形式以后，唯一需要做的就是将具体的词汇形式填入相应的构式空位，从而使构式获得实实在在的语音或书写形式。

至此，事件的语言表征最终以外显的句子形式而实现。语言学习者在经过了最初的观察、分析、抽象和概括之后，形成了关于某一类事件的语义框架，这样的语义框架为语言表达者提供了可供选择的多种可能。由此,语言表达者才能够根据视角的不同选择凸显语义框架中不同的语义关系,从而借助一定的构式来表达这样的语义关系,并最终找到合适的词汇帮助表达事件中的语义关系。这比较全面地呈现了从语言习得到语言表达的全过程,同时关注了语言学习者和语言使用者在语言学习和表达过程中的主体性作用,体现了视角在事件表征过程中的核心作用。

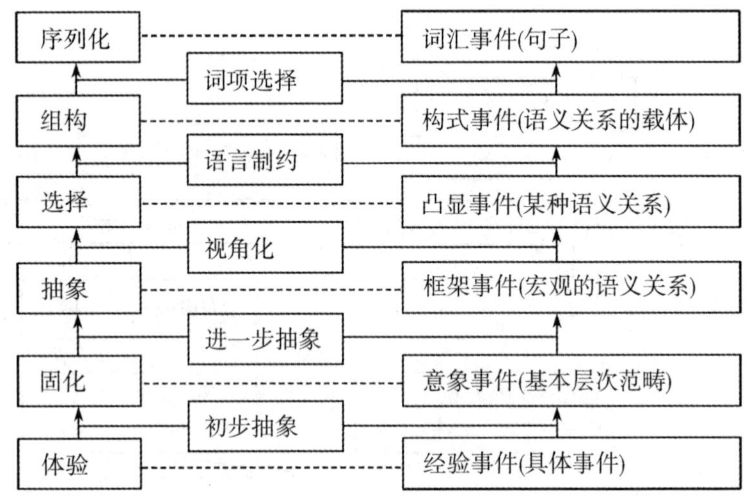


图 4-20　认知心理中的序列化过程与事件表征中的词汇事件

## 4.5　小结

本章详细阐述了情境编码假设在语言理解和产出中的作用。儿童不仅通过观察和参与各种事件而获得关于世界的知识,而且他们关于事件的具体知识对其语义和句法的习得都至关重要。

作为知识组织和事件理解中的认知结构,图式以不同的形式被广泛用来研究语言中的事件,如格语法、框架语义学、图形-背景下的标准事件模型、语法化视野中的事件图式、视窗下的事件框架、实体结构中的理想化认知模型、体事件角度下的事体结构以及构式中的事件。但是,因为上述各事件关注的角度不同,研究目的也不同,所以研究的内容不同,因此其结论的解释力和适用性也不同。目前尚未见到关于事件的全面描述。

本章首先确定了事件在语言中的核心地位,认为只有从事件出发,在事件框架内,才能够正确理解和认识动词、构式和句子的作用、地位及其对语义-句法的贡献。事件是在一定时空中发生的由参与者和具体的动作实现的某项活动或达到的某种状态。事件的核心元素包括参与者、动作行为、工具和结果,而语言就是对事件或具体的情境中的一定的语义关系的编码。由此,本章提出情境编码假设并试图回答:从事件的发生到说话者最后将其以语言的形式表征出来,到底经历了哪些过程?

本书认为,语言的组织首先经历一个认知心理过程,即体验—固化—抽象—选择—组构—序列化。与这一认知心理过程相对应,事件的表征也经历了六个层次,即经验事件—意象事件—框架事件—凸显事件—构式事件—词汇事件。具体来说:

(1)说话者首先要通过自身与世界的互动而体验周围的世界,通过感知觉器官感知外界的实体、事件及其关系。

(2)在体验的基础上,说话者会对实体、事件及其关系做出初步判断,这样的判断经过固化而成为语言单位,形成初步的意象。

(3)随着身体体验和语言经验的丰富,说话者会抽象并概括出周围事件中的共性,从而形成关于某个事件的宏观框架。

(4)宏观框架一经形成,就为说话者的说话内容提供了多种选择,而说话者也可以自由地从这一宏观事件中选择自己想要表达的内容。

(5)在对表达内容进行选择之后,说话者依据每种语言的特征和语法规范,根据某个具体语言的语法状况和语用交际的需求对所选择的内容进行组构布局。

(6)最终,将排列好的序列中所留下的空格用合适的词汇填充完毕,形成语言中的句子,也就实现了对事件的语言表征。

这一过程首先揭示了语言中相关概念的理论地位和作用。比如,动词与事件之间存在着转喻关系。动词字面上指向某一个具体动作行为,但在具体句子中实质上指代整个事件。动词中心论因为无视动词对事件的转喻关系,认为动词自身的某些特征能够决定句法表现。构式语法反叛动词中心论，认为是构式压制了动词。但是，这就带来了一个根本问题：是构式改变了事件的进行方式，还是事件的现实状况决定了某一个语义关系可以通过某一个构式进行表达。情境编码假设证明，构式是对宏观事件框架中的某个具体语义关系的编码，所以动词可否出现在某一个构式，或者动词出现在哪一个构式中，在构式中如何表现，不是由构式决定的，而是由事件的具体状况来决定的。

归根结底，构式是对事件的编码，因此应当从事件出发来解释构式，而不是用构式来解释现实事件。情境编码假设还揭示了格语法、语义框架、构式和句子等的理论地位和对事件的贡献。格语法抽象出具体事件的语义角色和关系，而语义框架则在更加抽象的层次对宏观事件进行概括，构式是对事件中的某些语义关系的编码，而句子则是语义关系、句法形式和语用因素的具体体现。

# 第五章 情境编码假设下对构式语法的新认识

## 5.1 导言

情境编码假设比较全面地呈现了事件表征的全过程，同时也清晰地描述了格语法、语义框架和构式在语言中的地位。格语法分析了基本层次范畴下的事件及其基本语义关系；语义框架揭示了宏观事件框架下的深层语义关系，或者比较普适的语义关系；而构式则是用来表达说话者主观选择的语义内容的载体，体现了一定的逻辑语义关系。因此，构式是以事件为蓝本，以一定的逻辑语义关系为基本内容，对事件进行编码的手段和途径。在这一认识的基础上，我们可以解决第二章所提到的构式语法中存在的问题。

## 5.2 构式语法的情境编码新解

在情境编码假设下，本书得以重新分析动词、构式与事件之间的关系，并重新审视构式语法中的基本观点，如动词简约论、构式多义性、构式压制。

### 5.2.1 事件与构式间的对应关系

前文已经提及事件和构式之间并非一一对应的关系。同一个事件可能对应多个构式，而同一个构式也用于表达多个具体事件。比如，及物构式可以用来表达不同的具体事件，如在下面的例句中，及物构式可以用来表达进餐事件、购买事件、取胜事件、讨论事件和权衡事件：

(1a) 我吃了一碗面。

(1b) 老师买了一本书。

(1c) 拳王赢了挑战者。

(1d) 同学们讨论了这个话题。

(1e) 总统权衡了各方利弊。

…………

问题是,为什么不同的事件能够借助同一个构式进行表征呢?我们需要回顾一下事件呈现的过程。以购买事件为例,语言学习者在日常经历中体验各种关于购买的具体事件,而每一个具体事件都贡献了关于购买事件的基本范畴层次的参与者(买家、商品、卖家等),这便形成了意象事件。

意象事件进一步抽象,从而形成关于购买的宏观事件框架。在这个框架中,经验事件以及意象事件中的具体参与者被表征为抽象的语义角色,如施事、受事、离事等。前文已经提到,在宏观事件框架阶段,事件已经不是最初的某一个具体事件(如购买事件),也不是被初步抽象的意象事件(买家、卖家、商品、货币等),而是被进一步抽象为表达逻辑语义关系、包含不同语义角色的语义框架。这些语义角色适用于现实世界中的各种事件,不限于某一个具体事件。

当语言学习者经历了足够多的事件以后,某些频繁出现的语义呈现为模式后就固化下来了,从而成为语言社团所共同接受的表达方式(Langacker,1999)。经过了固化和规约化,语言学习者就可以通过对比不同的事件找到共同点,并将之前所抽象的语义关系表达方式类推到这些新事件。

当"对比—联想—类推"的过程经过了足够的重复频率之后,便在语言学习者大脑之中固化,因此该过程的运用也变得毫无痕迹,语言使用者可以灵活地将这一过程中所习得的固定的语义表达方式应用到不同事件中去。由此,构式固定下来,成为表达某种语义关系的固定表层形式。比如,及物构式就是对某一个动作的施事和受事语义关系的编码。这一语义关系的编码方式也适用于其他事件,如进餐事件、取胜事件、讨论事件和权衡事件,这些事件中的每一个都在宏观框架阶段贡献相同的语义角色,如施事、受事等。

构式的具体实现形式就是传统语法中所描述的句式结构。事实上,这样的句式结构或构式一方面可以体现和表达某一个语言的具体语义关系和思维方式,另一方面也在很大程度上决定了这一语言的使用者的认知策略。构式在语言中有非常高的使用频率,因此在语言中相对稳定、不太容易发生变化,并且不太依赖语言外因素(Wierzbicka, 1988)。由此可见,构式是比较固定的对语言中某一个特定意义的编码。当某个语义关系以构式的形式固定下来,语言使用者在表达这一语义关系时就有据可依,所以当需要表达类似的关系时,语言使用者可以诉诸这一构式,然后将与想要表达的具体事件相关联的词汇项填入构式,从而赋予了事件具体的语言形式。

设想语言使用者想要通过语言呈现一个关于喝水的事件。语言使用者在此之前已经建立了宏观事件框架,并且也已经了解了关于喝水的意象事件。这为语言使用者选择恰当的词汇正确地表达意义构建了基础。如果在凸显事件中,说话者想要凸显喝水事件中的一种语义关系,如:动作行为的施动者和动作行为的对象,那么他/她就会选择能够协助表达这一语义关系的固定表达方式——及物构式,并因此而说出一个句子:“我喝了一瓶水。”同样,在其他任何事件中,只要其中涉及动作行为的施事和受事,并且说话者想要呈现这样一种语义关系,及物构式就是说话者的首选表达,如图 5-1 所示。

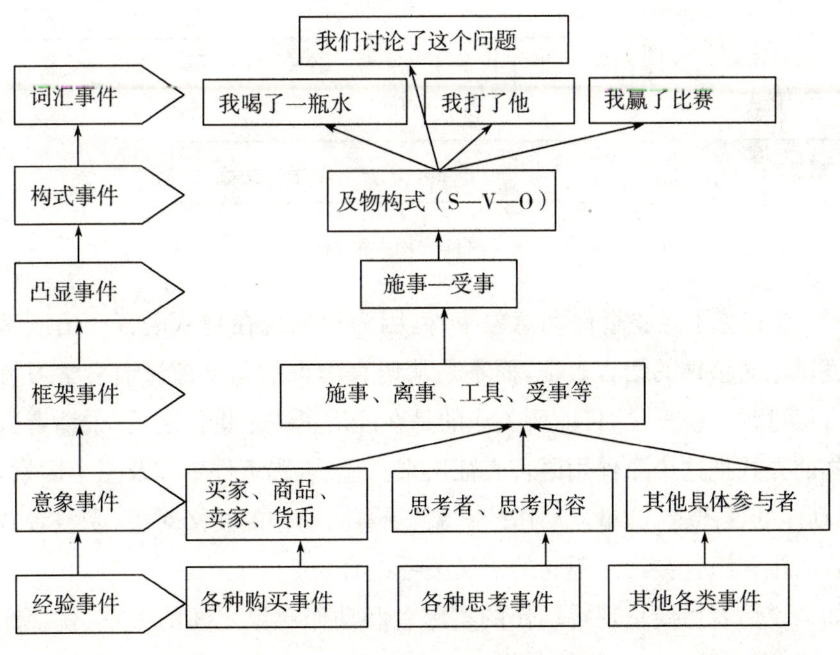


图 5-1 具体语义关系的表征过程

构式可以被用来表达不同的事件。原因就在于，构式是对宏观而抽象的事件所施加的识解，是对事件中某个固定的语义关系的编码，是语言使用者在表达固定的语义关系时所运用的手段和途径。不同的事件可以使用同一个构式进行表达，这是因为在这些事件中，相同或相似的语义关系得到了凸显。只要事件中有相同的语义关系存在，对该语义关系施加识解的构式就可以用来表达这些事件中的这种语义关系。因此，一个构式可以对应很多事件。

同样，同一个事件也可以对应不同的构式。以踢(kicking) 事件为例，在我们的宏观事件框架中，事件必须有施事、受事、工具、结果等各要素。对于一个踢事件来说，意象事件的框架中有踢动作的发出者(施事)、动作的对象(受事)、动作的结果、动作的间接对象(受益者)。那么，关于踢事件的呈现过程就有多种组合的可能，如图 5-2 所示。

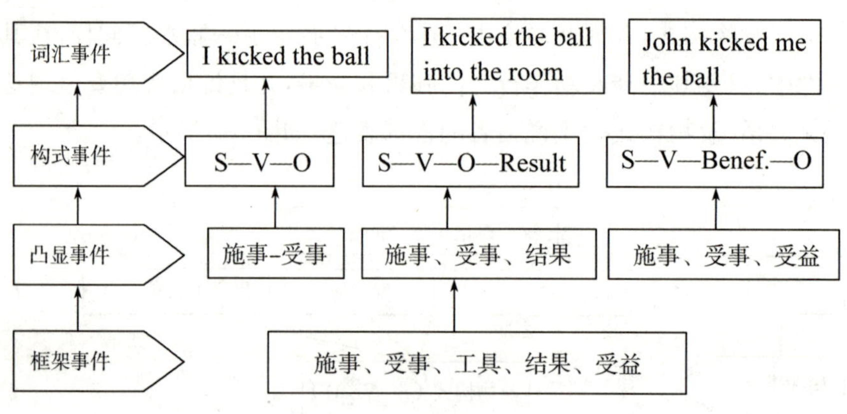


图 5-2　事件与构式的对应

图 5-2 省略了经验事件和意象事件，因为我们现在是从语言产出或编码的角度讨论对事件的语言表征，而不是从语言习得的角度探讨语言学习者的构式习得过程。换言之，目前所关注的是在经历了一个事件之后，说话者选用什么样的方式把这个事件用语言表征出来。显然，踢事件中涉及三个因素，比如：踢动作的发出者(施事)、动作的对象(受事)、动作的间接对象(受益者)，而这三者的排列组合会产生不同的语义关系组合。

如果说话者想要呈现踢动作的实施者和动作对象之间的关系，就会产生及物构式，因为及物构式是最典型的表达施事和受事关系的构式；如果说话者想要凸显动作的实施者、动作对象和动作对象在动作实施后产生的变化，就会出现致使-结果构式（邵春燕，2013），因为致使-结果构式是典型的表达“施事—受事—变化”这一语义关系的形式；如果说话者想要在踢事件中凸显动作的实施者、动作对象和动作行为的受益者，就会使用双宾构式，因为双宾构式是典型的表达受益的构式，如例（2）所示：

(2a) John kicked the football. (Transitive)

(2b) John kicked the football into the room. (Caused motion)

(2c) John kicked me the football. (Ditransitive)

一个事件之所以可以对应不同的构式，是因为在这个事件中有不同的参与者，而这些不同的参与者之间的排列组合会产生不同的语义关系。当不同的语义关系得到凸显时，适合这一语义关系的构式就会被用来协助表达这一事件中此类的语义关系。因此，同一个事件可以对应不同的构式。但是在凸显时，有些事件的构成元素是必须的，而有些事件元素可以忽略不计。比如，相对于事件的发展，事件的开端和结束的语法化程度比较高（Ritter & Rosen，2000）。因此通常来说，动作发出者和动作对象（即主语和宾语）就成为事件中必须要得到表征的语义角色。

由此，事件和构式之间不存在一一对应的关系。一个事件可以通过不同的构式进行表征，而同一个构式也可以用于表征不同的事件。这一事实具有重大意义。

首先，它揭示了构式的高度抽象性。构式不局限于某一个事件，而是对现实世界中几乎所有的相似事件的高度概括。人类的生活经历极其丰富和多样，人们每天都要参与各种各样的事件。但是，无论这些事件怎样变化，总是围绕着人类的活动而展开，对事件的认识也是根据人类作为一个物种的属性来进行的。因此，人在这些事件中占有核心地位。

语言作为为人类服务的工具，必然要以人的关注点为核心，所以语言也是围绕人类对事件的关注点而编码的。比如，对于一个事件，人们最需要了解的是这个事件的开始和结果（Antinucci & Miller，1976；Bloom，et al.，1980；

Bohnemeyer & Swift, 2004, Bronckart & Sinclair, 1973; Clark, 1996; Shirai & Anderson, 1995),因此在事件中人们最关注的是动作的发出者和动作对象之间的关系。在这一角度上,所有的事件都具备了共性,即无论事件如何多样,一般总是会涉及动作的发出者和动作对象,而关于他们之间的语义关系则构成了人类日常经历的事件中比较核心的部分,也就形成了及物构式的基本内容。同样道理,其他构式所编码的也是对人类而言最基本的事件类型。比如,某人做了某事,某事产生某一个结果等。所以,构式是对人类所经历的最基本的事件的编码(Goldberg, 1995)。或者更确切地说,构式是对人类经历的事件中最基本的语义关系的编码。

其次,事件与构式之间的不对称关系揭示了构式的本质,即构式是对人类经历中最基本的语义关系的编码。这一事实有助于理解和解决构式语法中的几个基本问题,比如动词意义简约论。Goldberg (1995)试图削减动词的意义,将动词的意义控制到最小。但是,本书的情境编码假设发现,动词只不过是事件的代言者而已,所提供的是进入百科知识的入口。在构式中动词指代的是整个事件,所以没有必要对动词意义进行削减。

关于构式的多义性,也是值得商榷或者需要修正的。因为 Goldberg (1995)所描述的多义性其实就是动词的不同或者说事件的不同所带来的。构式多义性中还有需要澄清的问题,比如,语义关系和构式到底是什么关系?构式的具体实例和构式是什么关系?而且,Goldberg (1995)将构式当作一个先验存在的形式,动词进入构式以后受到构式的压制而体现出与之前不同的表现,这同样是一种误解。因为对动词发挥作用的不是构式,而是事件本身。构式是对语义关系的编码,是对某一事件施加识解的结果。因此相同的语义关系倾向于以相同的构式表达出来,所以不存在构式压制的问题,发挥作用的是人们对事件的体验和对事件的某些关系进行凸显的必要。关于构式与动词的互动,Goldberg (1995)所提出的动词对构式的限制作用很多都是由动词所指代的事件来决定的。这些有待下文论证。

最后,事件与构式之间的不对称关系一方面使得一个事件可以通过不同的方式表征出来,从而使人们有可能根据语境和语用的需要从不同的角度关注同一个事件;另一方面,不同的事件可以通过同一个构式表达出来,使人们认识到事件的共性，这是人类组织日常生活经历的简便途径。

同一个构式既可以让人们迅速了解新的经历，同时也可以让人们理解没有亲身经历过的一些事情。比如，“我 Qiej 一杯水”。虽然不知道 *Qiej* 是什么意思，但是出现在这样一个构式中本身就可以提示一些关于 *Qiej* 的信息：这是一个动作行为，这种动作行为涉及两个参与者：“我”和“一杯水”，二者因为这个动作而发生联系。

“我吃了 Wijiji”这个句子同样也隐含着一些来自构式的信息：这个构式反映了两个参与者之间的关系，在“吃”这个事件中，“我”是主体，而 *Wijiji* 则是吃的对象。因此，构式可以帮助人们有效地组织经历，扩展知识，同时也是协助人们脱离时空的束缚而深化其对现实世界和概念世界的认识。

### 5.2.2 动词语义简约论

本书在 2.1 小节中提到，Goldberg (1995, 2006)认为构式语法的框架可以避免将不必要的意义赋予动词，而 Broccias (2006)和 Langacker (2005a, 2009)则认为没有必要精简动词的意义。同样以 *slice* 为例：

(3a) He sliced the bread. (Transitive)

(3b) Pat sliced the carrot into the salad. (Caused-motion)

(3c) Pat sliced Chris a piece of pie. (Ditransitive)

(3d) Emeril sliced and diced his way to stardom. (Way-construction)

(3e) Pat sliced the box open. (Resultative)

根据动词中心论，需要为上述句子中的每一个 *slice* 赋予一个新的意义才能够解释：为什么同一个动词可以用到论元结构和数量完全不同的句子中去。本书认为，Goldberg(1995, 2006)对动词中心论的批评是有效的。因为动词中心论将动词视作句子的核心，认为动词包含了所有关于句法的信息，而不去考虑动词在事件中的具体地位。这样无异于将动词当作先验存在的语言成分来讨论。

本书的讨论证明，动词与事件之间存在着转喻的关系，即动词从动作行为的角度指代整个事件。动词在字面上指的是事件整体中的动作行为,但本质上指的是整个事件。动词以其所指代的事件为意义来源和一切句法活动的基础。动词中心论则认为动词才是句法的中心,并且以动词为出发点来讨论句法表现,这类似于凭空构建楼阁,没有根基,也因此而掩盖了事件的作用。

但是,Goldberg (1995, 2006)在批评动词中心论的同时,也将动词所不能解释的内容赋予了构式,认为构式对动词有一定的压制作用,可以迫使动词具备某些传统意义上不具备的论元。这带来一个新的问题:是构式将某个论元压制给动词,从而迫使动词表达它传统意义上所不能表达的内容,还是人类经历的某个动词所指代的事件中有某个语义关系可以通过常用来表达类似语义关系的构式进行表达?换言之,是构式这样一个在虚拟世界存在的概念改变了事件的表现方式,还是现实世界中所发生的事件需要某个已经存在的构式来协助传达这一事件?

以 *sneeze* 来说,是致使-移动构式改变了 *sneeze* 这个事件,还是 *sneeze* 这个事件恰好有一种逻辑语义关系需要致使-移动构式来传达?答案显然是后者。然而,根据 Goldberg(1995, 2006)的论断,是构式迫使动词在这样的构式中具备了新的论元,从而忽视了一个根本的事实,即现实发生的事件中有一个语义关系可以借助致使-移动构式来表达。因此,与动词中心论相同,构式中心论也在脱离了事件的百科知识基础,从而将构式当作一个先验存在的机制。

情境编码假设显示,动词与事件之间存在着转喻的关系,构式与事件之间同样也存在着转喻的关系;动词指代事件中的动作行为,而构式则是对事件中的某些语义关系的编码。由构式所编码的语义关系经过词汇的填充,实现为语言中的句子。因此,句子汇报的是关于一个事件中的某个语义关系。句子层面的任何变化都不是由动词或构式自身所引起,而是由它们所指代或编码的事件所导致的。因此,句子是以事件为意义的基本来源,是以事件的变化为论元表现的行为基础。图 5-3 以 *slice* 为例:

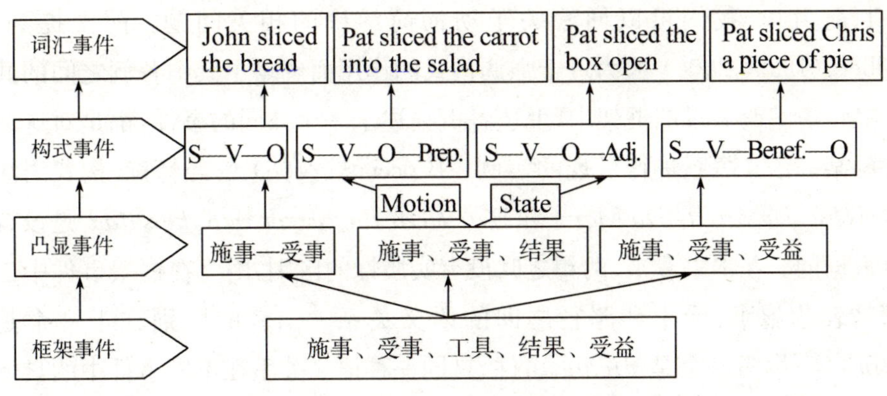

图 5-3 ***Slicing*** 事件的语言表征

在人们的事件框架中，有着与人类经历密切相关的最基本的语义角色。当语言使用者需要表达一个 *slicing* 事件时，他/她可以在所有的语义角色中进行选择，从某个角度来表征该事件。如果语言使用者想要呈现 *slicing* 事件中施事和受事之间的语义关系，就可以利用及物构式进行表达（*John sliced the bread*）；如果想要凸显 *slicing* 事件中的施事、受事和结果之间的语义关系，就可以借助致使-结果构式进行表达。当然，在致使-结果构式中还有细微的区分，如强调结果中的移动方向或最终状态。这样就可以得到两个句子，即表达位移（*Pat sliced the carrot into the salad*）和表达最终状态（*Pat sliced the carrot into the salad*）（这里需要注意对 *motion* 和 *state* 的区分是在构式最终形成之前，因为构式是语义、句法和语用因素的统一体，所以在构式形成之前就已经有了语用的目的）。如果语言使用者想要凸显这一事件中的施事、受事和受益之间的语义关系，就可以诉诸双宾构式，从而说出一个双宾句子（*Pat sliced Chris a piece of pie*）。

由此可以看出，语言使用者最终选择哪一种构式来描述某一事件，不是由动词 *slice* 来决定的，而是由说话者在一定语境下考虑到语用因素的选择。语言使用者之所以可以进行这样的选择，不是因为构式给了他/她为动词赋予额外论元的权力，而是因为 *slicing* 所指代的事件中有这样的语义关系可供表达（本书没有解释 the way construction，因为这个构式有其自身的运行机制，我们将另文讨论）。所以，既不是动词也不是构式决定了某一个表达的具体实现方式或者是具体论元数量的多少，真正起到决定作用的是事件。

目前为止，我们可以回答关于动词简约论的相关问题。前文提到，Goldberg(1995, 2006)因为过于强调构式的作用而忽略了其中各例之间的共性。在情境编码假设的框架中，上述各例描述了一个共同的事件，都是对这一事件的某一语义关系进行呈现的实例。Broccias (2006)曾经怀疑，构式语法区分 *John sent a letter to Mary* 和 *Pat sliced the carrot into the salad* 是没有实际根据的。在本书看来，两句之间没有实质性的区别，因为在框架事件中二者都是表达施事、受事和路径之间的语义关系。二者的区别在于一个是 *sending* 事件，另一个是 *slicing* 事件，是同一种语义关系在不同事件中的具体实例。

综上所述，无论是动词还是构式，都不是最终决定具体的句法表现的因素，事件才是促使动词配带额外论元，给予构式压制论元能力的核心力量。因此，没有必要削减动词的意义，也没有必要扩大构式的能力，因为动词和构式都是在事件的框架下运行的。动词和构式的表现可能会异于常态，但是这些非常态表现都是由具体的事件所触发的。只要在事件框架内可以获得合理的解释，动词和构式就没有能力左右一个事件的具体语言表征方式。

### 5.2.3 构式压制与事件编码

构式语法的一个重大贡献就是揭示了构式可以赋予论元角色，并且可以对动词进行压制的事实。在探讨动词与构式的融合时，Goldberg (1995)认为，当动词的参与者角色和构式的论元角色不匹配时，构式可以压制动词，迫使动词与传统上不存在的论元角色共现。这就是构式对动词的压制作用。强调构式的压制作用的主要目的在于反对动词中心论，削弱动词在句法上的作用。

然而，Goldberg (1995)也强调动词在构式中的作用，认为动词可以从不同的方面体现与构式的互动。比如，动词所指代的事件可能表达构式所指代事件的一个次类，或是表达构式所指代事件的方式、结果、前提条件或者方式、辨识方式及意图等。

Goldberg(1997b)又进一步细化了这种互动，认为动词可以表示构式的具体实现方式，或是从方式、工具、结果和否定等角度体现力动态，或是表达实现构式意义的前提条件，或者表示构式意义实现过程中的伴随动作。

但是,总的来说这些互动还是单向的,即动词只是体现构式的意义,并不能对构式意义产生实质的影响。Goldberg (2006) 修正了这种看法,认为是动词所包含的框架语义信息使得动词可以出现在某一个具体的构式里面。比如,一个具备给予意义的动词就可以进入一个致使—获得构式里面。因此,是动词为一个具体的构式贡献了详细的意义。在这个意义上,动词比构式能够更好地预测句法表现。

然而,Langacker (2005a, 2009)却认为句子动词和构式的意义不能够完全分开,动词是否具备构式意义要视其固化程度而定。有些动词在某些构式中频繁使用,因此就被理解为已经获得了构式的意义,如:*John sent a letter to Mary* 中的 *send*;有些动词从来没有出现在一个构式中,因此其意义完全由构式贡献,如:*John sneezed the napkin off the table* 中的 *sneeze*;有些动词则处于二者之间,语言使用者很难判断动词是否已经具备构式意义,如:*John kicked the ball into the room* 中的 *kick*。

Goldberg(1995)强调构式的压制作用而削减动词对句子意义的贡献,而后,她又对这一论断作出调整,认为在某些情况下动词的预测能力会强于构式;而 Langacker (2005a, 2009)却持有动词和构式不可完全区分的观点。对于句子的意义到底是由动词贡献还是由构式贡献,抑或二者分别贡献,观点各异。这一方面说明句子意义的复杂性,另一方面也说明关于这一问题仍未有定论,目前的研究也很难得出决定性的结论。

根据情境编码假设,无论是动词还是构式都不足以对句子的意义作出决定性的改变,真正影响句子意义或动词的句法表现的,是动词所指代的事件以及构式所编码的语义关系。下面以 *sneeze* 为例来说明事件、动词和构式的互动。

在传统语法中,*sneeze* 被视为一价动词。换言之,该动词只能带有一个论元,即实施这一动作的主体——打喷嚏的人。然而,在 *Pat sneezed the foam off the cappuccino* 这个句子中,*sneeze* 却可以带有一个宾语 *foam*。为解释这种现象,动词中心论只能认为动词具备了新的意义——导致某物移向某处;Goldberg(1995, 2006)则认为,*sneeze* 之所以能够与一个宾语论元共现,不是因为动词有了新的意义,而是致使-移动构式凸显受事和目标这两个论元角色。当 *sneeze* 进入这个构式时，就受到构式的压制而必须与两个论元共现，因此，假宾语是构式压制的结果。

果若如此，另一个关键的问题就必须要回答：为什么构式有能力赋予论元而对动词进行压制？另外，构式压制的目的是什么？根据 Goldberg（1995：54）的阐述："所有被凸显的参与者角色必须在构式中得到解释，而构式中的论元角色则不必对应动词的某个参与者角色。"（All profiled participant roles must be accounted for by the construction. However, it is not necessary that each argument role of the construction correspond to a participant of the verb.）换言之，动词必须要根据构式进行调适，以适应构式，而构式不必对动词做出调适。由此，*sneeze* 只要进入致使-移动构式，就必作出针对致使-移动构式的调适，具体表现就是要带有两个论元——假宾语和目标论元。

按照这个思路，进入致使-移动构式以后，*sneeze* 这个词的解读就发生了变化，*sneeze* 从最初的只能表达某人打喷嚏，变为也能表达某人打喷嚏导致某物移动到某处。以此来判断，我们可以利用致使-移动构式来表达这样一个意思：*Pat sneezed the heavy plate off the table*。即 *Pat* 打了一个喷嚏，这个喷嚏使得一个很沉的盘子离开了餐桌。常识告诉我们，这个句子是不可以接受的。但是根据 Goldberg(1995)的论证，*sneeze* 在致使-移动构式中可以伴随宾语论元和目标论元。在上述句子中，*the heavy plate* 是宾语论元，*off the table* 是目标论元，没有什么不合乎构式的元素。但是，这个句子为什么不可以接受呢？

也许会有解释认为：因为我们不可能通过打喷嚏让盘子离开餐桌。但是根据构式语法的解释，构式为动词压制了论元。这样理解的一个前提就是，构式的压制作用不仅改变了动词 *sneeze* 的句法表现和论元结构，而且改变了现实世界中发生的具体事件。也就是说，构式压制使得 *sneeze* 在这样的构式中可以有三个论元，因此，在现实世界中的打喷嚏事件也就可以表示某人打喷嚏使得某物移动向某处，打喷嚏事件这个客观事实因为构式的变化而发生了变化。可是，不能在这一个构式中解释盘子因为打喷嚏而离开桌子的事实表明，仅仅诉诸构式还不足以解释假宾语的现象。

构式可能改变现实世界中的事件吗？当然不能。但是，Goldberg（1995）

的论断却是以这样的前提为立论基础的。究其原因，在于她忽略了构式的根本目的及构式意义的基本来源——对现实世界事件中的语义关系进行编码。也就是说，动词也好，构式也罢，甚或句子，所有这些语言形式都是为了意义而服务的。

“语言是跟客观世界和人类思维密切相关的专门用于意义表达的一种工具，准确地说是意义的媒介物……客观世界和人的认知为语言提供意义的本质来源。”（王黎，2005：3）对于 *sneeze* 与致使-移动构式，是用现实世界中发生的事件解释 *sneeze* 进入构式后的变化，还是用 *sneeze* 进入构式后的变化解释现实世界中的事件？本书认为，应当是用现实世界中的客观事件解释 *sneeze* 进入构式后发生的变化，而不是用构式对动词的压制来解释现实生活中的客观事件。

情境编码假设认为，构式是现实事件所施加的识解，是对事件中存在的语义关系的编码。根据这一假设，构式以事件中的语义关系为描述对象，当事件中的语义关系发生变化时，对事件的描述方式就应该做出相应的变动。一般情况下，打喷嚏是一种生理活动，是人的鼻腔在受到一定的刺激后而做出的应急反应，所以人们关注的主要是打喷嚏的主体，而不是打喷嚏的后果。

然而，在某些情况下，比如，说话人恰好面前有一杯咖啡，咖啡恰好是 *cappuccino*，而当说话人打喷嚏的时候，所发出的气流恰好足够大，就把咖啡中的泡沫吹出了杯子外。在这个特殊的事件中，对打喷嚏这一事件的传统理解不足以描述这一现象，因为传统的描述这一现象的构式只有“小王打了一个喷嚏”，可是这一个构式只能描述主体—行为之间的语义关系，不能够解释主体—行为—结果这样一种新的语义关系。但是，这并不是说语言对此无能为力。在语言中，有固定的表达这样的语义关系的构式，即致使-移动构式。这一个构式恰好能够描述施事的动作行为对受事产生的影响或是使受事出现的变化。正因如此，说话人才诉诸致使-移动构式来描述打喷嚏引起的变化（见图 5-4）。

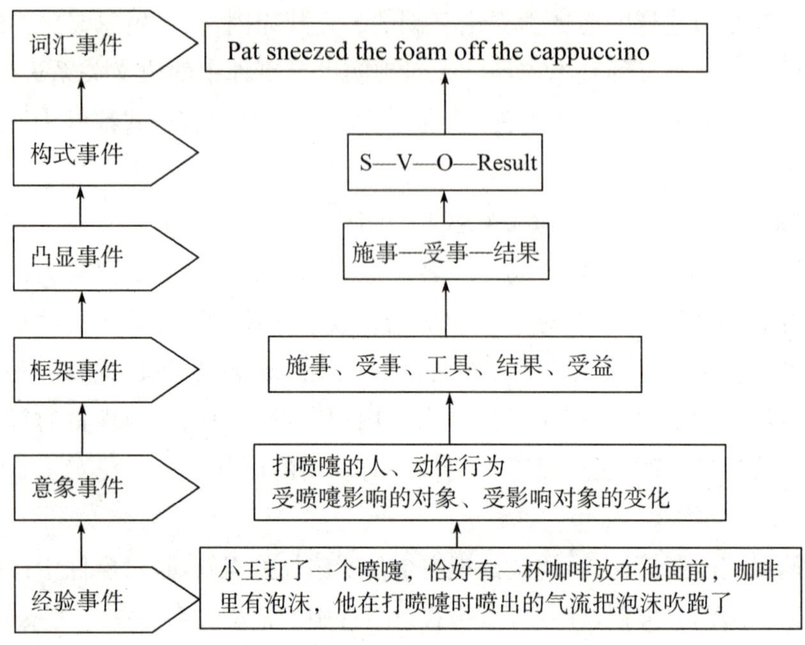


图 5-4　致使-移动构式服务于具体事件

需要说明的是，随着对某一种语义关系的编码在语言使用中的频率不断提高，这种编码方式就会固化，形成一种规约性的表达，并以构式的形式固定下来。一旦表达某种语义关系的构式固定到语言中，就可以为人类生活中所经历的类似事件进行编码。换言之，只要遇到相似的语义关系，就可以使用同一种构式进行编码。同样，框架事件一旦形成，就可以用来对所有的事件进行描述，帮助语言使用者组织新经验，理解新信息。

在 *sneeze* 事件中，说话者经历了一个新的事件：小王打了一个喷嚏，这个喷嚏有足够大的气流，使得他面前咖啡中的泡沫离开了杯子。在观察到这个事件以后，说话者会首先认识和分析这个事件中的各种关系。比如，小王是打喷嚏的人，泡沫本来在咖啡中，但是小王打的喷嚏有很强的气流，该气流影响到泡沫，泡沫受到影响以后离开了咖啡杯。

现在，说话人想要使用语言来表征这个事件。首先，需要辨识出在这个事件中关键的参与者，即小王、泡沫、咖啡，而事件中的动作行为是打喷嚏。在参与者中，动作行为的主体是小王，动作行为的对象是泡沫，动作行为的结果是泡沫离开了咖啡。当然,他/她可以使用一系列的句子(就如我们刚刚描述的那样)表达这一系列的微事件。但是,在语言中有一个固定的也是更加简捷的对这种关系进行编码的构式。所以,说话人就可以搜寻表达这样一个语义关系的构式。致使-移动构式是典型的对动作主体的动作行为在动作对象身上产生的变化这一语义关系的编码方式,因此,说话者就确定利用这一个构式来传达打喷嚏事件。最后需要做的就是,选择合适的词汇填入构式的空格,从而说出句子 *Pat sneezed the foam off the cappuccino*。至此,说话人完成了对打喷嚏事件的编码,并且利用致使-移动构式恰当地传达了有关这个事件中的参与者之间的语义关系。

这一过程说明,动词 *sneeze* 可以出现在该构式中并带有传统意义上不允许的假宾语和目标论元,不是因为构式对动词 *sneeze* 的压制,而是因为现实生活中发生了一件传统意义上打喷嚏不会引起的事件,使得说话者想要以一种简洁的方式表征这个事件。在语言中有很多可以用来表征这一事件的构式,比如:*His sneeze made the foam leave the coffee*; *He made the foam leave the coffee by sneezing*。但是,这些构式都不能够精确并且生动地传达这一事件中的语义关系。毫无疑问,致使-移动构式是最好的选择。

情境编码假设从事件表征的角度说明动词只是事件的代言成分,指向事件中的具体动作行为,动词对句法没有决定能力,只能够提供关于某个动作的具体含义。同样,构式也不能决定动词的具体表现,一个动词之所以出现在某一个构式中,不是因为这个构式压制它出现,而是因为动词所表示的事件中有一定的语义关系,并且与构式所编码的语义关系相同,可以借助于构式表现出来。归根结底,构式是对事件的识解和对语义关系的编码,事件是构式编码时的意义基础所在。对句法表现有决定作用的是动词所指代的事件中的具体语义关系,不是动词,也不是构式。在语言表达中,事件是语言表达的核心内容,构式只是这些内容的形式载体。

### 5.2.4 构式的多义关系

本书在 2.2 小节中指出,Goldberg (1995)区分构式的中心意义和扩展意义从而抹煞了构式之间的共性,混淆了抽象的构式义和被具体词项填充的实例意义。同时,设想构式多义性本身也违背了构式语法的理论基础。以(4)为例:

(4a) X CAUSES Y to MOVE Z (central sense)
Pat pushed the piano into the room.

(4b) X CAUSES Y to MOVE Z by satisfying the condition of moving
Pat ordered him into the room.

(4c) X CAUSES Y to MOVE Z by making it possible for Y to move
Pat allowed Chris into the room.

(4d) X CAUSES Y not to MOVE Z
Pat locked Chris into the room.

(4e) X CAUSES Y to MOVE Z by helping Y to move
Pat assisted Chris into the room.

具体来说,在(4)中,(4a)是中心意义,而其他各例都是通过这一中心意义而延伸出来的扩展意义。然而,Goldberg (1995)对中心意义和扩展意义的区分在很大程度上有赖于出现在这些构式中的具体动词。比如,表达协助类扩展意义的构式中都包含与协助有关的动词,而表达使某个行为成为可能的扩展意义中的动词都有允准义。因此,对构式的区分建立在动词之上,而不是依据构式自身的不同。

前文提到,在事件和构式之间存在着不对称的对应关系,即一个事件可以由不同的构式进行呈现,而同一个构式也可以呈现不同的事件中相同或相似的语义关系。在致使-移动构式中,就存在着同一个构式对应于不同事件的现象。

根据情境编码假设,构式是对事件中多重的语义关系所施加的语义识解,是对事件中语义关系的编码。因此,构式反映了语义关系的具体内容。上述各例句都是对同一种语义关系的表达,即施事的某些行为动作导致受事发生了位移。比如,(4a)中因为 *Pat* 推了钢琴而导致钢琴移动到房间;(4b)中 *Pat* 因发出一个命令而导致 *him* 移动到房间;(4c)中 *Pat* 的允准导致 *Chris* 移动到房间;(4e)中 *Pat* 的帮助导致 *Chris* 移动到房间。所以,这些句子都表达了同样的逻辑语义关系,即在某一个事件中有两个参与者和一个事件发生的地点，受事因为施事的某些行为动作而移动到某一地点，发生了位移。

唯一不同的是，这些逻辑语义关系的具体实现方式不同，(4a)是在“推”事件中实现的，(4b)是在“命令”事件中实现的，(4c)是在“允准”事件中实现的，而(4e)则是在“协助”事件中实现的。也就是说，实现这一逻辑语义关系的具体事件虽然不同，但这些不同的事件所表达的逻辑语义关系是完全相同的。之所以可以利用这一个构式描述不同的事件，就是因为构式是对抽象的逻辑语义关系的编码，而不是对具体事件的摹写。因此，同一个构式对应不同的具体事件，如图 5-5 所示：

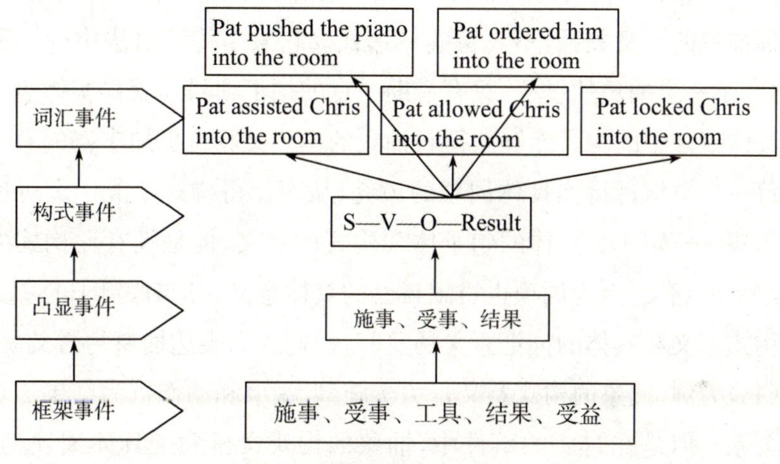


图 5-5 致使-移动构式对应不同的事件

然而，Goldberg (1995)没有看到构式与事件之间的不对称关系，也没有充分解释事件对构式的核心作用，更没有认识到构式在语言表达中的高度抽象性，所以混淆了抽象的构式意义和在具体事件中被具体词项实现的构式意义。也就是说，关于构式，我们必须要区分高度抽象的构式意义和在具体语境下由具体词项所填充的构式实例所表现出来的意义。

Kay 和 Fillmore (1999) 认为应当区分构式(construction)和构体(construct)。前者指的是抽象的语法过程，后者指的是通过这样的语法过程产生的具体实例。举例来说，英语中的复数化是一个构式形成的过程，即NOUN+S，而在这样的构式过程中会产生一个复数名词。如果有一个名词 *student*，这个名词复数化的过程就要依赖这个构式(NOUN+S)，而这样的构式过程产生了一个结果，就是 *students*。但是，*students* 这个名词复数并不是构式，它只是体现了构式的运作机制，是构式机制发生作用的结果，是体现这个构式的实例。

同样，Kuno (1987)也主张区分词项的词典意义和语境意义。词典意义是脱离了语境的抽象意义，而语境意义才是实实在在的现实世界中的实体。比如，书的词典意义是表达有关书的概念，但是并不指代现实世界中的任何一本书；而在一定的语境下的书，可能就会指商务印书馆在 2004 年出版的某一本具体的书。

同样，对于致使-移动构式而言，构式意义是一个高度抽象而概括的意义，表达一种抽象的语义关系，不具备实体形式。它只是传统语法中的一种词项组构方式，是一个抽象的过程，只有借助一定的词汇项目才获得实体表现。在某一个具体事件中的构式能够获得与抽象的构式义相比更加丰富的意义。构式中的每一个空格都得到具体词项的填充，从而使得构式变成一个可读可视的语言形式——句子。具体的句子体现构式的意义，但是拥有比构式的抽象意义更丰富的意义，因为词项也贡献自己的具体意义。这时，句子的意义就是抽象的构式意义和具体的词汇意义的总和，而构式只表达抽象的语义关系。

以(4a)为例，抽象的构式意义是关于施事、受事和动作行为结果三者之间的语义关系。但是在“推”的事件中，抽象的构式义得到了具体词项的支持。因此，施事就是现实世界中的一个特定的人 *Pat*，而受事就是一个具体的实体 *piano*，使二者之间发生联系的动作行为就是“推”，而这一动作的结果就是使钢琴移动到房间内。

此时，句子表达的不仅仅是施事通过某一个动作导致受事移动到某一地点，还表达施事是 *Pat*，而不是其他人；受事是 *piano*，而不是沙发或椅子；具体的动作行为是“推”，而不是“搬”或是“踢”；移动的地点是“房间”，而不是到“地下室”或是“阳台上”。因此，这一构式在具体的语境下表达的意义就是“张三把钢琴推到了房间里”，而不是“李四把沙发搬到了地下室”，也不是“老师把篮球踢到了阳台上”。这时，句子 *Pat pushed the piano into the room* 是致使-移动构式的一个实例，是这一构式在具体语境下的表现形式。它既体现了抽象的构式意义，又体现了具体词项的意义，因此是抽象的构式义和具体的词汇义的总和。

所以,构式意义不同于构式实例的意义。构式意义高度抽象,而构式实例的意义非常具体;构式意义体现在构式实例之中,构式实例既有构式义,也包括词汇义。然而,在对构式的多义性进行区分时,Goldberg(1995)混淆了抽象的构式义和具体的构式实例的意义。在(4)中,每一个句子都是对构式意义的体现,都构成构式的一个实例。从逻辑语义关系的角度,这些句子都体现了相同的逻辑语义关系,但是这种逻辑语义关系的具体实现方式不同。它们之间的区别是构式实例之间的区别,是构式得以实体化的事件之间的区别,而不是构式中心意义和构式扩展意义的区别。或者说,不存在构式中心意义和扩展意义的区分,也就不存在以此为基础的构式多义性。

同时,设想构式多义性有悖于构式语法的立论基础。构式是形式-意义的对应体,也就是说,一个形式应当对应一个意义,形式和意义中的任何一方发生变化,都会带来一个不同的构式。在此基础上,构式的形式变化了,就会带来一个不同的构式;同样,构式的意义发生了变化,也必然产生一个新的构式。以此推断,如果构式中的意义不同了,哪怕它们对应同一个形式,也会是一个新的构式。按照这样的思路,致使-移动构式中每一个带来意义上的不同的句子都应当是一个不同的构式的体现,所以构式多义性不具备存在的逻辑基础。

本书认为,要想妥善解决这个问题,既要修正关于构式的定义,又要重新思考构式的多义性。只有这样,才能既保证构式语法的合理性,同时又能解释Goldberg(1995)所看到的(4)中各个例句间的不同(详见下文讨论)。

## 5.3 存在构式

在现代汉语中有一类句子表示存在,如:

(5a) 墙上有画。

(5b) 墙上挂着画。

(5c) 画挂在墙上。

(5d) 画在墙上挂着。

(5)中的每一个句子都表达一种存在。陆俭明(2009)针对这些表达提出了一些问题:如何对上述句子进行分类?是将它们视作同一个构式的变体,还是将它们当作拥有同一个语义框架的不同构式?抑或将它们视为不同的构式,其中以(5b)为母体,其他各构式都是由母体变化而来的?或者它们分属于不同的语义框架,因此是不同的构式?

王黎(2005)将这些句子视为拥有相同语义框架的、体现同一个构式意义的不同的句式。也就是说,(5)中的句子都体现了抽象的构式"VPL+V+着+NP",都是这一构式的具体实现形式,是不同的句式。这一处理方法是将构式当作抽象的语义框架的体现,但是这个语义框架的具体实现形式可以不同,所以(5)都是体现存在构式的不同句式。由此推断,只要语义框架相同,就是同一个构式。但是,(6)中的被动句则不适用于此说法:

(6a) 小红打得小明鼻青脸肿。

(6b) 小明被小红打得鼻青脸肿。

(6c) 小红把小明打得鼻青脸肿。

(6d) 小红打小明打得鼻青脸肿。

在(6a)中,语义框架涉及打人者"小红"、被打者"小明"、打的结果"鼻青脸肿"这三者的语义关系,而(6b)中涉及的同样是这三者之间的关系。根据王黎(2005)的论证,只要语义框架相同就是同一个构式,唯一不同的是它们对构式的实现形式不同,那么我们可以由此推论:(6a)和(6b)是同一个构式的不同实现形式。

这首先违背构式语法的基本精神,即形式上的不同必然带来意义上的不同。既然形式和意义不能对应,那么就应当理解为两个构式。同时,将(6a)和(6b)看作是语义框架相同的句子与转换生成语法的生成与转化没有实质性的区别。更有甚者,在(6c)中涉及"把"字句,而"把"字句又具有很典型的处置意义。如果遵照王黎(2005)的思路,"把"字句在这里也是与上述两句完全相同的语义框架,因此也应当理解为同一个构式的不同表现形式。这有悖于目前关于"把"字句的认知。同样,(6d)中的动词拷贝也具有特殊的含义,因此将其也当作同一个构式的不同句式表达，不符合事实。由此可以推断，王黎(2005)将(5)中的句子视为同一个存在构式的不同句式是不具备充分的解释力的。

首先来看(5)中各句的语义区别。(5a)是一个典型的表示存在的表达方式，以存在地点为话题，表明一个事件中存在关系的存在。(5b)同样表达一个存在，同样以存在地点为话题，但是强调存在物品的具体存在方式——“挂着”。(5c)也是一个存在事件，但是以存在物为话题，同时指明存在地点。(5d)同样是一个存在事件，也以存在物品为话题，但是重点在于存在方式。这四者虽然命题内容几乎相同，但是有细微的意义差别，或话题不同，或关注点不同，如例(7)所示：

(7a) 存在地点—有—存在物品

(7b) 存在地点—V着—存在物品

(7c) 存在物品—V在—存在地点

(7d) 存在物品—在存在地点—V着

根据情境编码假设，在宏观事件框架中被高度抽象的语义关系网络可以通过说话者的自由选择而得到不同程度的凸显，而在凸显的过程中要受到某一语言中的语法规范和表达习惯的制约，如图5-6所示。

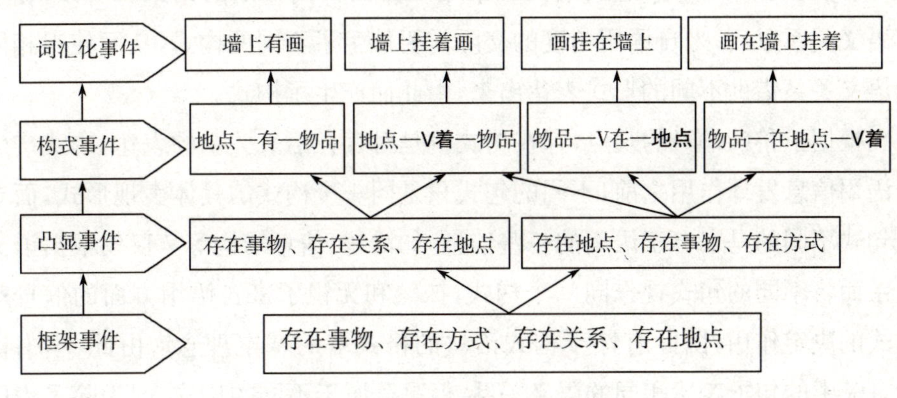


图5-6 存在事件的语言表征

如图5-6所示，在说话者选择想要表征的内容之后，还要将想要表征的内容付诸一定的构式。如果选择呈现存在事件中的存在事物、存在关系、存在地点这三者之间的语义关系，根据现代汉语的表达习惯，就会产生一个客观而中立的表达存在的构式“存在地点—有—存在物品”。

如果说话者选择存在地点、存在事物、存在方式这三者之间的语义关系进行表达，则在构式阶段会面临不止一种选择。这时，说话者做出何种选择有赖于一系列的语用因素。现代汉语是一个话题优先的语言（Li & Thompson, 1981），即当话题和句子的主语进行竞争时，话题通常会占优势地位。因此，句子的主语通常会被话题所占据。

在存在事件中选择呈现存在地点、存在事物和存在方式之间的关系时，说话者可能想要以存在地点为话题，同时也体现存在方式，这时就会选取适于表达这种存在的构式“存在地点—V **着**—存在物品”；如果选取存在物品为话题，同时凸显存在地点，则会选取表达这种语义关系的构式“存在物品—V 在—**存在地点**”；如果同样以存在物品为话题，但是要凸显物品的存在方式，就可以选用一个适合这样的语义关系的构式“存在物品—在存在地点—V **着**”。

相对于王黎（2005）的观点，情境编码假设认为语用因素出现在语义关系选定之后、构式形式确定之前，这符合构式语法的基本精神。构式语法认为，构式是一个句法、语义和语用因素的统一整体（Kay & Fillmore, 1999），反对孤立地研究其中的任何一方。由此可见，构式中涵盖了句法、语义和语用的因素，因此构式的产生是句法、语义和语用三方面共同作用的结果。所以，在选定语义关系以后，来自语用角度的交际需要催生了不同的构式，从而使得相同的语义关系借助不同的形式表达出来，由此而产生了构式。

根据王黎（2005）的观点，存在构式就是对存在语义关系的表达，构式产生于语用信息发挥作用之前，不同的句式只是同一个构式的具体表现形式，而导致句式不同的是来自于语用的一些信息，如话题、信息结构等。仅仅根据语义关系而将不同的句式视作同一个构式，抹煞和无视了来自语用方面的信息对构式的决定作用，因此有悖于构式语法的格式塔的基本理念。由此，本书认为，(5)中的句子表达相同的语义关系，但是分属于不同的构式，因为除了表层形式的不同，它们还具有不同的语用方面的信息。

同时，将表达同一种语义关系的不同句式视作不同的构式还可以有效并且合理地解释(6)中的不同。与(5)相同,(6)中的句子虽然都表达了相同的语义关系,但是它们在句法表现形式和语用内容上却完全不同,因此应当视作不同的构式。

在存在事件中,还有一类特殊的存在句,如例(8)所示:

(8a) 山上栽着树。
——山上正在栽树。
——山上有树。
(8b) 楼里装着电梯。
——楼里正在装电梯。
——楼里有电梯。
(8c) 院子里摆着酒席。
——院子里正在摆酒席。
——院子里有酒席。 (安玉霞,2006)

上述句子皆为歧义句,一个表示某个动作正在进行,一个表示某个状态的存在。要解释这种歧义,需要首先了解描述动作的存在句,如例(9):

(9a) 屋里开着会。
——屋里正在开会。
(9b) 舞台上演着戏。 (安玉霞,2006)
——舞台上正在演戏。
(9c) 锅里煎着鱼。 (安玉霞,2006)
——锅里正在煎鱼。

例(9)中的句子并没有歧义,都表示一种动作的进行。但是,与“墙上挂着画”不同,它们不是表示一种状态,而是表示一种动作,因此这两类句子被区分为静态存在句和动态存在句(宋玉柱,1982)。

很多研究探讨厘清动态和静态存在句歧义的方法,例如:进行“把”字句的转换，插入进行体标记“正在”，可以用“有”进行转换等。然而，仅仅厘清歧义并不能解释这类歧义句的存在动因，也不能解释为什么不同的语义关系可以使用相同的表层形式来表达。为了解释这类句子歧义出现的原因，我们使用情境编码假设来分析这一事件的呈现过程，见图 5-7。

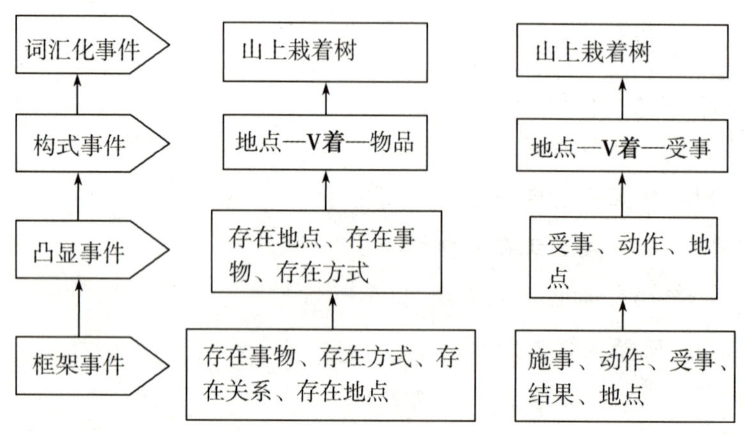


图 5-7　歧义存在事件的语言表征

在图 5-7 中，静态存在句和动态存在句的来源不同。静态存在句来自存在事件的宏观框架，说话者在宏观存在框架中选择凸现存在地点、存在事物和存在方式，并且以存在地点为话题，同时突出存在方式，由此选择一个构式“地点—V 着—物品”，最后产生句子“山上栽着树”。

动态存在句首先来源于栽树的宏观事件框架。在这个框架中，说话者选择凸显受事、动作行为和地点，并且想要以地点为话题来呈现这一事件。由于汉语是话题优先的语言，因此话题占据了句首的位置。所以，对这一事件的呈现就选择了“地点—V 着—受事”这样的构式。当这一构式被词汇项目具体填充以后，就形成了与原先的存在句的表层形式“山上栽着树”完全相同的句子。

但是，两个句子来自不同的框架，一个是静态的存在事件框架，而另一个是动态的事件框架，二者表达不同的语义关系，因此是两个不同的构式。问题是，为什么有的句子只能表示静态，另外一些句子只能表示动态，而有些句子既可以表示静态又可以表示动态？

情境编码假设主要呈现了事件表征的过程，以及说话者如何凸显语义关系，并选取合适的构式在不同的语境下表达意义，但是并没有解释说话者如何理解意义。当一种语义关系以构式的形式固定下来以后，构式就会激发人们对某种语义关系的固定理解。

比如，随着及物构式的广泛应用，人们已经对及物构式有了固定的解读。以 *Dnidv vjiged Bohhid* 为例，在看到这个句子时，说话者很有可能推断它表示 *Dnidv* 这个施事对受事 *Bohhid* 进行了 *vjig*，从而在 *Bohhid* 身上产生了变化。这就说明，构式能够激发起听话者对某一种固定的语义关系的解读。但是，这种语义关系的具体解读还有赖于填充这个构式的具体词项。因此，构式中的词项对于语义关系的识解有一定的影响。这就是动词对句子的贡献和动词与构式的互动。也就是说，构式激活的是关于语义关系的框架，而动词激活的是关于事件的框架，句子中的其他词汇成分激活的是在实际框架内对语义关系的具体识解。

以存在构式为例，(5b)“墙上挂着画”激活了人们有关存在的语义框架，而其中的具体词项“墙”“挂”和“画”又为这一语义框架提供了具体的意义，根据人们日常的生活经验，这三者之间只允许存在这样一种解读，即画以挂的方式存在于墙上。同样，(9a)“屋里开着会”也会激活人们关于存在的语义框架，但是其中具体的词汇却激活了与(5b)完全不同的画面。因为，尽管“屋里”同“墙上”一样表达了存在地点，但是二者与存在状态和存在事物之间的语义关系完全不同。

Langacker (1991)提出舞台的概念。舞台包括场景和参与者，事件参与者是在场景之中进行活动的舞台角色，构成了图形-背景的对比。同时，应当区分事件观察者和事件参与者。事件观察者是置身于事外来观察一个事件的旁观者，而事件参与者在舞台上参与到各种事件中。同样，舞台和观察者的角度也构成了图形-背景的对比。观察者通过观察协调(viewing arrangement)或视角(perspective)决定从何种角度来汇报事件的发生。

在(10a)中 *Channel* 只是一个事件发生的场景；在(10b)中，场景 *Channel* 具备了边界，因此比(10a)更加显著；在(10c)中，*Channel* 的显著性增加，成为了事件的一个参与者，与施事产生了一定的互动。

(10a) Susan swam in the Channel.

(10b) Susan swam across the Channel.

(10c) Susan swam the Channel.

在(5b)"墙上挂着画"中,"墙上"是存在事件的一个参与者,是舞台上事件的一个参与者;在(9a)"屋里开着会"中,存在地点"屋里"只是舞台上的场景(setting),并不是事件的一个参与者。因此,虽然(9a)与(5b)同样激活了一个关于存在的语义框架,但是同时得到激活的不仅是这个语义框架,事件中的参与者等其他因素也在动词被提及时得以激活(Ritter & Rosen,1998)。

因此,(9a)中"屋里""开会"这两者的词汇意义又为句子贡献了具体的语义内容,而根据说话人的日常生活体验,这二者之间的关系只能有一种解读,即这是一个关于某人在某一地点开会的事件。人们关于开会事件的经验会激活对这个构式中每一个具体词项的理解,即"屋里"是开会所在的地点,是开会事件中的舞台背景。所以,这一构式被理解为开会事件的动态存在,而不是静态存在。

对于歧义句(8a)"山上栽着树",这个句子可以同时激活一个关于存在的语义框架,但是其中的具体词项又贡献了两种不同的意义,从而指向两个不同的语义框架。静态的存在事件将"山上"理解为事件的参与者,即树所处的位置;动态的存在事件则将"山上"识解为舞台的背景,即"栽树"事件进行的地点。这样的语义框架就导致了对这个句子的不同解读,一个表示"山上有树",一个表示"有人正在山上栽树"。这就是二者歧义的来源所在——激活了不同的语义关系。

从语义识解的角度来看,听话者听到一个句子后会迅速对句子进行分析,这其中包括对构式的辨识、对动词所指代事件框架的联想以及对其他具体词项的提取。同时,在现实世界中对构式、动词和其他词项共同构成的意义进行定位,从而获取关于某一个具体句子的意义。

目前,我们从句子识解的角度解释了为什么有些句子只能表示动态存在,有些只能表示静态存在,而有些则既可以表示静态又可以表示动态存在。那么,还有一个根本的问题:从语言编码的角度来看,为什么说话者会将不同的语义关系编码为相同的语言形式呢？换言之，为什么不同的构式被表达为相同的语言实现形式？针对这一问题，本书有两个假设：一是语义-句法竞争中的句法慵懒机制；二是汉语语言的情境性。

语义-句法问题是语言研究的核心问题和重要课题（Mcrve En, 1993；陆俭明，2006），始于 Aristotle 和 Pānini（Davis, 2001；罗思明、王文斌，2010），后来在 Gruber(1965)、Fillmore(1968)、Katz(1972)和 Carter(1976)的研究中得到阐释，理论地位由此确立。

语义-句法研究有两个路向——合作（即接口）和竞争。目前关于语义-句法的研究遵循的主要是合作路向，即研究语义与句法如何合作，接口在什么层面，大致分为两个阵营：词汇派和句法派。词汇派认为语义-句法的接口在词汇层面，因此强调动词语义向句法的投射。句法派认为语义-句法的接口在句法层面，因此强调构式对动词的压制作用。

词汇派持有一种静态投射的观点，认为动词对句法有一定的预测作用，动词的语义特征决定句法的表现形式，其研究内容包括试图确认影响句法表现的动词语义部分，如：动词中所隐含的处所（Grimshaw, 1993; Gruber, 1965; Jackendoff, 1976, 1983, 1990）、动词中的体特征（Bach, 1981; Dowty, 1991; Krifka, 1992; Levin, 1999; Levin & Rappaport Hovav, 1995, 1999; Pustejovsky, 1991; Rappaport Hovav & Levin, 1998; Smith, 1991; Tenny, 1992, 1994; Tenny & Pustejovsky, 2000; van Voorst, 1988; Vendler, 1967; Verkuyl, 1972）、动词中的因果链（Croft, 1990; Lakoff, 1987; Talmy, 2001）等；或揭示动词中与句法相关联部分的表征方式，如：语义角色表（Cruse, 1986; Fillmore, 1968; Givon, 1990; Gruber, 1965, Stowell, 1981; 詹卫东，2004）、谓词分解（Croft, 1991; Jackendoff, 1976, 1983, 1990; Tenny, 1994）、区分原型施事和受事（Dowty, 1989, 1991）；或寻找动词语义与句法的联结规则或投射规则，如：普遍联合假说（Perlmutter, 1978; Perlmutter & Postal, 1984）、语义层级说（Bresnan & Kanerva, 1989; Givón, 1984）、广义角色说（Dowty, 1979, 1991; Foley & van Valin, 1984; van Valin, 1990, 1993）。这些方案尝试在动词自身的特征和句法表现形式上寻求一种固定的解释，因而是关于语义-句法的静态研究路向（刘宇红，2010, 2011a, 2011b）。

然而,词汇投射理论不能解释动词的多重论元问题(刘宇红,2010,2011a,2011b;沈园,2007),也不能避免动词的牵强词义(罗思明、王文斌,2010),而构式则能较好地解决这一弊端。因此,以构式语法为基础的句法派的语义一句法研究是近年来的热点。

相对于词汇派由动词向句法的单向投射理论,句法派强调构式对动词的压制作用,即构式能够将论元角色强加给动词,由此限制动词在句法中的表现,因此体现了语义-句法的双向互动。(刘宇红,2010,2011a,2011b)

然而,这种双向互动也是一种静态的观点,即认为动词对构式有一定的贡献,同时构式形成以后也对动词有一定的压制作用。这些贡献和压制都是在独立语境下进行的,是相对绝对的互动。但是与词汇说相比,此观点只不过承认构式对动词的反向作用,其目的也是寻求词汇—句法间的统一的解释,因此也是静态的思路。

本书认为,语义-句法之间是一个动态的过程,即二者之间不是静止的一一对应的关系,而是在具体的语境下不断变化的关系。换言之,不是说施事只能实现为主语,受事只能实现为宾语,受益方只能实现为与格,具体的语义角色和句法成分之间没有绝对的对应关系。因为语言是使用中的语言,所以其中的语义-句法关系也处于不断变化之中。其中,二者最突出的关系不是体现在合作中,而是体现为二者之间的竞争,即语义-句法的竞争。

根据语言经济性,句法和语义都以简洁为最基本原则,因此二者竞争的完美状态是一个形式只表达一个意义。例如:*I broke the window* 只能表示一个意义,即"我打碎了玻璃"。这是最理想的语义-句法竞争的结果。然而,在很多情况下,语言既要兼顾形式又要兼顾意义,二者不可能同时达到最简洁的状态。所以,必须要舍弃一方,那么舍弃的原则是什么呢?

本书认为,语义是衡量简洁的主要因素。因为语言的主要功能在于表达意义,语言形式只是意义的载体,意义才是决定语言形式的核心元素。在表达中,如果句法形式上对句子的表达内容不能够进行清晰的定位,就选取语义上的经济原则,放弃句法上的简约,从而采用特殊的句法形式表达新的意义;如果语义上足够清晰,可以放弃语义上的简约,采取句法的经济原则,使用已有的句法形式表达新的意义。

基于此，在句法和语义的竞争中，句法处于被动的地位，在竞争中体现出慵懒。语义简约比较容易理解，因为其宗旨在于一个形式表达一个意义。问题是：为什么语义上的简约可以被放弃呢？原因在于事件的编码有助于正确解读事件中的语义联系。也就是说，在对某一类事件进行编码的时候，人们不仅编码了固定的语言形式，而且对事件中每一个参与者的角色内容进行了编码。

以存在句为例，对于两种存在——静态存在和动态存在，因为二者是不同的语义关系，根据经济原则，应当由不同的表层句法形式进行表达，即静态存在采取一种表达方式，动态存在采取另一种不同的表达方式。但是，由于句法的慵懒，在具体的实现过程中，句法倾向于使用旧有的形式表达新的意义。在语言已有的形式中，静态存在构式最适合表达这样的意思，所以就选取了表达静态存在的形式协助表达动态的存在。

根据情境编码假设，当事件的内容最后以语言的形式表达出来以后，说话者不仅对所听到的语言形式进行解码，对其中涉及的语义内容进行解读，同时还要将句子中所描述的事件放到已有的知识系统中进行评价(evaluation)，即将所听到的句子与所经验的客观世界进行对照，试图从现实世界中找到句子所描述事件的参照，也就是为句子表达的内容进行定位。找到类似的参照，句子就是合理的表达，而如果找不到参照，就将句子判定为不合理(如：* 纸打开了门。* *She sneezed a heavy plate off the table*)。因此，评价阶段在说话者对句子可接受性的判定上起着关键的作用。

对于歧义存在句来说，只要给予足够的语境，参照事件表征中的评价阶段，听话者是可以轻松地理解歧义的。如：

(11a) 不行，山上栽着树，到处都是人，没有地方野餐。

(11b) 谁说没有树阴啊？山上栽着树，都长得高大茂密，有足够多的阴凉。

(12a) 快去帮忙吧，院子里摆着酒席呢。

(12b) 快去吃吧，院子里摆着酒席呢。

在(11)和(12)两个例句中,同一个表达在不同的语境下得到两种完全不同的解读。(11a) 表示有人正在山上栽树,所有没有地方野餐;而 (11b)表示山上有树,因此可以得到树阴。同样,(12a)表示院子里正在摆酒席,因此需要帮手;而(12b)表示院子里有酒席,可以进餐。

由此,充分的语境信息使得听话者轻松地获得了存在构式所传达的意义。也就是说,在语义-句法的竞争中,句法形式的雷同并不会造成语义理解上的障碍。因此,句法体现出慵懒,没有针对不同的意义编码出不同的表层形式。但是,需要注意的是,尽管动态和静态存在句在表层表现形式上完全相同,但二者是不同的构式。

允许汉语中句法慵懒的另一个因素是汉语语言的情境特征。具体来说,汉语的理解不依赖语言形式的外在匹配,而在于对语言所营造的意境的把握。汉语的理解不主要借助词法或句法的变化和一致,如性、数、格的一致关系,而借助对某一个事件的宏观框架的掌握。比如:

(13)老栓看看灯笼,(灯笼)已经熄了。 (鲁迅《药》)

(14)明日,子路行,以告。子曰:"隐者也。"(子)使子路反见之。(子路)至,则(隐者)行矣。 (《论语·微子》)

在(13)中,"已经熄了"描述的是灯笼已经熄了,但是作者根本不需要指明主语,听话者或读者就可以判断句子说的是灯笼已经熄了。同样,在(14)中,"使子路反见之"的主语是"子","至"的主语是"子路",而"行"的主语是"隐者"。但是,在这个语境之下,读者可以判断每一个动作的施事。

究其原因,这在于汉语所营造的事件框架。具体来说,"老栓看看灯笼"这样一个句子,可以唤起我们关于"看"的框架,从而激活了说话者常规的关于"看"的理解:或查看状况,或观察形势;而下文中的"已经熄了",激活了听话者关于"熄"的框架,应用于"熄"的框架中的只能是照明的设备,联系上下文,可以简单地判断,熄灭的是灯笼。

然而,(14)中的框架作用就更加明确。中国人对隐者的判断使得我们认为隐者经常是有智慧且有见识的人,所以返回向隐者请教就是一个关于隐者的框架之中的必然过程。作为学生，必然执行老师的安排，所以返回的是子路，到达了目的地后，却发现已经走了。关于隐者的框架也告知我们，隐者常常不屑于参与俗事，所以离开的是隐者，而不是其他人。“行”的主语不是“子”，是因为这是回去寻找隐者的一个框架，而这一框架中最值得关注的当然是能否找得到隐者，所以离开的也不是“子”。在汉语中，句子的主语可以省略，因为描述中所使用的具体词汇可以激活不同的框架，而对每一个框架的理解使得听话者或读者可以判断句子的主语。

汉语中的话题优先使得句子的主语部分被存在地点所占据，动词又激活了听话者认知域中的适当框架，从而准确地为句子进行了语义关系的定位，所以在语义-句法的竞争中，句法体现出慵懒。另一个例子则更能够说明汉语的意境性：

**天净沙·秋思**

（元　马致远）

枯藤老树昏鸦，
小桥流水人家，
古道西风瘦马。
夕阳西下，
断肠人在天涯。

全文上下只有两个动词（“下”“在”），但是名词性成分却成功营造了一个关于别离的场景。对这一场景的理解主要来自我们关于离别的事件框架，对这个框架中情绪的感同身受，对别离之人心境的体会，从而移情向事件参与者，并获得与事件参与者相同的伤感。

综上所述，情境编码假设可以协助听话者准确判断句子的具体所指，能够更加有效地解释汉语中的存在构式，认为句法、语义和语用共同决定了构式的存在。关于汉语存在句中的争议问题，只有将其视为不同的存在句才能更有效地解决语言中其他的类似问题，才具有更强的解释力和概括性。因此，句法形式相同，语义关系不同，同时语用交际效果不同的存在句式是不同的构式所采取的相同的形式。

构式之所以能够选择相同的形式来表达不同的语义和语用方面的信息，主要是因为汉语语义-句法竞争中的句法慵懒机制作用。句法之所以可以体现出慵懒，是因为语言使用者对事件框架的编码和语义信息在一定的语境下（构式、动词和其他词项）可以获得识解。同时，汉语的情境性也使得说话者可以通过适当的途径触发适当的框架，从而得以精确地传达意义。

## 5.4 小结

本章在情境编码假设的视角下研究发现，事件与构式之间存在着不对称的对应关系，即一个构式可以用来描述不同的事件，而一个事件可以借助于不同的构式进行表征。这一方面说明构式的抽象概括性，即其是对抽象的语义关系的概括，从而使得我们可以从纷繁复杂的世界中有效且高效地组织信息，实现范畴化；另一方面，这也为语言使用者的表达方式提供了多种潜势，即语言使用者可以从不同的角度表征同一个事件。这种不对称关系可以有效地解释构式语法为何因为强调构式的区别而抹煞不同构式之间的共性。

构式语法强调动词语义的简约，认为是构式而非动词对句子的论元结构产生决定性影响。情境编码假设揭示，句子论元结构的变化不是来自动词，也不是来自构式，而是来自动词所指代的具体事件的变化。

具体来说，动词 *sneeze* 之所以有三个论元，不是因为动词词义发生了变化，也不是因为构式压制动词使其获得了额外的论元，而是因为现实世界中的一个特殊事件使得说话者想要呈现动作施事、动作对象和动作产生的效果三者之间的语义关系，而致使-移动构式恰好是表达这种语义关系的编码形式。不是用构式解释事件的具体状况，而是事件的具体状况选择了一定的语义关系，需要通过一种常规的描述这种语义关系的构式进行表达。因此，没有必要削弱动词的作用，也没有必要加大构式的贡献，而动词中心论和构式压制说之所以出现，是因为二者都忽视了事件这一语言形式的根本意义来源。

情境编码假设的另一个贡献是纠正了构式多义性假设。讨论揭示，构式多义性的区分在很大程度上有赖于具体构式中动词的不同。根据情境编码假设，动词指向事件，因此，对构式多义性的假设有赖于构成构式的具体事件的不同。前文提到，事件与构式间存在不对称的对应关系，同一个构式可以描述不同事件中的相同语义关系。构式是高度抽象的语义关系的编码，而每一个具体的事件在经由同一个构式描述以后都为构式贡献了一定的具体词汇义。

构式多义性假设恰恰混淆了抽象的构式义和被具体词项填充以后形成的“构式义＋词汇义”，将抽象的构式和体现构式的实例混为一谈。同时，构式多义性假设有悖构式语法的理论基础。因为构式语法认为构式是一个形式—意义—用法的整体，任何一方发生改变，都会产生一个不同的构式。按照这种思路，是不存在构式多义性的，因为任何形式、意义或交际方面的变化都会带来构式的不同。

同时，本章研究现代汉语的存在构式。王黎(2005)和陆俭明(2009)都将构式当作对事件中具体语义关系的编码，因此忽视了具体语用因素在构式中的作用。构式语法认为，构式是形式、意义和交际的三位一体，强调整体性，因此情境编码假设将语用信息附加于构式之上，认为语用信息的不同也会带来构式的不同，语用信息对构式有塑造作用，所以构式的最后生成是在语义、形式和语用因素发挥作用之后。这就解释了四种不同的存在构式之间的关系：“墙上有画”“画挂在墙上”“墙上挂着画”“画在墙上挂着”。这四个句子有着相同的语义结构，但是借助不同的语言形式传达不同的交际意义，因此，分属不同构式。研究表明，这样的处理具有更强的解释力和适用性。

本书认为，将语义内容和语言形式相同但交际信息不同的句子视为不同的构式有着理论和实践的有效性。在理论上，形式、意义和语用信息的任何不同都会带来构式的不同，因此不同的存在句应当视为不同的构式；在实践上，将语义内容相同但形式或语用信息不同的句子视为不同的构式，可以涵盖现代汉语中大量的语言现象。语言使用者之所以会选用相同的语言形式来表达不同的构式，主要是因为语义-句法竞争中的句法慵懒造成的。

在信息的表达中，句法和语义处于动态的竞争之中，竞争的目的就是为了达到语言中的经济性。最理想的结果就是二者共同达到经济性，但事实是很多时候语言使用者需要放弃一方而选择另一方。当意义在适当语境下可以得到清晰的表达时，句法就表现出慵懒，用同一个形式表达不同的意义；而如果意义在语境下不能得到正确的识解，就需要用新的句法形式表达新的意义。

之所以可以用旧形式表达新意义，是因为情境编码假设中的动词与构式的互动。

情境编码假设下，构式提供关于某一个语义关系的编码，动词提供一个具体的事件框架，而句子中的其他词项则贡献了不同的语义信息。正是来自具体的动词和词项的具体信息为听话者提供了一个可以选择的语义框架，使听话者可以在现实世界中为所听到的具体句子进行定位，从而确定句子的意义。动词与构式的互动可以有效地厘清歧义句。另外，汉语的情境性也使得形式在语义理解中变得不那么重要，所以形式上的偏离并不影响语义上的正确识解。

总之，情境编码假设从事件表征的角度描述了事件，将事件表征过程呈现为六个层次。这一视角对于辨识事件的核心作用，解决构式语法中的根本问题，认清事件描述理论的地位和贡献，更好地解释某些语言现象提供了比较合理的框架。

# 第六章　情境编码视阈下的现代汉语复杂述谓构式①

本章将情境编码假设应用到现代汉语中，在句法上呈现为"N1＋V＋得＋N2＋RP"的复杂述谓构式。此前关于该句式的研究仍然存在诸多争议和问题，本书首先讨论这些问题，同时提出该句式为构式。然而，仅仅将其视为构式，并不足以解释这一结构的不同实例所呈现出的不同解读。因此，第四部分将利用情境编码假设来厘清争议，并总结出这一结构的共同特征。

## 6.1　导言

朱德熙(1982) 首先发现现代汉语中有一个表达：

| (1)N1 | V | 得 | N2 | RP |
| --- | --- | --- | --- | --- |
| 张三 | 追 | 得 | 李四 | 直喘气。 |

这个表达有三种可能的解读，即

(1a) 张三追李四，李四直喘气。

(1b)李四追张三，李四直喘气。

(1c) 张三追李四，张三直喘气。

① 本章部分内容已发表，见于《现代汉语致使性"得"字句多维研究：现状与前瞻》(《语言学研究》2017年第1期)一文。

为描述简便，本书将这一类句子统一表示为“N1＋V＋得＋N2＋RP”。在逻辑上，该句式应当有四种不同的解读，如表 6-1 所示。

表 6-1 “N1＋V＋得＋N2＋RP”四种逻辑可能

| 致使事件（施事—受事） | | 结果事件（客体） | 解读 |
|---|---|---|---|
| 张三追李四 | 致使 | 李四喘气 | A |
| | | 张三喘气 | B |
| 李四追张三 | 致使 | 李四喘气 | C |
| | | 张三喘气 | D |

事实上，关于该句的解读和理解各不相同。朱德熙（1982）认为句子有三种理解，其中 D 不存在。Li（1998）认为只有 A 和 C 两种理解，B 并不存在。宋文辉（2003）也认为只有 A 和 C 是合理的解释，B 不可接受。

除了句子解读的争议，另一个问题是，在句法上同样可以呈现为“N1＋V＋得＋N2＋RP”的具体句子实际有完全不同的解读可能。比如，在（2）中，只有一种解读，即他把儿子打得呜呜直哭，另外两种理解都不能成立：

（2）他打得儿子呜呜直哭。（沈月明，2006）

（2a）他打儿子，儿子呜呜直哭。

（2b）＊儿子打他，儿子呜呜直哭。

（2c）＊他打儿子，他呜呜直哭。

在同样只有一种解读的句子中，内部的语义关系却完全不同，如例（3）。该句只能解读为（3c），其他两种理解都不可接受。（3）与（2）不同的是，（2）中 RP“呜呜直哭”在语义上只能指向 N2“儿子”，而在（3）中，RP 却并非指向 N2，而是指向 N1“妈妈”。

（3）妈妈想得你好苦啊。（孙银新，2005）

（3a）＊妈妈想你，你好苦啊。

（3b）＊你想妈妈，你好苦啊。

（3c）妈妈想你，妈妈好苦啊。

有的句子可以有两种解读。比如,在(4)中,“他笑得我都不好意思了”,既可以表示他笑话我,从而让我不好意思(4a),还可以表示他的笑让我感到不好意思(4b)。“我”既可以是“笑”的对象,也可以与“笑”没有直接的语义关系。换言之,“我不好意思”既可以是“他”笑的直接影响,也可以是“他”笑的间接影响。

(4) 他笑得我都不好意思了。 (沈月明,2006)

(4a) 他笑我,我不好意思了。

(4b) 他笑,我不好意思了。

以(5)为例,同样是有两种解读的句子,但是其语义关系却与(4)完全不同。该句既可以表示张三自己唱歌,唱得自己泪流满面,N2“张三”既是唱歌的施事,也是泪流满面的系事(5a);也可以表示别人唱歌,张三听得泪流满面,N2“张三”只是泪流满面的系事(5b)。而在(4)中,无论句子怎样解读,V“笑”的施事都只能是N1“他”。

(5) 这首歌唱得张三泪流满面。 (蒋鲤,2006)

(5a) 张三唱这首歌,张三泪流满面。

(5b) 别人唱这首歌,张三泪流满面。

上述描述表明,“N1+V1+得+N2+RP”是一个结构相同但内部语义关系错综复杂的句子。有很多问题值得研究,比如:为什么有些句子有一种解读,有些却有两种甚至三种解读?为什么同样有一种或两种解读的句子,其表现的语义关系却不相同?到底是什么在制约和影响不同句子的不同解读?最根本的是,为什么如此复杂的内部语义关系却可以使用同一种句法形式进行表达?本书拟描述和分析不同类型的“N1+V1+得+N2+RP”句子,并尝试回答上述问题。

在这一句式中,第一个名词性成分表示为N1,第一个动词性成分表示为

V，第二个名词性成分表示为N2，最后一个成分可能是动词词组，也可能是形容词词组，本书一律标为RP，表示结果性成分。因此，这一句式最终的句法形式为“N1＋V＋得＋N2＋RP”。

本书部分例句来自相关文献，并在最后以附录的形式标明文献作者及选用的例句。对于如“张三追得李四直喘气”此类经典句子，本书不再标明引用出处。凡是本书根据描述和对比的需要而自拟的例句，文中皆有标示。

## 6.2 关于“N1＋V＋得＋N2＋RP”句式

该句式的句法、语义和语用特征得到一定程度的描写。然而，到目前为止，还没有关于这一句式的定论。大多数研究者或者关注其中的某个下位句式，或者描述具体句式的语义特征，并没有解释其内部的复杂关系。

### 6.2.1 定性问题

“N1＋V＋得＋N2＋RP”句式是“得”字句中比较特殊的一类。这一类句子最早的主要争议是其包含有几个类别，分别具有什么样的句法属性。以(6)为例：

(6a) 她哭得眼睛都红了。

(6b) 他逼得我没地方去作艺。

齐荣(1954)认为(6a)和(6b)都是以句子形式来做补语，即主谓结构作补语，因此二者没有本质的区别，应归为一类。持有此种观点的还有谭永祥(1957)、华景年(1959)、丁声树(1961)、王还(1979)、徐枢(1985)和王灿龙(2000)。华景年(1959)观察，两个句子的“得”前为同一类动词，“得”后的主谓结构是一个整体性成分，都表达动词的程度或结果，因此是同一类句式。

徐枢认为二者之间的确存在一些不同，例如：(6a)中的主谓词组“眼睛都红了”如果没有上下文一般不能单独成句，大主语“她”和小主语“眼睛”之间有领属关系，动词“哭”与“眼睛”之间没有动宾关系；而(6b)中的主谓词组“我没地方去作艺”可以单独成句，但是大主语“他”和小主语“我”之间没有领属关系，同时动词“逼”与体词性成分“我”之间存在动宾关系。另外，二者之间的转

换方式不同，即

(6a) 她哭得眼睛都红了。

哭得她眼睛都红了。（无主句）

她眼睛哭得都红了。（主谓谓语句）

她哭儿子哭得眼睛都红了。（重动句）

(6b) 他逼得我没地方去作艺。

* 逼得他我没地方去作艺。

* 他我逼得没地方去作艺。

* 他逼我逼得没有地方去作艺。

但是，徐枢(1985)将二者之间的不同当作是同一大类之下两个小类之间的不同，因此总的来说还是应当视为同一类句式。

陈一士(1957)认为这两类句子应当区别对待，二者看似相同，其实不同。(6a)是主谓结构作补语，(6b)则是复杂谓语，因此应当视作两类。后来的学者都认可这种区分，同意(6a)是主谓结构作补语句。但是，大家对(6b)的定性出现了分歧。

汪惠迪(1958)根据(6b)中的语音停顿（在"得"后名词之后）、"得"后名词可以用"把"提到V前这两点认为这个句式应当单独列为一类，即"主—谓—('得')—宾—补"格式。

李临定(1963)认可二者之间的不同，但是将(6b)当作动补内部带宾语。具体来说，V"逼"和RP"没地方去作艺"一起构成动补结构，而"我"是这个结构的宾语，即"我"是补语成分V+RP"逼……没地方去作艺"的宾语。孙玄常(1957)、丁恒顺(1989)和缪锦安(1990)也赞同这种观点。朱德熙(1982)也认为(6b)是述补结构内部带宾语，不过体词性成分"我"是"V得"的宾语。以"走得我累死了"为例，充当述补成分的是"走得……累死了"，"我"是"走得"的宾语，而不是"走得……累死了"的宾语。宋玉柱(1979)把(6b)当作兼语句，但张宝敏(1982)认为(6b)是特殊兼语句。

至此，大家一致认为"N1+V+得+N2+RP"格式有两个类别，关于(6a)

基本没有异议，都认为是主谓结构作补语，而对于(6b)的内部结构和定性问题虽仍未有定论，但是也认定它是单独的一类句子(见表 6-2)。然而，这一格式还有更多的类别有待发现。

表 6-2　句式分类和定性

<table>
<tr><td>6a</td><td rowspan="2">一类<br>主谓结构作补语</td><td colspan="6">主谓结构作补语</td></tr>
<tr><td>6b</td><td>复杂<br>谓语</td><td>主—谓—<br>(得)—宾—补</td><td>动述补内部<br>带宾语</td><td>述补结构<br>内部带宾语</td><td>兼语句</td><td>特殊<br>兼语句</td></tr>
<tr><td></td><td>齐荣(1954)<br>谭永祥(1957)<br>华景年(1959)<br>丁声树(1961)<br>徐枢(1985)<br>王还(1979)<br>王灿龙(2000)</td><td>陈一士<br>(1957)</td><td>汪惠迪<br>(1958)</td><td>孙玄常(1957)<br>李临定(1963)<br>丁恒顺(1989)<br>缪锦安(1990)</td><td>朱德熙<br>(1982)</td><td>宋玉柱<br>(1979)</td><td>张宝敏<br>(1982)</td></tr>
</table>

#### 6.2.1.1　句式的数量和类型

宋宣(1996)根据补语 RP 的语义指向，将这一类句子分为四类，即

(7a)站了一天的队，站得我真是头晕眼花。　(施事)

(7b)树根这么硬，竟会劈得柴刀都缺了口。　(工具)

(7c)我俩肩并肩向前走，踩得残雪沙沙响。　(受事)

(7d)金旺的老婆……早就恨得小芹了不得。　(行为)

李敏(1999)分析 RP 的语义指向，认为这一格式有五种类别的句子：

(8a) 他打得孩子到处乱跑。　(RP 指向 N2，N1 为施事，N2 为受事)

(8b) 玉米吃得她越来越胖了。

(RP 指向 N2，N1 为受事，N2 为施事)

(8c) 激动得他流出了眼泪。　(RP 指向 N2，没有 N1，N2 多为施事)

(8d) 金旺老婆……早就恨得小芹了不得。 (RP 指向 V)

(8e)我找得你们好苦啊。 (RP 指向 N1)

张璐(2003)根据 N1 与 N2 的所属关系,区分了使役结构和谓词结果结构两类句式,如:

(9a) 他哭得眼睛都红了。 (使役结构)

(9b) 我紧张得双手发抖。 (谓词结果结构)

赵家新(2004)从语义网络构建和计算机自然语言处理的角度,将此类句子视为“得”字句的两个变式,即

(10a) 他们在饭店等得脸都绿了吧? (N1)+V/ A+得+N2+RP

(10b) 早就恨得小芹了不得。 (N1)+V+得+N2+RP

孙银新(2005)通过变换和类比的方法,指出这类句子的句法结构并不相同,是四类同形异构的句子,即兼语句、述宾—补语句、连动句和述补句。如(11)所示:

(11a) 他打得孩子到处乱跑。 (兼语句)

(11b) 这堂课听得我糊里糊涂。 (述宾—补语句)

(11c) 我等得你们好心焦啊。 (连动句)

(11d) 姐姐哭得嗓子都哑了。 (述补句)

陶瑞仁(2006)根据 N2 与 RP 的关系把句子分为两大类:一类是 RP 与 N2 是陈述与被陈述的关系,一类是二者之间没有陈述与被陈述的关系。其中,前者根据 N1 和 N2 与动词关系的不同又可以分为四类,具体如下:

(12a) 那伙人……就回过头来揍他一顿……揍得他眼青鼻子歪。

(N1 施事,N2 受事)

(12b) 这顿饭吃得殷婷心绪烦乱。 (N1 受事,N2 施事)

(12c) (宋师傅)听了这几句不冷不热的话,气得脸都红了。 (N1 领事,N2 属事)

(12d) 每天上班累得我腰酸背疼…… (N1 致事,N2 使事)

(12e) 我找得你们好苦啊。 (N2 与 RP 没有陈述关系)

沈月明(2006)借助格语法中的深层语义关系将这一格式视为两个命题(即主句和从句),并根据 RP 的语义指向将其分为七类:

(13a) 孩子们吵得爷爷睡不着觉。
(RP 指向 N2,N1 是主句施事,N2 是从句施事)

(13b) 学费愁得我睡不好觉。
(RP 指向 N2,主句中 N1 为致事,N2 是感事;从句中 N2 是施事)

(13c) 他打得儿子呜呜直哭。
(RP 指向 N2,主句中 N1 为施事或工具,N2 是受事或处所;从句中 N2 是施事)

(13d) 这顿饭吃得我很满意。
(RP 指向 N2,主句中 N1 多为受事,N2 为施事或工具;从句中 N2 是施事或工具)

(13e) 他激动得满脸通红。
(RP 指向 N2,主句中 N1 多为感事,从句中 N2 是 N1 的一部分)

(13f) 大家找得你好辛苦啊。
(RP 指向 N1,主句中 N1 为施事,N2 多为受事,从句中 N1 是施事或感事)

(13g) 敌人追得咱们更紧了。
(RP 指向 V,N1 为施事,N2 为受事)

除了关于语义指向和句式的分类研究外，这一格式的致使性也受到关注，如蔡永强(2004)描述了“得”字致使性结构述补结构，通过运动事件以及构成致使事件的框架事件、副事件和支承关系研究了这一句式的歧义成因。郭姝慧(2004)从致使关系的角度认定了三种句子；熊学亮、杨子(2010)从原型范畴和语法整合角度分析了复合致使句，找出其认知理据并揭示其与这一构式中其他成员之间的关系；张翼(2011)研究了致使句式，通过动词的多样性、构式对动词的非选择性以及论元结构和句法结构的错配论证了致使构式的存在；刘阳、董哲(2012)也从构式的角度分析了致使句，根据构式意义的不同将其分为五种构式(其中一类与本书的讨论无关，故忽略)，即

(14a) 孩子哭得我们睡不着觉。 [N1＋V＋得＋S(N2＋RP)]

(14b) 老师骂得学生哭了。 [NP＋V＋得＋O＋C(补)]

(14c) 他哭得眼睛都红了。 [N1＋V＋得＋N2＋RP(N2 从属于 N1)]

(14d)这瓶酒喝得我晕头转向。 [N1(受事)＋V＋得＋N2＋RP]

郭姝慧(2004)强调这一句式的致使性，根据 RP 的语义指向将其分为四大类，其中第三类分为六小类。前三大类为：

(15a) 商会长说得舌头都有点僵硬了，却没有结果。 (N1 和 N2 之间有领属关系)

(15b) 百姓们恨得他咬牙切齿。 (RP 指向 N1)

(15c) 早就恨得小芹了不得。 (RP 指向 V)

第四类为“RP 指向 N2”，具体为：

(15d) 雨点子扑面而来，浇得他打了个寒噤。 (N1 和 N2 分别是 V 的施事和受事)

(15e)一顿鲜韭菜饺子，吃得队员们个个肚子滚圆。

(N1 为 V 受事,N2 为 V 施事)

(15f) 有时她还整夜地哭,哭得长富也忍不住生气。

(N1 为 V 的施事或受事,N2 与 V 无直接关系)

(15g) 高额的学费愁得他连觉都睡不着。

(N1 与 V 无直接语义关系,N2 是 V 的感事)

(15h) 木椅上坐得他屁股发酸。

(N1 为 V 的施事和受事以外的语义成分,N2 是 V 的施事或受事)

(15i) 树根这么硬,竟会劈得柴刀都缺了口。

(N1 为 V 的施事或受事,N2 为 V 的施事和受事以外的成分)

这一格式中的另一个特殊类别也得到广泛研究,即主事居后的"得"字句。杨建国(1959)认为这类句子是补语的一个类别。李临定(1963)注意到这种句子的特殊性,如:占据主语位置的不是施事,而是动词的受事;施事反而位于"得"后的位置。

宛新政(2004)认为,此类句子在语义上表达一种致使,在语用上保持话题的同一性,可分为两种,即"P,V1 得 N　V2"和"P,N1　V 得 N2　V2",其中一类有主语 N1,另一类没有 N1。从语篇的角度,P 是这个结构中重要的组成部分。语义上的致使和语用上的话题构成了主事居后的动因。

蒋鲤(2006)区分了三类不同的主事居后的句子,并描述了其各自的语义特点。韩丹(2009)也从构式的角度研究了此类句子,认为是构式的压制使得逻辑上的受事 N1 和施事 N2 分别具备了施动义和受动义。

综上所述,研究的早期学者们只关注到两种"N1+V1+得+N2+RP"格式的句子,即"他打得孩子到处乱跑"和"他哭得眼睛都红了"。句式的命名大多采取句法术语,如兼语句、主谓补语句、连动句、述补句等。

随着研究的开展,对此类结构的认识逐渐加深,人们更倾向于对其进行语义描写,所发现的句子的种类也更加多样。然而,由于分类的角度和标准各不相同,因此得到的句子类别数量不等,对句子语义描写的精细度各异。具体来说,宋宣(1996)、孙银新(2005)、刘阳和董哲(2012)分析出四类句子,李敏(1999)和陶瑞仁(2006)分析为五类句子,沈月明(2006)分析为七类句子,郭姝慧(2004)分析为九类句子。

然而,同样是分为四类句子,宋宣(1996)、孙银新(2005)与刘阳和董哲(2012)三者只有两种句子重合,而三者的另外两种句子各不相同。同样认定为五类句子,李敏(1999)和陶瑞仁(2006)只有三种句子重合,另外四个句子各异。沈月明(2006)的七类句子在陶瑞仁(2006)中只有四种,另外三种后者没有涉及,而同时,后者所列举的句子中有一类是沈月明尚未涉及的。郭姝慧(2004)谈到的九类句子中有五类句子都被李敏(1999)归为一类。各种研究之间还有很多的重叠和遗漏,这就说明在句子的分类和具体的描写标准上有待统一,还有值得研究的空间。

6.2.1.2 "得"的来源和定性

现代汉语"N1＋V＋'得'＋N2＋RP"格式中的"得"的来源是什么?具有什么样的语法性质?表达什么样的意义,在句子中发挥什么样的作用?关于以上这些问题,学者们的看法亦各不相同。

首先,"得"有"可能"义和"状态"义之分,关于其来源有两种观点,其中一种观点认为两个"得"只有一个来源。如:王力(1958)认为"得"是由原来的"获得"义首先转化为"达成"义,之后又进一步虚化为动词词尾"得"。蒋绍愚(1994)和吴福祥(2002)的看法与此相同。

王绍新(1985)研究了"得"的来源,认为"得"最初的基本意义为"获得"。在先秦时分化出助动词"得",从汉代开始出现了"得/不得"并置于动词之后的形式,唐宋时期开始由置于动词之后的"得"进一步虚化而产生了助词"得"。持有相同观点的还有杨平(1990),他认为"得"没有"可能"与"状态"之分,而至于"得"应当理解为"可能"义还是"状态"义则要根据具体的语境来决定。

另一种观点则认为"得"有不同的来源。杨建国(1959)认为"得"直接来自"V得O"中表达"获得"义的"得"。岳俊发(1984)则坚持"得"有两个来源:一个来自表示"完成"的"动＋得"中的"得",是状态补语;另一个来自表示"可能"的"动＋得"中的"得",是可能补语。

赵长才(2002)在讨论"V得C"时,也认为"得"有两个来源,即一个来自"达成"义的"得",另一个则来自"致使"义的语法化。而刘子瑜(2003)并不认可这种说法,理由是尽管"得"自古以来就具有"致使"义,但是这一义项与"V

得C”中结构助词“得”的来源无关，因此“得”还是来自“达成”义的语法化。

其次，对于“得”的性质有三种观点，第一种观点认为“得”是特别介词(黎锦熙 1924)，是介词“到”的转音，专门用来引起、领着副词的附加语，表示动词或形容词所达到的结果或到达的程度。

第二种观点认为“得”是动词词尾。王力(1958)认为“得”是后附号，是动词词尾；朱德熙(1982)也将“得”看作动词的后缀；李俊平(1984)认为“得”只能黏附于词，是构形词尾；缪锦安(1990)将“得”视为词尾，其作用在于使其后的成分“整体化”和“补语化”；聂志平(1992)也认可动词词缀说，认为“得”既有时态意义又有结构功能，从表“结果”的“取、得”的动词而来，具有时体意义，表“已然”和“肯定”；郭姝慧(2004)也将“得”当作一个表示“达成”的动词后缀。

第三种观点则认为“得”是助词。但是，关于助词的看法也并不相同。一说将“得”统称为助词(施关淦，1985；王绍新，1985)。李临定(1963)发现，“得”不仅可以引介补语成分，而且还使之前的动词或形容词“凝固化”，失去独立性，从而使人期待补语成分所表述的内容，表示动词或形容词所表达内容的肯定或已然，因此把它当作助词。另一说将“得”称作结构助词，补充说明宾语因为动词所表达的动作而出现的一种变化或状态，作补语的标志(张志公，1953；杨建国，1959；岳俊发，1984；徐枢，1985)。还有研究认为“得”是时态助词。张宝敏(1982)在分析“打得他到处乱跑”时认为“得”在这里表示一种情态，为时态助词；孙银新(1998，2005)将其称为动态助词，因为“得”紧跟在动词之后表示完成，说明V所表示的动作有了结果。宋玉柱(1979)区分时态助词和结构助词，认为在句子“我激动得双手微微颤抖”中“得”表示动作的程度，是结构助词；而在“他打得孩子到处乱跑”中“得”表示动作的结果，是时态助词。另外，范晓(1993)从语义、句法和语用三个平面的角度分析了“得”，认为“得”在语义上表示动作行为的已然和肯定，在句法上则是动补结构的标志，因此，他认为“得”是结构助词，而在语用上则表示动作所引起的境相。

可见，对“得”的定性因研究角度的差异而不同。从构词的角度，“得”不能单独存在，而必须要依附于其他的动词或形容词，因此是一个词缀。从句法的角度，“得”引介补语成分补充说明动作行为所达到的效果或状态，因此是助词成分。如果进一步区分“得”引导的补语所表达的内容与动词的关系，则“得”

是一个含有时态意义的助词；如果考量在句法功能上连接动词和补语的作用，则“得”是一个结构助词。因上述研究的角度不同，得出的结论也不相同，所以对“得”进行定性也就存在一定的困难。

6.2.1.3 “N2＋RP”的定性

本书6.2.1.1中讨论过，在“N1＋V＋得＋N2＋RP”句式研究的初期，人们关注到两种不同的句子如例(6)。后来随着讨论的深入，人们对句子的具体分类越来越精细。对于“N2＋RP”的定性问题，也因具体句子的不同而有所不同。

具体来说，大部分学者都认为“N2＋RP”为主谓结构作补语(陈信春，2009；丁恒顺，1989；范晓，1992；郭振红，2004；华景年，1959；缪锦安，1990；孙玄常，1957；宛新政，2004；徐枢，1985)。黎锦熙、刘世儒(1954)认为“得”引介的是附加语，称作“副附”。赵元任(1979)则认为这是谓语结构作谓语性补语，整个句子结构可以描述为“主语＋动补(V－R)”结构，而在动补结构中又可以分析为主谓结构，主语是“V＋得”，谓语是“N2＋RP”，“N2＋RP”位于补语的位置，而又是谓语性成分，因此是谓语性补语。李人鉴(1981)也赞同此种分析。

陈一士(1957)、汪惠迪(1958)、李临定(1963)、宋玉柱(1979)和朱德熙(1982)都认可例(6)句子中的一类为主谓结构作补语。对于另一类，陈一士认为是复杂谓语；汪惠迪认为是RP做补语；李临定(1963)认为是动补结构带宾语；宋玉柱认为是兼语；而朱德熙认为是述补结构内部带宾语；宋宣(1996)认为是组合式述补结构内部带宾语，其中N为体词性成分，“V得C”为述补结构；李晓华(2007)则区分典型和特殊的主谓补语句、述补结构内部带宾语以及两种解释皆可的句子。

关于“N2＋RP”的另一个关键问题是“N2”到底是谁的宾语。汪惠迪(1958)最早提出“得”后的体词性成分N2是V的宾语。但是，在有些句子中V与N2可能没有直接的关系。例句(16)中“哭”对“我们”的影响是间接的，孩子并不“哭我们”。所以，N2是V的宾语之说不能涵盖所有的“N1＋V＋N2＋RP”句子。

(16) 孩子哭得我们睡不着觉。

李临定(1984)、吕叔湘(1984)、朱德熙(1982)和张豫峰(2000)也都认为N2是宾语。但是,朱德熙认为N2是“V得”的宾语,而李临定认为N2是“V+VP”的宾语,刘街生(2009)则认为N2是主动词V的派生宾语。然而,朱其智(2009)认为李临定之说不符合汉语中的动宾顺序和母语语感,因此将N2当作“V/A得”的宾语。但是,N2作“V得”的宾语也不能成立。因为现代汉语的动宾结构相对比较灵活,比如在例句(17)中,左栏是动宾结构,可以单独存在;而右栏中的表达却是不可接受的。因此,N2是“V得”的宾语之说也不能成立,或者说,N2至少不是一个典型的宾语成分。

| (17) 动词+宾语 | V+得+N2 |
|---|---|
| 打我 | *打得我 |
| 洗衣服 | *洗得衣服 |
| 骑马 | *骑得马 |

由此可见,关于RP和N2的定性和归属问题不仅仍未有统一的意见,而且其讨论仍然建立在最初的两种句子的区别之上。当前的研究已经辨别出至少五种此类格式的句子,那么对于这些句子中的RP和N2的性质和归属问题,如果按照之前的思路进行分析,必然会得到完全不同的结论。因此,有必要转换视角,从新的切入点来考虑这一句式。

### 6.2.2 语义分析

语义分析包括两部分:一部分为语义特征分析,旨在描写句子的各构成成分的语义特点,由此获得关于句式的信息;另一部分是语义关系分析,旨在通过分析RP的描述对象(即RP与N1、N2和V的关系)挖掘这一句子的内部语义关系。

#### 6.2.2.1 语义特征描写

语义特征的描写旨在揭示“N1+V+得+N2+RP”格式中每一个构成成分的语义特征。具体来说,N1可以由人、物或事件以及相关的代词来承担,具有定指的倾向(蒋鲤,2006;宋宣,1996),还可以是零形式,但是零形式前通常有一个事件(孙银新,1998;宛新政,2004)。

王还(1991)指出,只有特指的宾语才可以转换为主语并放在句首,如"青草吃得羊很肥"和"＊草吃得羊很肥"之间的对比。体词性成分N2可以是单个名词或名词短语,多为人,也可以表示人体的一部分,与主语呈现出领属关系。而最后表示结果的成分RP多为动词短语,也可以由复句或形容词短语组成,描述动作的状态、变化和结果。

动词V体现出多样性。李临定(1963)认为,这类句子中的V以单音节居多,富有口语化特征,同时,动词不能体现出结果。陈建明(1986)和宋宣(1996)也赞同单音节的判断。聂志平(2002)则强调动词可否构成时态对立是该动词能否进入此类句式的关键。郭振红(2004)发现,此类V表示身体或心理活动的词较多。蒋鲤(2006)描述主事居后的句子,认为此类句子中的动词可以表示内向、位移、制作或制作完成等。李晓华(2007)研究了《老舍文集》中相关的句子,发现V多由动作性动词充当,多为泛义动词,且表示心理和生理的词汇居多。而张翼(2011)指出,在这一构式中的动词体现出多样性,如及物动词和不及物动词、动态动词和状态动词、自主动词和非自主动词、非作格动词和非宾格动词等都可以进入此类构式。

然而,纯粹语义特征的描写并不能够解释这一类句子的歧义。蒋鲤(2006)描写了主事居后的句子中V和RP的语义特征,将"N1＋V＋得＋N2＋RP"这一句式分为A、B、C三类,如例句(18)。在A类中,V多表示动作,RP多表达身体变化。某一种活动导致活动的参加者产生一定的身体变化,这是一个自然的过程,因此句子没有歧义,如"这书搬得我气喘吁吁"。

对于B类句子,N2可以指物,也可以指人。如果N2指物,它当然不会是动作的发出者,因此句子没有歧义,如"这个菜做得锅都糊了";而当N2指人时,V多为外向型动词。也就是说,执行V所描述的动作的施事并没有出现在句子中,是其他人对N2发出了某一个动作,导致N2产生了一定的情感变化。而RP表达一种因为人的情感而产生的生理变化,如"屁颠屁颠儿的"。因此这一类句子也没有歧义,如"这句话夸得我屁颠屁颠儿的"。

(18a) 这书搬得我气喘吁吁。

(18b) 这个菜做得锅都糊了。

这句话夸得我屁颠屁颠儿的。

(18c) 这首歌唱得我泪流满面。

在C类句子中,V的语义特征为[+制作 & 完成+外向],而RP的语义特征为[+心理状态变化]。蒋鲤(2006)认为,C类句子中的V兼具A和B两类句子中动词的语义特征,也可以部分解释为什么C类句子有歧义。

另外,在这三类句子中,只有C类句子的RP表达心理状态的变化,而要产生心理的变化有两种途径:一种为某人自己的行为导致;另一种为他人的行为导致。这就是为什么只有在C类句子中才有歧义出现。比如,(18c)既可以表示"我唱这首歌,我自己泪流满面",也可以表示"别人唱这首歌,我听了感动得泪流满面"。

(19a) 这段山路走得我兴高采烈。

(19b)那个报告写得我心烦意乱。

然而,我们仔细观察会发现,首先,语义特征中的生理和心理变化的界限很模糊。比如,没有足够的证据证明"高兴得要飞起来了"可以视作生理的变化,这句话更像是以隐喻的方式表示一种心理状态的变化。因此,蒋鲤将其当作B类句子中RP所独有的语义特征的说法有待商榷。另外,[+心理状态变化]这一语义特征并非为C类句子中V所独有。在(19)中,"走"和"写"是典型的A类动词。这类句子中的RP多为[+身体状况变化],但是,"兴高采烈"和"心烦意乱"都是表示[+心理状态变化]的RP词组。根据蒋鲤的分类,它们只能为C类句子所有。但是,(19)中的句子并没有因为语义特征的变化而不可以接受。这表明[+心理状态变化]并不是解释歧义的有效依据,还是应该诉诸其他方面来寻找原因。

6.2.2.2 语义关系分析

如前所述,语义指向是"N1+V+得+N2+RP"句式后期研究的重点,也的确有助于认清句子中各个成分之间的深层语义关系。语义指向问题主要围绕 N1 和 N2 的关系，V 与 N1、N2 的关系以及 RP 与 N1、N2 和 V 的关系展开。

第一，N1 和 N2 的关系。

N1 和 N2 有四种关系，即 N1 是动词 V 的施事，N2 为受事；N1 是动词 V 的受事，而 N2 是施事；N1 是动词 V 的施事，而 N2 也是 VP 的施事；N1 和 N2 之间存在着领属关系。由于前三种关系都与动词 V 有关，因此 N1 和 N2 的关系主要集中于二者之间的领属关系（范晓，1992；李晓华，2007；刘阳、董哲，2012），其中李亚丽（2006）发现 N1 与 N2 之间还有同一关系，如例句（20c）：

（20a）他哭得眼睛都红了。

（20b）姐姐哭得嗓子都哑了。

（20c）他的心像胀大似的扑扑地跳得他全身发热气。

（20a）中的“他”和“眼睛”、（20b）中的“姐姐”和“嗓子”以及（20c）中的“他的心”和“他”之间存在着领属关系，N1 领属 N2，N2 是 N1 的一部分。

第二，V 与 N1、N2 的关系。

V 与 N1、N2 经常是一个事件中的参与者，N1 和 N2 之间存在着施—受或受—施关系。但是，有时候 N1 只与 V 发生联系，而与 N2 没有关系。因此，相对于 V 来说，N1 可能是施事、受事、感事、致事、处所、工具等，而 N2 可能与 V 不直接相关，但也可能是 V 的受事、施事、感事、工具等。以（21）为例：

（21a）他打得孩子到处乱跑。（N1—V 施事，N2—V 受事）

（21b）这对夫妻闹得四邻不得安宁。（N1—V 施事，N2 与 V、N1 无直接关系）

（21c）玉米吃得她越来越胖了。（N1—V 受事，N2—V 施事）

（21d）树根这么硬，竟会劈得柴刀都缺了口。（N1—V 受事，N2—V 工具）

（21e）他激动得满脸通红。（N1—V 感事，N2—V 没有直接关系）

(21f) 每天上班累得我腰酸背痛。 (N1—V 致事,N2—V 感事)

(21g)木椅上坐得他屁股发酸。 (N1—V 处所,N2—V 施事)

(21h) 鞭子抽得他皮开肉绽。 (N1—V 工具,N2—V 受事)

第三,RP 的语义指向问题。

语义分析中最复杂的当属 RP 的语义指向问题,因为 RP 可能指向句子中的任何成分。RP 可以指向 N1(郭姝慧,2004;李敏,1999;沈月明,2006;肖溪强、张亚军,1990);也可以指向 V,作补语(范晓,1992;华景年,1959;宋宣,1996;宋玉柱,1979;赵家新,2004)。其中关于 RP 指向 N1 和 V 的问题,大家的观点比较一致,例句也多有重合。但是对于 RP 指向 N2 的研究中,分析颇多,而且各家所采用的标准不同,分析的精细度也不同,因此出现了很多不同的结论。具体来说,RP 可以分别指向 N1 和 V,即下文①～②;关于 RP 指向 N2 的研究体现出了很大的差异,可以大致分为五类,即下文③～⑦。

①RP 可以指向 V,如:

(22a) 早就恨得小芹了不得。

(22b) 敌人追得咱们更紧了。

②RP 也可以指向 N1,如:

(23a) 妈,我等得你好心焦啊。

(23b) 大家等得他都不耐烦了。

③N2 承担 V 的受事和 RP 的施事双重语义角色,如:

(24a) 他打得孩子到处乱跑。

(24b) 黄世仁逼得喜儿逃进了深山。

④N1 与 N2 之间有领属关系,如:

(25a) 他哭得眼睛都红了。

(25b) 姐姐哭得嗓子都哑了。

⑤V与N2之间没有直接的关系,N2只是间接受到V的影响,如:

(26a) 孩子们吵得爷爷睡不着觉。

(26b) 有时她还整夜整夜地哭,哭得长富也忍不住生气。

⑥N1一般不存在,但是前文有致事时用逗号隔开,如:

(27a) 每天上班累得我腰酸背痛。

(27b) 站了一天的队,站得我真是头晕眼花。

⑦N1具有[－HUMAN]的语义特征,在这一类句子中,N1的语义角色最为复杂,有受事、施事、致事、处所、工具等,如:

(28a) 树根这么硬,竟会劈得柴刀都缺了口。 (受事)

(28b) 雨点子迎面扑来,浇得他打了个寒噤。 (施事)

(28c) 学费愁得我睡不好觉。 (致事)

(28d) 木椅上坐得他屁股发酸。 (处所)

(28e) 一排枪打得他翻滚着跌进湍急的怒江中。 (工具)

上述语义关系的描写和语义指向的分析表明,各家对这类句子有着不同的分类标准。可以采取粗线条的方法,粗略地根据RP的语义指向分为三类,即RP指向N1、V或N2;可以根据N1和N2之间存在领属关系与否将句式分为两类;也可以根据N1是否为指人名词将句子分为两类;或者可以更精细地描述不同的语义角色,根据N1的角色不同将其分为施事、受事、工具、处所等各类。

分类标准的不同,描述角度的不同,使得各个研究中的句子或互相重叠,或有所遗漏。比如，宋宣（1996）仅仅描述了①③⑥⑦，其中⑦还包括两种不同的句子；李敏（1999）描述了①②③⑦，另有一类无主句；孙银新（2005）分析了②③④⑦；陶瑞仁（2006）则讨论了③④⑥⑦；沈月明（2007）分析了①②③④⑤⑦；刘阳、董哲（2012）探讨了③④⑤⑦；郭姝慧（2004）则区分了四大类九小类句子，包括①②③④⑤⑦（见表6-3）。由此可见，上述研究没有一项能够包括所有的句子类型。

表6-3 句子类型和第⑦小类区分

| | 宋宣（1996） | 李敏（1999） | 孙银新（2005） | 陶瑞仁（2006） | 沈月明（2007） | 刘阳、董哲（2012） | 郭姝慧（2004） |
|---|---|---|---|---|---|---|---|
| 句子类型 | ①③⑥⑦ | ①②③⑦ | ②③④⑦ | ③④⑥⑦ | ①②③④⑤⑦ | ③④⑤⑦ | ①②③④⑤⑦ |
| ⑦的小类 | 物、事件 | 施事、受事、处所 | 施事、受事、处所 | 受事 | 致事、受事 | 受事 | 施事、受事、致事、场所、工具 |

同时，由于对语义描述的精细度不同，不同的研究也对⑦有了不同的内部分类。例如：宋宣（1996）认为第⑦小类N1可以是物，也可以是事件；李敏（1999）和孙银新（2005）都认为N1可以表示施事、受事和处所；而陶瑞仁（2006）则在N1中只包括了受事；沈月明（2007）认为N1可以是致事或受事，角色的不同还会带来N2的不同；刘阳和董哲（2012）认为N1为受事，但是在第③类中的N又包括了具有[－HUMAN]语义特征的名词；郭姝慧（2004）则让⑦中的N1包含更多的语义角色，如施事、受事、致事、场所等，但是在N1为施事时未区分人和物，也未区分致事和施事。因此，对N1讨论的细节不同，导致其所包含的具体小类也不相同。这就需要未来的研究统一标准，从而更一致地描述此类句子。

### 6.2.3 歧义问题

如前文6.1所述，体现“N1＋V＋得＋N2＋RP”结构的句子有的会有歧义。歧义的产生与N1、N2、V和RP的相关属性和语义特征有关。郭姝慧（2004）认为，N2的语义多重性是导致歧义的主要因素。RP可能会指向N1或N2，但是无论指向哪一个名词性成分，V与N1、N2间的关系都不容易确定，从而带来歧义。

N1 和 N2 是产生歧义的重要因素。蔡永强(2004)发现 N1 与 N2 为有生名词，并且可以处于前景和背景的对比之中，这一事实也是歧义的一个原因。但是，孙书杰(2010)的研究证明，不是所有的有生名词都会带来歧义，有生名词还需享有同等的生命度才会造成理解的不确定性。沈月明(2006)也认为 N1 与 N2 之间的关系有着多种理解的可能，尤其是 N2 可以成为 V 的施事、受事或非直接论元时，其都会给句子带来不同的理解。

动词 V 也会对歧义产生重要影响。比如，表示“追赶、击打、盼望、等待、爱恨”的动词比较容易产生歧义(肖溪强、张亚军，1990)。动词 V 自身的多义性会导致句子的多义(郭姝慧，2004)。在“孩子一天到晚叫得人心烦”中，“叫”可以理解为“招呼、呼喊”，从而理解为“孩子一天到晚喊妈妈，让人心烦”；同时，“叫”也可以理解为“发音器官发出的某种声音”，从而理解为“孩子一天到晚喊叫，让人心烦”。

蔡永强(2004)发现，上述动词之所以会产生歧义，主要是因为 V 的双效性导致了认知理解上的双向路径，从而带来不同的解读。在“这孩子追得我直喘气”中，动词“追”既可以导致“我喘气”，也可以使“孩子喘气”。

RP 是歧义来源的关键因素，因为歧义的产生主要是因为 RP 具有多种语义指向，即 N1、N2 和 V。郭姝慧(2004)注意到，RP 自身的语义特征会导致不同的理解。在“我打得他嗷嗷直叫”中，“嗷嗷直叫”只能描述被打者，而不可能指向打人者。针对同样的问题，蔡永强(2004)从认知的角度指出，前后致使因果的顺向和逆向亦可带来理解的不同。例如，“张三打得老虎四处乱跑”是顺向的因果关系，只能有一种理解，而“老虎追得猎人直喘气”却可以有三种不同的因果关系。

厘清歧义的方法大致有三种。一种是诉诸句式变换，如“把”字句、“被”字句、重动句，将 N2 提前到 V 前，将“V 得”提前到句首等(李淑婷，2006；沈月明，2006；宋宣，1996；宋玉柱，1979)。蔡永强(2004)认为，重动句和“把”字句可以分析这一句式中的歧义。然而，在(29b)和(29c)中，使用重动句和“把”字句对(29a)进行变换以后，歧义仍然存在。因此，重动句和“把”字句并不总是能够有效地消除歧义。

同时,“把”字句的一个重要特点是有“提宾”功能,因此很多研究利用“把”字句来验证“得”后 N2 是否为宾语。然而,事实上,尽管“把”字句能够“提宾”,却不是所有能够用“把”析出的都是宾语,如在(29d)中,“我”不是“急”的宾语。该句的意思只能是“我担心这孩子,所以吃不下饭”。

(29a)这孩子追得我直喘气。

(29b)这孩子追我追得直喘气。(重动句)

这孩子追我,我直喘气。

这孩子追我,孩子直喘气。

(29c)这孩子把我追得直喘气。(“把”字句)

这孩子追我,我直喘气。

我追这孩子,我直喘气。

(29d)这孩子把我急得吃不下饭。(自拟)

另外,还可以依赖语音停顿和语气词的插入来判断不同的句式(李淑婷,2006;肖溪强、张亚军,1990),但是,语音停顿和语气词的插入经常用来分析“N1+V+得+N2+RP”的内部句法结构,即“N2+RP”到底是主谓结构作补语还是述补结构内部带宾语(朱德熙,1982),从而决定这一句式是否为兼语句(宋玉柱,1979)。

解决歧义的最有效办法是根据语境分析句子的句法结构,辨别 RP 的语义指向(李敏,1999;李一平,1988;肖溪强、张亚军,1990)。肖溪强、张亚军(1990:147)利用不同的人称变换来分析这一句式,指出“对该句式的分析不能够离开语气、语境、语言习惯等因素”,同时,“位置的先后不一定对句子起决定作用”。然而,此类方法更多地依赖母语者的语感,缺乏有效机制,而且语境厘清歧义的动因和过程也未得到详细描述和研究。

综上所述,早期对“N1+V+得+N2+RP”句式的讨论集中于主谓结构作补语(如“她哭得眼睛都红了”)和述补结构带补语(如“他打得孩子到处乱跑”)两类句子。然而,进一步的研究发现,至少还有五种句子体现此类结构。由于各家所采取的研究角度不同,对句子类型的总结所得到的数量也不相同。同时，由于分析的精细度不同，对句子内部结构的差异描述也有所不同。数量的不等带来了定性的难度，所以尽管对句子“她哭得眼睛都红了”有比较一致的认识，但对于句子“他打得孩子到处乱跑”的分析却是言人人殊。

同时，因为有更多的句子进入研究视野，对句子定性的问题就越发复杂，所以目前关于此类句子的认识基本上没有比较一致的观点。集中于某一种相关下位句式的研究（如主事居后的句子），虽然可以揭示这类句子的某些特点，却难以呈现所有此类句式的全貌，并且不能客观地描述这个下位句子在整个构式体系中的作用和地位。

目前，对于“得”的性质仍然没有共识，因此很难说它是助词还是动词词缀。N2 到底是谁的宾语仍有争论，或者 N2 是宾语的陈述本身就值得商榷。RP 的指向多重性为句子的分析带来更多的难度，而利用语义指向消除歧义的做法只能依赖母语者的语感，没有客观而有效的机制；诉诸语境的方法尽管奏效，但其内部机理和过程却一带而过，没有详细和深入的分析。

最重要的是，所有目前的研究都致力于描述和分析歧义，或者更进一步说是在讨论消除歧义的方法。没有任何一项研究尝试解释为什么同一个句式、不同的词汇形式，却有着不同的歧义数量。同时，也没有研究尝试着解释为什么内部关系如此复杂，解读方式如此不同的内容竟然可以使用同一种句式进行表达？或者说，这一个句式何以能够表达如此多样的信息？这些信息内部的共同点到底在哪里？

本书试图从情境编码假设的角度分析这一个句式。首先，本书认为该句式是一个构式，但仅仅将其视为构式并不足以解除所有的困惑。因此，本书从事件呈现的视角探究这一句式所表达的语义内容的共同点，并尝试描述这一构式的整体图景。其次，本书利用“句法慵懒机制”与“现代汉语的情境性”假设以及信息交流中的“语义定位”假设来解释为什么不同的语义内容可以通过同一种句法形式进行呈现。

## 6.3 “N1＋V＋得＋N2＋RP”的致使性

针对6.2.2.2中所总结出的“N1＋V＋得＋N2＋RP”的具体例子，本部分将从致使性的角度探讨其各自的特征及其相互关系。

Dowty(1979)认为致使关系描述了两个事件，一个是致因事件(causing event)，一个是结果性事件(caused result)。邵春燕(2013a, 2013b)在Talmy(2001)的致使事件框架(causation event-frame)和Croft (1990)的事体结构之理想化认知型(event structure idealized cognitive model)的基础上提出了致使事件中的五个基本元素：致事(causeer)、致使力(causing force)、致使力的作用方式、役事(causee)的改变方式、役事受影响的结果。致使事件可以进一步描述为(30)：致事发出一个动作，这一动作可能指向某个具体的受事，也可能没有明确的受事；但是，致事的这一动作所带来的影响会作用于役事，从而使役事呈现出某种结果。

(30)行为(致事→受事)$\xrightarrow{\text{致使力}}$变化(役事→结果)

在致使事件中，致使力是关键因素，它决定了到底是结果事件还是致使事件。如(31a)就只是一个结果事件，而不是致使事件，(31b)才是真正的致使事件。“致使关系实质上是因果关系的一个下位类型，具体指因果关系中致使事件对被使事件有具体作用力的情境。”(郭姝慧，2004：67)

(31a) 他气得直打哆嗦。
(31b) 这件事气得他直打哆嗦。

因此，致使力是我们判断致使句的核心标准。下文将从RP的语义指向入手，首先区分RP指向N1、V或N2的句子，而后从致使性的角度讨论体现“N1＋V＋得＋N2＋RP”句式的具体例子。

### 6.3.1 RP指向V的句子

在RP指向V的句子中，RP所表达的内容在语义上指向动词V，如(32)

所示。承担RP部分的成分如"了不得""更紧了""更响了""老远的""最猛烈""不轻""不善"都能够受"很"的修饰,但不能同时带宾语(马真、陆俭明,1997),是典型的形容词,主要用以描述动作的情状或程度(李敏,1999)。

(32a) 金旺老婆……早就恨得小芹了不得。
金旺老婆……早就恨小芹恨得了不得。

(32b) 敌人追得咱们更紧了。
敌人追咱们追得更紧了。

(32c) 大家摔得牌更响了。
大家摔牌摔得更响了。

(32d) 那些都离得她老远的,叫她摸不清楚。
那些都离她离得老远的,叫她摸不清楚

(32e) 在会上数他发言次数最多,攻得我也最猛烈。
在会上数他发言次数最多,攻我攻得也最猛烈。

(32f) 你(公公)害得人家不轻。
你(公公)害人家害得不轻。

(32g) 这两个人打得我不善。
这两个人打我打得不善。

这类句子类似于王力(1958)的递系式"得"字句(如"周子看得这理熟"),只不过在"得"和AP之间多了一个名词性成分N2。岳俊发(1984)、石毓智和李讷(2001)研究发现,此类句子在宋代时被广泛应用,元明时期也有使用,但是在清代就比较少见,现代汉语中就更加稀少。因此,现代汉语尽量避免此类表述,而转用重动句和"把"字句进行表达(李临定,1963;王力,1958)。同时,在现代汉语中即使有此类表达,也有较强的方言特征(郭姝慧,2004)。

郭姝慧(2004)认为,此类句子也是包括致因事件和结果事件,是一个致使事件。理由是,在一个致使事件中,不仅参与者会达到一定的结果,被使事件中的动作行为也可以达到某种结果,所以人们也可以对被使事件中的动作行为或状态自身作出评价。因此,"害得不轻"也是被使事件之一,是对"害"这一动作行为状态的评价。动作行为也可以充当役事,但是由于活动本身在认知上不够显著,所以由 N2 通过转指来表示动作行为,充当“伪役事”。

但是,本书认为,此说未免牵强。首先,役事是在致使性框架下动作行为的对象,如果在这一个句子中,动作行为也可以是役事,那么它是谁的对象呢?动作行为当然可以作为叙述或评价的对象,但这涉及说话人的主观性,而与致使性没有关系。其次,动作行为充当役事没有先例可循。动作行为如果做役事,很多时候都已经名词化了,例如“我讨厌你的评论”中“评论”是名词化了的动作行为。而在此例句中,“害得不轻”中的“害”仍然是动词性成分。

本书认为,此类句子是对动作行为的整体进行评述,而不是针对动作的具体对象或者动作的主体。也就是说,RP 在逻辑上可能包含了各个被使事件,但是在语言上描述的是 V 所表示的动作行为的幅度或程度,是对动作行为的总体性判断,而不是强调动作对事件中的参与者的任何具体影响(见表 6-4)。

表 6-4　RP 指向 V 的总体评价

| “得”字致使句 | 你公公害得人家不轻 | (敌人)追得咱们紧了 |
|---|---|---|
| 致使事件 | 你公公害人家 | 敌人追咱们 |
| 被使事件 1 | 人家家破人亡 | 咱们气喘吁吁 |
| 被使事件 2 | 人家东躲西藏 | 咱们疲惫不堪 |
| …… | …… | …… |
| 影响的总体评价 | 害得不轻 | 追得紧了 |

注:引自郭姝慧的论文(2004),本书略作修正。

关于论断“你公公害人家”可能包含很多结果,“害”的动作可能会对“人家”产生很多具体的影响,如“人家家破人亡”“人家东躲西藏”等。但是在这个句子中,说话者所要呈现的不是动作行为的某一个具体的影响,而是对所有影响的一个总体评价和判断,即“害得不轻”。“害”与“不轻”之间不存在因果关系,只是程度上的描述。因此,上述句子中的 V 和 RP 之间没有因果关系,在 V 所表示的动作和 RP 所表达的内容之间没有致使力的存在,RP 不是由于“V”的动作才导致的结果。也就是说,RP 不是描述 V 的动作所达成的状态或结果。如(33)中的句子都不可接受。

(33a) *因为金旺老婆……恨小芹所以才恨得了不得。

(33b) *因为敌人追咱们所以才追得更紧了。

(33c) *因为大家摔牌所以才摔得更响了。

致使关系的另一个核心特征就是时序性，即致因事件总是在时间上先于结果性事件(Hasegawa，1996；Lascarides & Asher，1993；Lemmens，1998；Pustejovsky，1991)。然而，在(32)中，RP 成分描述的是动作进行时的状态，V 与 RP 之间没有时间上的先后顺序。因此，此类句子不表达致使关系。如前所述，此类句子是古代汉语的遗留，在现代汉语中多为“把”字句或重动句所代替，即使有时出现，也带有比较明显的方言特征。因此，下文的讨论将不再涉及此类句子。

6.3.2 RP 指向 N1 的句子

在这一类事件中，致因事件指的是“N1＋V＋N2”，表示 N1 作为施事针对受事 N2 实施某一种动作行为 V。但是，V 的动作行为的效果没有体现于 N2，而是直接对 N1 产生了一定的影响，所以结果事件指的是“N1＋RP”，表示 N1 通过行为 V 而受到 RP 所描述的影响

(34a) 我找得你们好苦啊。

(34b) 我想得你好苦，望得你好苦。

(34c) 妈，我等得你好心焦啊。

(34d) 大家等得他都不耐烦了。

(34e) 百姓恨得他咬牙切齿。

(34f) 这一天，小徐盼得他一口饭也没吃。

(34g) 我想得你无法入睡。

这类句子中的 V 大多有“盼望、等待、思念、寻找”等表达心理活动且能够带受事宾语的单音节动词(郭姝慧，2004；李敏，1999；孙银新，2005)，RP 多为表示心理感受的词，如“好苦”“好心焦”“不耐烦”“咬牙切齿”等与 V 一致的形

容词。RP 也可以是动词性成分，如“一口饭也没吃”“无法入睡”。此类句子不能自由地进行句式转换，不能转换为“被”字句或“把”字句（丁恒顺，1989；李敏，1999；孙银新，2005；张璐，2003），而只能转换为重动句。

但是，郭姝慧（2004）认为，其实此类句子并非不可以转换为“把”字句，只不过转换的方式不同于其他句式。对于一般的“N1＋V＋得＋N2＋RP”类句子，在进行“把”字句转换时需要将 N1 置于“把”字之前，而 N2 则位于“把”字之后，如（35）所示：

(35a) 他打得孩子到处乱跑。

(35b) 他把孩子打得到处乱跑。

对于 RP 指向 N1 的句子来说，转换为“把”字句时需要将 N2 置于“把”字之前，而把 N1 置于“把”字之后，如（36）所示：

(36a) 你们把我找得好苦啊。

(36b) 你把我想得好苦，望得好苦。

(36c) 妈，你把我等得好心焦啊。

(36d) 他把大家等得都不耐烦了。

(36e) 他把百姓恨得咬牙切齿。

(36f) 这一天，他把小徐盼得一口饭也没吃。

(36g) 你把我想得无法入睡。

郭姝慧（2004）发现，虽然（36）中的“把”字句大部分可接受程度比较低，但是如果这些“把”字句中句首的 N[原来句子（34）中的 N2]不出现，句子的可接受程度就会大大提高。她通过对比认为，句子前面 N1 的不确定性决定了其可接受程度。如果省略“把”字之前的名词，而代以对事件的陈述，就完全可以接受了。

(34a) 我找得你们好苦啊。

你们久无音讯,居无定所,把我找得好苦啊。

(34b) 我想得你好苦,望得你好苦。

你身处异乡,无亲无故,不知何时回来,把我想得好苦,望得好苦。

(34d) 大家等得他都不耐烦了。

他磨磨蹭蹭的,把大家等得都不耐烦了。

(34e) 百姓们恨得他咬牙切齿。

他整日不勤于朝政,沉溺于声色犬马,把百姓恨得咬牙切齿。

然而,上述讨论只是描述了“把”字句转换的不同,并没有解释其原因。针对此类句子仍有两个问题:第一,为什么此类句子转换成“把”字句的方式与其他句子不同?换言之,为什么此类句子不能按照传统的“把”字句转换方式进行转化?第二,郭姝慧(2004)指出,此类句子中N1与N2交换位置后对其意义未产生影响,原因是什么?是否任何此类句子中的N1与N2互换位置后都不会影响句子意义?

回答第一个问题,首先要考虑“把”字句的基本功能。“把”字句的一个基本功能就是表示处置,即主语对宾语进行一定的处置。对比(37)中的句子,(37a)是典型的“N1+V+得+N2+RP”,表示“他打孩子,所以孩子到处乱跑”。转换为“把”字句时,N1“他”仍然处于“把”字之前句首主语和施事的位置,而宾语和受事“孩子”处于“把”字之后的位置。“把”字句的另一个重要功能就是“提宾”,因此一般位于“把”字之后的名词性成分在原句中承担宾语的语义角色。这也进一步证实(37a)中的“他”是施事和主语,而“孩子”是受事和宾语。

(37a) 他打得孩子到处乱跑。

他把孩子打得到处乱跑。

(37b) 妈,我等得你好心焦啊。

*妈,我把你等得好心焦啊。

(37c) 妈,我等得你好心焦啊。

妈,你把我等得好心焦啊。

(37b)所表达的意思应当是“我等妈妈，我心焦”，而在进行“把”字句转化时，如果按照(37a)的传统的“把”字句转换方式，就得到新的句子“妈，我把你等得好心焦啊”。根据（37a)的理解思路和“把”字句的意义，这句话的字面意思是“我等你，你心焦”(我等妈妈，妈妈心焦)，改变了原来的意义，因此是不可以接受的转化。

那么，如何才能正确地表达原句的意义，并且可以转化成“把”字句呢？既然“把”字句有“提宾”的作用，并且表示主语对宾语的一种处置，那么就将原句中具有施事功能的成分转化为主语置于“把”字之前，而将具有受事功能的成分转换为宾语置于“把”字之后，所以(37c)就是一个可以接受的“把”字句。因此，此类句子采用了不同于传统的“把”字句转换方式，是因为传统的“把”字句转换方法改变了原句的意思，而只有(37c)这样的转换才能保持原句的意思不变。

另外，这也从另一个侧面说明，此类句子中的 N2“你”具有致事功能，而 N1“我”具有役事功能，是受影响的语义成分。也就是说，是对 N2“你”的等待导致了 N1“我”的心焦。

在第二个问题中，郭姝慧(2004)认为，此类句子的 N1 与 N2 交换位置后对句子意义未产生影响。然而，肖溪强、张亚军(1990)的研究却发现，此类句子的意义受名词人称和疑问语气的影响，如表 6-5 所示。

表 6-5　人称和语气带来的差异

| N1、N2 的人称 | 陈述句 | 疑问句 | N1、N2 的人称 |
| --- | --- | --- | --- |
| 一、二（施事第一人称） | (38a) 我找得你好苦啊。 | (39a) 我找得你好苦吧？ | 一、二（施事第二人称） |
| | (38b) 你找得我好苦啊。 | (39b) 你找得我好苦吧？ | |
| 一、三（有歧义） | (40a) 我找得他好苦啊。 | (41a) 我找得他好苦吧？ | 一、三（施事为第三人称） |
| | (40b) 他找得我好苦啊。 | (41b) 他找得我好苦吧？ | |
| 二、三（有歧义） | (42a) 你找得他好苦啊。 | (43a)你找得他好苦吧？ | 二、三（有歧义） |
| | (42b) 他找得你好苦啊。 | (43b)他找得你好苦吧？ | |

(34)中所有的句子中都有一个人称代词。人称代词有回指的功能，表示句子中的已知信息。因此，已知信息不再是句子的焦点，句子的焦点在于句中的其他成分。这就决定了以人称代词出现的参与者不是句子表达的核心内

容,因此句子中的RP不指向人称代词。

对于N1、N2都是人称代词的句子,说话者的视角就会对句子的理解产生关键影响(Fillmore, 1977c)。换言之,此类句子中的名词性成分是第一人称、第二人称还是第三人称,以及句子是否是疑问句,对句子的理解产生重要影响。如表6-5显示,(38)中的名词性成分为第一和第二人称,但是两个句子是同义的,都表示"我找你,我好苦";而(39)中的名词性成分保持不变,而是将陈述句换为疑问句,虽然两个句子还是同义的,但是句子的意思发生了改变,表示"你找我,你好苦"。

在(40)中,N1和N2为第一和第三人称,句子是有歧义的,既可以表示"我找他,我好苦",也可以表示"他找我,他好苦";然而在(41)中,句子变为疑问句以后就变成了单义的,两个句子意思相同,都表示"他找我,他好苦"。

在(42)和(43)中,N1和N2为第二和第三人称,无论句子是陈述还是疑问句都有歧义,既可以表示"你找他,你好苦",也可以表示"他找你,他好苦"。这一观察是符合事实的,也证明N1和N2在互换位置后是否会产生意义上的不同,与人称和疑问有相当大的关联。然而,遗憾的是,肖溪强、张亚军(1990)并没有解释为什么人称和疑问会对句子产生这样的影响。郭姝慧(2004)虽然注意到了这一问题,但是没有进行系统的解释。

首先,如前所述,这类句子中的RP多是表达心理感受的词汇,而心理感受只能由感受者自己体会,他人没有办法体会到感事自己经历的心理状态。如果N1、N2两个参与者中有一个是第一人称(第一人称表示说话人指向自己),句子就是从说话人的视角发出的。当说话人自指时,所表达的心理感受一定是说话人自己的感受,因为说话人很难感受他人的感受,同样,他人也无法感受说话人的心理状态。所以,在有第一人称存在的句子中,第一人称的名词性成分是动作的施事(肖溪强、张亚军认为,当N1和N2中任何一个名词为第三人称时,句子是有歧义的。本书反对这一结论,认为此时的句子没有歧义,动作的发出者为第一人称名词)。因为当句子是表达一种主观感受时,如果第一人称是自指的成分,只能指向说话人自己。说话者本人所评述的只能是自身的感受。所以,在(38)中,无论N1和N2的位置如何,句子只能表达说话人"我"的感受,动作的施事只能是"我"。

在疑问句中，说话人在针对“好苦”发出疑问，想要询问“找”所达到的状态或结果。然而，“我”是说话人自指，“好苦”表达心理状态，而作为说话人不可能不了解自身所经历的心理状态变化。所以，发出疑问针对的是对方的心理感受，而不可能是说话人对自己心理状态的疑问。因此，此类句子中“找”和“好苦”的施事只能是第二人称“你”。

同样道理，对于名词性成分为第二和第三人称的句子，说话人作为旁观者，不可能获知任何一方的心理感受，所以陈述句有歧义；疑问所针对的有可能是任何一方的心理感受，所以疑问句同样有歧义。如果用专有名词代替人称代词，句子中的歧义就更加明确，如(44)。因此，之所以认为此类句子中的RP 指向 N1，在很大程度上是因为句子中的人称有明确的指向，而如果改变人称，句子就会变成歧义句，RP 的语义指向就变得模棱两可。

(44a) 老李找得小王好苦啊。(自拟)
老李找小王，老李好苦。
小王找老李，小王好苦。

(44b) 大明星等得记者都不耐烦了。(自拟)
大明星等记者，大明星不耐烦。
记者等大明星，记者不耐烦。

综上所述，RP 指向 N1 的句子首先表达了一种致使关系的存在。句子的转换表明：只有将 N2 置于“把”字之前句首主语的位置，而将 N1 置于“把”字之后宾语的位置，才有可能进行“把”字句转换。N2 实际上是施事的角色，表达导致 RP 的原因，即 N1 因为针对 N2 的动作 V 而产生 RP 的心理状态的变化。

其次，此类句子存有歧义，影响歧义的因素关键在于话语发出者的视角和主体性。如果说话人是自指，则句子没有歧义，N1 和 N2 互换位置对句子不会产生影响；而如果说话人是描述他人的感受，则句子会产生歧义，RP 既有可能指向 N1，也有可能指向 N2。此类句子之所以特殊，是因为句子中的两个名词性成分 N1、N2 中至少有一个是人称代词。

### 6.3.3 RP 指向 N2 的句子

RP 指向 N2 的句子比较复杂,内部的语义关系多样。比如,N2 可能拥有双重语义身份,N1 与 N2 之间可能有领属关系,N1 与 N2 之间可能只有间接的语义关系,N1 有可能在句中不出现,N1 有可能具有[-HUMAN]的语义特征等。

#### 6.3.3.1 名词性成分 N2 具有双重语义角色

在这类句子中,N1 是动词 V 的施事;N2 既是动词 V 的受事宾语,又是 RP 的施事主语,具有双重语义身份。同时,N1 可以指人,也可以指物。动词 V 为可以带宾语的及物动词,有的只能与有生物连用,有的则常常表示无生物。RP 只与 N2 发生语义上的联系。句子可以分解为"N1+V+N2"和"N2+RP"两个部分(孙银新,2005),可以转换为"把"字句和"被"字句,语音停顿在 N2 与 RP 之间。

(45a) 他打得孩子到处乱跑。

(45b) 你逼得爹没有一点路可走了。

(45c) 那个壮汉踩得楼梯吱吱响。

(45d) 他们摇得小船飞快。

(45e) 现在已经是正晌午了,太阳晒得人老是擦汗。

(45f) 他的信惹得叔叔恼怒了。

(45g) 庄木三的烟早已吸到底,火逼得斗里的烟油吱吱地叫了,还吸着。

(45h) 阳光照得房间通亮。

此类是"N1+V+得+N2+RP"句式中受到争论比较早的句子(如前文中表 6-2 所示),关于此句的定性,各家观点不一。具体来说,有的学者将其当作"主谓结构作补语"(丁声树,1961;华景年,1959;齐荣,1954;谭永祥,1957;王灿龙,2000;王还,1979;徐枢,1985),而陈一士(1957)则认为这是复杂谓语,汪惠迪(1958)主张将其视为一种特殊的句法格式"主—谓—(得)—宾—补",李临定(1963)等认为是动补内部带宾语(丁恒顺,1989;缪锦安,1990;孙玄常,

1957)，而朱德熙(1982)则视其为述补结构内部带宾语，宋玉柱(1979)、张宝敏(1982)和孙银新(1998,2005)都将其看作兼语句。

孙银新(2005)通过类比的关系推断此类句子为兼语句。他认为，与兼语句一样，(45)中的句子都可以与“把”字句进行转换，二者的动词的语义特征一致，都表示“使令”义，语音停顿也都在N2之后。同时，二者的否定形式相同，问话形式也一致，因此，(45)中的句子应当被视为兼语句。

李晓华(2007)却反对兼语句的说法，认为既然“得”字句所表达的是一种关于动作行为的已然状态，就没有必要再对已然的事实进行否定，因此这种仅根据否定形式就将此类句子定性为兼语句的论断不能够成立。

本书同意李晓华(2007)的判断，但仅仅对否定形式的质疑并不能否定关于兼语句的论断，还有其他的证据表明这一句子并非兼语句。首先，一般来说，对兼语句否定的方式是在使令动词之前插入否定词。但是，这并不能说明任何将否定词插入第一个动词之前的句子都是兼语句。如(46a)是兼语句，所以否定词“没”加在主动词“选”之前；而在(46b)中，否定词“没”也是插入主动词“希望”之前，但是(46b)并不是一个兼语句。所以，否定形式是兼语句的必要但不充分条件。也就是说，兼语句可以采取这样的方式进行否定，但不是所有这样否定的都是兼语句。

(46a) 我们选他做代表。

我们没选他做代表。（否定句）

(46b) 我希望他考试失败。

我没希望他考试失败。（否定句）

孙银新(2005)指出，判断(45)为兼语句的另一个标准就是问话形式。如在(47)中对两种句子的N2提问，采用同样的“N1＋V＋得＋疑问代词＋RP”的形式；而对RP提问，也采取同样的方式插入疑问词“N1＋V＋得＋N2＋疑问词语部分”。二者的变换形式一样，因此，此类句子都是兼语句。

(47a) 主任派小李到铸造车间工作。(兼语句)

主任派谁到铸造车间工作?(对 N2 提问)

主任派小李到铸造车间做什么?(对 RP 提问)

(47b) 他打得孩子到处乱跑。

他打得谁到处乱跑?(对 N2 提问)

他打得孩子怎么样?(对 RP 提问)

本书认为,从宏观的角度来说,二者的变化形式是相同的。但是,孙银新(2005)只是注意到二者在提问形式上句法转换的一致。更确切地说,他注意到二者在提问时都在相同的位置插入疑问词,却忽略了插入疑问词的不同。在针对 N2 提问时,因为提问的对象都是一个名词性成分,所以二者都使用疑问代词"谁",这也不足为奇。然而,在对 RP 进行提问时,二者所使用的疑问词完全不同,正是这一点的不同揭示了二者的本质区别。

在兼语句(47a)中对 RP 提问使用疑问词"干什么,做什么"等,这表明兼语句中 RP 所表示的是"所要达到的目的"。也就是说,N1 向 N2 发出动作 V 带有一定的目的性,其目的是要使 N2 执行 RP。

在(47b)中,对 RP 进行提问时使用的疑问词是"怎么样,怎么啦",这表明在此类句子中 RP 所表达的是一种结果或状态。也就是说,N1 对 N2 发出动作 V 时没有明确的目的,即要使 N2 达到 RP 的效果。二者的意义完全不同。

兼语句定义中的一个重要部分就是兼语的谓语(即第二个动词),它表示前面动作 V 所要达到的目的或产生的结果。换言之,兼语句中 RP 更多地表示一种未然的状态。更精确地说,说话者不关注兼语句中的 RP 是否已经完成,兼语句中的 RP 是一个没有时态的句子成分。若翻译成英文,我们会使用不定式的形式来表达汉语兼语中的 RP 部分。与此相反,本书所讨论的句子中的 RP 却表示动作行为的已然和既成事实,在翻译成英文时,更倾向于将 RP 译为一个独立的句子。因此,此类句子与兼语句大相径庭。

同时,语言形式的目的是传达意义。如果意义上有本质的区别,没有任何必要在形式上把两种句子当作一种来处理。否则,只能是混淆了两个句子之间的根本区分,模糊了我们关于两个句子的认识。所以,本书认为,此类"N1

＋V＋得＋N2＋RP”句子不是兼语句，而当另定他性。

6.3.3.2　N1 与 N2 具有领属关系

对于 N1 与 N2 有领属关系的句子，大家一致认为是主谓结构作补语（如表 6-2 所示）。该类句子中的 V 多表达身体器官的动作，或是感受类及与人的生理和心理现象相关的动作（郭姝慧，2004；沈月明，2006）。名词性成分 N1 与 N2 之间存在着领属关系，N2 是 N1 的一部分。N2 与动词 V 没有直接的语义联系，不是 V 的施事，亦非其受事。此类句子可以理解为“N1＋V”作为一个整体与“N2＋RP”进行关联（孙银新，2005），即 N1 发出了动作 V，从而导致 N2 表现出 RP 所描述的状态。

(48a) 姐姐哭得嗓子都哑了。

(48b)（宋师傅）听了这几句不冷不热的话，气得脸都红了。

(48c) 小乖啃得满脸满手是瓜汁，呜呜地说：“甜。”

(48d) 小女孩冻得浑身发抖。

(48e) 我听得耳朵都起茧子了。

(48f) 他慌得腿都软了。

朱德熙（1982）通过语音停顿、语气词插入、体词性成分前移和“把”字句的转换等表明此类句子是主谓结构作补语。但是，郭姝慧（2004）认为此类句子也可以分为两类：一类有致使义，如（49）；一类没有致使义，如（50）。虽然（49）和（50）都可以将 N1 移至“得”之后，将 N2 提到“V 得”之前，但是（50）中的句子不能转换为“把”字句，而“把”字句是辨别致使关系的核心要素。因此，（49）中的句子有致使义，而（50）中的句子没有致使义。

(49a) 他哭得眼睛都红了。

哭得他眼睛都红了。（N1 移至“得”后）

他眼睛都哭得红了。（N2 移至“V 得”前）

他把眼睛哭得都红了。（“把”字句）

把他眼睛哭得都红了。（无主语“把”字句）

(49b) 商会长说得舌头都有点僵硬了，却没有结果。

说得商会长舌头都有点僵硬了，却没有结果。(N1 移至“得”后)

商会长舌头说得都有点僵硬了，却没有结果。(N2 移至“V 得”前)

商会长把舌头说得都有点僵硬了，却没有结果。(“把”字句)

把商会长舌头说得都有点僵硬了，却没有结果。(无主语“把”字句)

(49c) 我蹲得两腿发麻。

蹲得我两腿发麻。(N1 移至“得”后)

我两腿蹲得发麻。(N2 移至“V 得”前)

我把两腿蹲得发麻。(“把”字句)

把我两腿蹲得发麻。(无主语“把”字句)

(50a) 我激动得两手微微颤抖。

激动得我两手微微颤抖。(N1 移至“得”后)

我两手激动得微微颤抖。(N2 移至“V 得”前)

* 我把两手激动得微微颤抖。(“把”字句)

把我双手激动地微微颤抖。(无主语“把”字句)

(50b) 他的话刚说完，在座的干部都拍起了手，个个兴奋得脸上泛起了红光。

……兴奋得个个脸上泛起了红光。(N1 移至“得”后)

……个个脸上兴奋得泛起了红光。(N2 移至“V 得”前)

* ……个个把脸上兴奋得泛起了红光。(“把”字句)

……把个个脸上兴奋得泛起了红光。(无主语“把”字句)

(50c) 衣服撕成了布条条儿，胳膊腿磨得血肉模糊。

衣服撕成了布条条儿，磨得胳膊腿血肉模糊。(N1 移至“得”后)

衣服撕成了布条条儿，胳膊腿上的血肉磨得模糊。(N2 移至“V 得”前)

* 衣服撕成了布条条儿，胳膊腿把血肉磨得模糊。(“把”字句)

衣服撕成了布条条儿，把胳膊腿磨得血肉模糊。(无主语“把”字句)

本书并不认可关于(50)不具备致使关系的论断。首先,关于“把”字句的转换。郭姝慧(2004)认为,(50)中的句子都不能转换为“把”字句,因此不具备致使关系。事实上,(50)中的句子也可以转换成“把”字句,只不过转换的方式有所不同。如前所述,传统的“把”字句具有“提宾”功能,所以只有当语义上真正的受事宾语被放置于“把”之后的位置时,句法转换才可以接受;而如果置于“把”后的名词性成分不是语义上的受事宾语,转换必然不可以接受。

对于(50)中的句子,如果进行“把”字句转换时不是将原句中的 N2 置于“把”之后的位置,而是将原句中的 N1 置于“把”之后,转换为无主语“把”字句,则句子就变得完全可以接受了,如(50)中的无主语“把”字句。(49)中的句子也可以做同样的转换。两类句子都可以进行“把”字句的转换,所以“把”字句不能成为区分两类句子的标准,也不能作为判断这类句子是否具有致使义的依据。

关于“把”字句的转换恰恰说明此类句子具有致使义,只不过真正具有致使义的是 N1 移向“得”之后所产生的句子。沈月明(2006)认为,(49)和(50)中的句子都是由省略了“N1+V+得+N2+RP”句式中的 N1 造成的。省略了 N1 以后,原来的 N2 成分向前移动,提升至 N1 的位置,而原句中的属事则保留在原位不动。因此,此类句子中的致事省略了,句子只是原来的句式的一部分,该部分在原来的句子中是主谓结构作补语成分。

以(51a)为例,该句有一个致事主语 N1“这个消息”,役事 N2 是“我”,RP“双手微微颤抖”是补足语成分修饰说明激动的状况。在(51b)中,致事 N1 省略,但是句子仍然保持原来的顺序不变,也同样可以成立。而(51c)则将 N2“我”提前到句首的位置,“双手”就似乎成为役事。正是因为在这个句子中“我”才是真正的役事,在进行“把”字句转换时,必须将“我”置于“把”之后,而不是“双手”。因此,“我激动得双手微微发抖”中“双手微微发抖”只是一个补语成分,描述 V 的情状或程度。单纯从这个句子本身来说,它似乎没有致使义。

(51a) 这个消息激动得我双手微微颤抖。

(51b) 激动得我双手微微颤抖。

(51c) 我激动得两手微微颤抖。

(51d) 把我激动得双手微微颤抖。

(51e) *我把双手激动得微微颤抖。

由此,N1 与 N2 具有领属关系的“N1＋V＋得＋N2＋RP”句子应当被视为省略了 N1 并且将 N2 提前到句首的句式。属事 N2 与 RP 共同作 N1 的补足语,说明 N1 在经历 V 的行为感受时的程度。

但是,是否就此认为此类句子不具备致使义呢?此类句子最特别的一点在于 N1 与 N2 之间具有领属关系。N1 是领事,N2 是属事,而 N2 多为 N1 身体的一部分,如“嗓子”“耳朵”“脸”“双手”“两腿”“舌头”等。作为身体的一部分受到影响,也就是领事自身受到影响。所以,可以将 RP 部分看作是对 N1 自身的一种影响。(52)的例句中前后两个小句之间的矛盾进一步证明“N2＋RP”所经历的变化就是 N1 所经历的。

(52a) *他哭得眼睛都红了,但是他自己没有感受到任何影响。

(52b) * 商会长说得舌头都有点僵硬了……但是他自己没有受到任何影响。

(52c) * 我蹲得两腿发麻,但是我自己没有受到任何影响。

(52d) * 我激动得两手微微颤抖,但是我自己没有受到任何影响。

(52e) * 他的话刚说完,在座的干部都拍起了手,个个兴奋得脸上泛起了红光,但是任何人都没有受到任何影响。

(52f) * 衣服撕成了布条条儿,胳膊腿磨得血肉模糊,但是(她)自己没有受到任何影响。

在英文中,要表达某一种动作行为对参与者身体的某一部分产生影响,通常应当使用反身代词-*self*,如(53):

(53) He sang himself hoarse.

他唱得自己嗓子都哑了。

*hoarse* 自身就表示“嗓子嘶哑”，但是如果要强调唱歌对施事的影响，必须要添加反身代词 *himself* 以表示 *hoarse* 指向主语“他”，“他”才是真正受影响的对象。同样，汉语中的类似句子都可以插入“自己”而丝毫不改变句子意思，如(54)：

(54a) 他哭得自己眼睛都红了。

(54b) 商会长说得自己舌头都有点僵硬了，却没有结果。

(54c) 我蹲得自己两腿发麻。

(54d) 我激动得自己两手微微颤抖。

(54e) 他的话刚说完，在座的干部都拍起了手，个个兴奋得自己脸上泛起了红光。

(54f) 衣服撕成了布条条儿，磨得自己胳膊腿血肉模糊。

在上述句子中插入自指性成分“自己”以后，大部分句子同样可以接受，而(54d)和(54e)的可接受程度略低，但是原因不在于此类句子没有致使意义，而是其中动词和名词性成分的特征。

首先，表示心理状态的动词“激动”本身就是对参与者自身感受的描述，所以此时再添加“自己”就进一步强调对说话者自身的影响。这种句式一是显得冗余，二是句子的重点就会变成对比(如：<u>我自己</u>激动得不得了，<u>她</u>却没有任何反应)。其次，“个个”作为全称量词，指代所有人，这时候强调的是每一个人的感受，而不是某个具体的人的自身感受，因此插入“自己”二字有悖于语用的效果。如果将“个个”换为单数名词，将表示心理活动的动词“兴奋”换为非心理动词“听”，插入“自己”就显得很自然，如(55)：

(55)他的话刚说完，县委书记就拍起了手，听得自己脸上泛起了红光。

对于(54f)，首先，现代汉语很难把“血肉模糊”分析为“血肉＋模糊”，因为该表达已经固化到语言中而成为一个固定的语言成分了。所以，它很少被当作一个可分离的词组，而是被视为一个普通的四字组合。正因为如此，郭姝慧(2004)在对(50c)的 N2 进行移动时，在“胳膊腿”和“血肉”之间加入了“上的”表明其归属。

其次，传统中的领属通常指的是人与身体部位的关系，且身体部位经常有相对独立的存在状态，如眼睛、鼻子、嘴巴、手等。在日常生活中，我们不会把“血肉”当作典型的身体所领属的部位。这充分说明，(50c)中的属事不是“血肉”，而是“胳膊腿”。因此，强调胳膊腿的血肉模糊，就是描述前文所述的动作行为对人的影响。因此，在这个句子中添加“自己”是非常自然的。

因此，在此类句子中，从字面上来看，“N2＋RP”是主谓结构作补语，修饰说明“N1＋V”。然而，经过深入分析后显示：RP 首先描述 N2 的变化，但是 N2 作为 N1 的一部分所发生的变化同时也是 N1 所经历的变化，所以 RP 所描述的是动作 V 对 N1 自身的影响，而不仅仅是 V 对 N2 所描述的身体部位的影响。

那么，为什么明明是对自身的影响却又没有明确标示出来呢？本书认为这与现代汉语的意境性有关系。前文提出现代汉语的“情境性特征”，具体来说，现代汉语不依赖句子外在形式上的匹配来作为获得语义关系的主要途径，句子的每一个成分所共同构造的框架为语言的理解提供了另一种注解。因此，在现代汉语中，有时候主语不必出现，但是这并不能成为读者或听话者理解句子的障碍。也就是说，句子中的每一个构成成分激活了听话人关于这些成分之间关系的语义框架，而这个框架又进一步引导听话者以适当的方式理解句子。在此类句子中，作为身体的一部分所受到的影响会激活听话者关于整个事件框架的语义关系。在这一情境中，听话人很容易并且很自然地将对身体部位的影响识解为对参与者自身的影响。即使是作为自指的成分“自己”没有出现，听话人也能通过对整个事件框架的把握而获得这一认知。因此，“自己”不必出现。

因此，基于“情境性特征”，在上下文意义明朗的情况下，现代汉语惯于省略反身代词，所以句子似乎是普通的主谓结构作补语。但事实上，此类句子仍然具有致使义，表达的是 N1 的行为导致自己产生了“N2＋RP”所描述的变化。

#### 6.3.3.3 V对N2的间接影响

此类句子最明显的特征就是动作V与N2之间没有直接的关系。RP指向N2,N2作RP的施事,但是N2与V之间的关系比较间接。也就是说,N2间接地受到来自V的影响。此类句子中的N1多为有定成分,是句子中的已知信息,因此多为人称代词,如“她”“他”“他们”,还可以是非人的物以及指示代词,如“这一球”“这突然的声响”等名词性成分。动词V多为单音节动词(孙银新,2005)。即使V为及物动词,在此类句子中受事也不可以出现,N2多为当事、涉事(沈月明,2006)。

(56a) 有时她还整夜地哭,哭得长富也忍不住生气。

(56b) 大立在柜台里哈哈大笑,笑得他手下的伙计面面相觑……

(56c) 孩子们吵得爷爷睡不着觉。

(56d) 她哭得我十分难受。

(56e) 他解释得大家都笑了。

(56f) 他们弄得房间乱七八糟。

(56g) 这对夫妻闹得四邻不安。

(56h) 这一球踢得观众连声叫好。

(56i) 这突然的声响惊得狗汪汪叫起来。

(56j) 这字写得我无法认。

这一类句子也可以简单地分为两类,一类是N1指人,一类为N1指物。当N1指人时,表示N1所发出的动作对N2造成了RP所描述的影响;而当N1指物时,一般为成事,表示N1的形成或成形导致N2产生了RP的状态或变化。

刘阳、董哲(2012)认为此类句子是致使构式的原型构式,但是没有解释其原因。本书认为,这一句子是揭示致使句本质的核心。首先,致使句是由两个微观事件构成的宏观事件(Dowty,1972;沈家煊,2004)。换言之,致使句就是利用单一的句子形式表达两个事件之间的关系。在致使句关系中,主语和宾语不再是传统意义上的施事和受事,而是致使框架下的致事(causer)和役事

(causee)。在致使关系中,核心成分不是动作的发出者和动作的对象,而是受到动作影响的参与者。因此,核心的参与者角色就包括动作的致事和受动作影响的役事,而动作的对象不必出现。以(30)的图示来看:

(30) 行为(致事→受事)$\xrightarrow{\text{致使力}}$变化(役事→结果)

致事发出一个动作行为,该动作行为作用于受事,产生一定的致使力,从而使役事受到一定的影响,导致某种结果。一般情况下,受事和役事体现为同一个参与者,如(57):

(57a) I broke a vase.

(57b) 我撞翻了那个箱子。(自拟)

在这个句子中,"我"发出一个动作,作用于"箱子",导致箱子受到影响,产生一个"翻"的结果,因此,箱子既是动作"撞"的受事(动作的对象),又是动作"撞"的役事(动作影响的对象)。然而,在有些时候,受事和役事不一定由同一个参与者来充当。如(58):

(58a) He ate the plate soggy.

(58b) 他们踢得观众连连叫好。(自拟)

在(58b)中,"踢"的对象应该是足球,而受影响的对象是"观众"。也就是说,N1 发出某种动作作用于某物,而这一动作对役事产生了一定的影响。此处受事和役事分别由"足球"和"观众"来担任,二者是分离的。同时,在此类句子中,V 多为不及物动词;如果 V 是及物动词,受事也不能出现(沈月明,2006),如(59):

(59) *他们唱歌得我们很感动。

由此可见，在致使句中役事是必不可少的成分，它两端联系着致因事件和结果事件，既是致使事件中的受影响者，又是结果事件中的主体（郭锐，2003）。相对而言，受事在致使关系中没有那么重要，它隐含在致使情境中，是一个不必出现的参与者。因此，在理解致使关系时，不应当以传统的主语、宾语或施事、受事等概念来解释致使句中的参与者角色及其相互间的语义关系。

6.3.3.4　主事居后的“得”字句

此类句子有一个共同的特点，即位于“得”之后的N2是V和RP的共同主体，N1可能出现，也可能不出现。杨建国（1959）将此类结果视作补语的单独一类。李临定（1963）注意到此类句子的与众不同之处，即N2位于“得”之后，但是在语义关系上却是施事；主语的位置则为N1宾语所占据。范晓、张豫峰（2001）从句法和语义上对此类句式进行了描述。宛新政（2004）则探讨了这类句子中主事居后的语用动因和效果。韩丹（2009）和刘阳、董哲（2012）从构式的角度讨论了致使构式对此类句子中的N1和N2的压制作用。

总的来说，此类句子的典型形式是N1隐现的句子，即“……V＋得＋N2＋RP”，而“N1＋V＋得＋N2＋RP”只是非典型形式。如果N1出现，经常为人称代词，或是具有前指功能的指示代词。N1若不出现，则V之前通常会有一个或多个小句，表述一个或多个简单或复杂的事件（宛新政，2004）。动词V可以表达身体动作、心理或生理反应以及社会处境（孙银新，2005；蒋鲤，2005；宛新政，2004）。N2多指人，常为人称代词，也可以指物，如工具等。RP可以是动词性成分，也可以是形容词词组。

(60a) 树根这么硬，竟会劈得柴刀都缺了口。

(60b) 酒很醇厚，又是熟透了的，喝得他们鼻尖上渗出了汗珠儿。

(60c) 门上响起一阵类似爪子挠抓的刺耳声音，听得我毛骨悚然。

(60d) 左一声“梅经理”，右一声“梅经理”，叫得他心慌意乱、胆战心惊。

(60e) 山路走得我脚都肿了。

(60f) 这张钢丝床睡得我腰酸背疼。

(60g) 学费愁得我睡不好觉。

(60h) 这部电影感动得她泪流满面。

(60i) 这一巴掌疼得小姑娘直流眼泪。

(60j) 这一万米跑得我满头大汗,气喘吁吁。

(60k) 这文章写得我都吐了。

(60l) 玉米吃得她越来越胖了。

孙银新(2005)通过句式转换、语音停顿、否定等方式证明此类句子是“述—宾—补语句式”。也就是说,N2 为句子的宾语,是述补结构内部带宾语。然而,韩丹(2009)和刘阳、董哲(2012)从构式语法的角度研究了 N1 与 N2 的位置关系,认为是构式的压制导致语义上的受事 N1 具备了主事功能,而逻辑上的施事 N2 却在构式中具备了受事功能。本书认可二者的分析和判断。从构式的角度研究此类句子,解释了 N1 和 N2 处于当下位置的动因。同时,这一句式也从另一个层面揭示了致使句的来源和功能。

宛新政(2004)搜集的语料证实,在此类句子中,V 之前为小句是典型的形式,而为人们所广泛研究的“N1+V+得+N1+RP”结构反而是非典型结构。他同时认为此类句子包含有三个事件。以(60c)为例,事件一是“门上响起一阵类似爪子挠抓的刺耳声音”,事件二为“我听见了这声音”,事件三为“我毛骨悚然”。有些独立的句子也同样包含三个事件。以(60h)“这部电影感动得她泪流满面”为例,这个句子同样包含有三个事件,即电影感人、她为这部电影感动、她泪流满面。

因此,我们可以认为独立的句子形式是对小句形式的进一步概括。有些小句之所以不能以独立句子的形式出现,主要是因为致因事件中包含有重要的细节而不能被忽略;否则,就可以使用独立的句子来表达相似但简洁的内容。例如对于(60a),完全可以说“树根劈得柴刀缺了口”,但是却丢失了关于树根的具体描述。因此,以小句形式呈现的致使关系是最具有描述性和细节性的事件。同时,以“N1+V+得+N2+RP”为表层形式的“得”字句所描述的致使关系是缩略的事件,而以及物句描述的致使关系则是简化的事件,三者构成一个连续统:“小句致使—‘得’字句致使—及物致使”,这样的序列符合语法化的趋势。以(61)为例:

(61a) 爸爸的巴掌重重地落下,疼得小姑娘直流眼泪。(小句致使)

(61b) 这一巴掌疼得小姑娘直流眼泪。(自拟,“得”字句致使)

(61c) 爸爸打疼了小姑娘。(自拟,及物致使)

(61d) 这一巴掌打疼了小姑娘。(自拟,及物致使)

一般来讲,在这类结构的句子中,N1 是句子的主语,也是传统的施事。而 N2 应当是句子的宾语,也就是受事。事实上,N1 在语义上并不是句子的施事,N2 才是句子真正的施事,N1 可能是受事,也可能表示地点或工具。那么,为什么位于句首的不是施事反而是受事,而“得”之后的名词性成分不是受事反而是施事呢?

首先,本书认为,在分析致使关系时,有必要区分三种关系和三对名词,即致使关系中的致事和役事、传统句法关系中的主语和宾语以及逻辑语义关系中的施事和受事。从传统语法的角度,N1 为主语,N2 为宾语,但是这样的定性与逻辑语义上的关系产生冲突,因为在逻辑上 N2 才是真正的施事。然而,从致使关系的角度来看,N1 与 N2 分别为致事和役事,致事是对役事产生影响的事件参与者,役事则是受影响的参与者。电影也好,一万米也好,山路也好,声音也好,都有可能对事件中的参与者产生影响,所以从这一角度看,N1 与 N2 的位置关系没有冲突和逻辑上的矛盾。

构式具有压制作用,但是 Goldberg(1995)对压制的讨论集中于构式对动词的压制,认为构式能够赋予动词本来没有的论元角色。然而,构式不仅对动词有压制作用,对于事件中的参与者也同样有压制作用,而且,从参与者角度来讨论压制较之于动词更加简便。此类句子的构式义表达“N1 发出一定的动作,作用于 N2,从而导致 N2 表现出 RP”。因此,凡是进入此类句子的 N1 和 N2 就自动具备了致事和役事的角色(韩丹,2009;刘阳、董哲,2012)。然而,上述研究只是解释了 N1 和 N2 具备不同于传统理解的原因,并没有详细地描述说话者选择这一构式传递意义的动因。

## 6.4 情境编码假设下的“N1+V+得+N2+RP”构式

本书根据之前的讨论,将“N1+V+得+N2+RP”句式分为六类,分别为:

| | |
|---|---|
| ①RP 指向 V | (62) 大家摔得牌更响了。 |
| ②RP 指向 N1 | (63) 大家找得你好辛苦啊。 |
| ③N2 承担双重角色 | (64) 他打得孩子到处乱跑。 |
| ④N1 和 N2 有领属关系 | (65) 他哭得眼睛都红了。 |
| ⑤V 与 N2 间接相关 | (66) 孩子们吵得爷爷睡不着觉。 |
| ⑥主事居“得”后 | (67) 玉米吃得她越来越胖。 |

其中,前文已经论证过,①“RP 指向 V”的句子不存在致使关系,并且在现代汉语中多采用重动句进行替代,使用的频率越来越低,因此在本部分的讨论中将不再涉及此类句子。另外,前文已经证明,②“RP 指向 N1”中 RP 之所以指向 N1,在很大程度上是由说话人的视角而决定,并非是句子本身有明确的指向。同时,如果用普通名词代替句子中的名词性成分,句子就会变成歧义句,与其他句子没有分别。因此,本书的讨论也不涉及此类句子。其余四类句子皆包含有致使关系。下列句子之所以会出现逻辑上的自相矛盾,就是因为后面的小句所表达的内容违背了前面的小句所表达的意思。

(64a) *他打得孩子到处乱跑,但是孩子不是因为他打才到处乱跑的。

(65a) *他哭得眼睛都红了,但是他不是因为哭才眼睛红的。

(66a) *孩子们吵得爷爷睡不着觉,但是爷爷不是因为他们吵才睡不着觉的。

(67a) *玉米吃得她越来越胖,但是她不是因为吃玉米才越来越胖的。

同时,这些句子中也包含有一种结果。下列句子不可以接受,是因为后面的小句所表达的意思与前面小句中 RP 所表达的结果刚好相反,这充分证明这些句子中的 RP 表达了 V 的动作行为所带来的一种结果。

(64b) *他打得孩子到处乱跑,但是孩子没有到处乱跑。

(65b) *他哭得眼睛都红了,但是他的眼睛不红。

(66b) *孩子们吵得爷爷睡不着觉,但是爷爷睡得很好。

(67b) *玉米吃得她越来越胖,但是她没有发胖。

另外,“得”在句中起到至关重要的作用。没有“得”,这个句子中的致使意义将会消失。如下列句子中,如果没有“得”,句子将不成立。

(64c) *他打孩子到处乱跑。

(65c) *他哭眼睛都红了。

(66c) *孩子们吵爷爷睡不着觉。

(67c) *玉米吃她越来越胖。

同样,如果使用类似的词替代“得”,句子的意思将会改变。在下列所示句子中,用表示进行或完成的语法标记词替代“得”,句子或者令人难以接受,或者意思有所转变,原来的致使意义不复存在。

(64d) 他打了孩子到处乱跑。

(65d) 他哭着眼睛都红了。

(66d) 孩子们吵了爷爷睡不着觉。

(67d) 玉米吃着她越来越胖。

那么,是否可以由此认定“得”具有致使义呢?朱其智(2009)在对比了现代汉语中典型的使役句和“得”字句后,认为“N1+V+得+N2+RP”句子的致使意义来自“得”,此类句式中的“得”是有致使义的,如(68)所示:

(68a)我叫他离开这里。(使役句)

我使他离开这里。

(68b)我气得他离开这里。(“得”字句)

我吵得他离开这里。

但是,得出这样的结论有些为时过早。首先,朱其智对比的是两个句式,而不是两个词“得”与“使”或“叫”。单独的“得”字并不能赋予句子致使义,如(69)所示。没有了“得”字,句子不能够成立,也不能表达任何可以接受的意义。

(69) *我得他离开这里。

范晓(2000)认为,此类句子的致使意义或许来自“V+得”。这样的结论同样不能成立,因为“V+得”如果没有了“得”后成分的支持,不能表达任何的有效意义,也不能够独立存在。具有致使义的动词“气”和“打”则能够单独带宾语,如(70)所示:

(70a) 气她/打她

(70b) *气得她/*打得她

相反,在(70b)的后面附上“N2+RP”以后,句子就是完全可以接受的合法表达了:

(70b) 气得她离开/打得她站不起来。

上述论证充分证明,“N1+V+得+N2+RP”中的任何一个组成成分(“得”或“V得”)如果离开此句式而单独存在,将不会表达任何致使含义。这就说明只有在这个句式中,“得”或者“V得”才具备所谓的致使义。换言之,此类句子的致使义不是来自任何一个词汇成分,而是来自整个句式,是这一特殊的句式赋予了这个句子中的其他成分以致使意义。构式语法强调,句法范畴和句法关系都是通过构式定义而来,词汇成分只有在具体的构式中才有意义(Croft,2001)因此,本书将“N1+V+得+N2+RP”定义为致使构式(宛新政,2004;熊学亮、杨子,2010;杨子、熊学亮,2008;张翼,2011)。

### 6.4.1 “N1+V+得+N2+RP”的构式意义

将“N1+V+得+N2+RP”视为构式带来一个根本的问题:这一构式的意

义是什么？具体来说，体现这一构式的不同句式(即③④⑤⑥)表达的内部语义关系各不相同。如：句式③中N2承担双重语义角色，表示“N1对N2发出一个动作V，从而导致N2受到RP所描述的影响”；句式④中N1与N2之间有领属关系，表示“N1所进行的动作V对自身的一部分产生RP所描述的影响”；句式⑤中N2与V之间没有直接的关系，表示“N1所进行的动作对N2产生了间接的影响，从而导致N2表现出RP”；句式⑥中动作V的施事居于“得”之后，表示“N2针对N1实施了动作V，从而导致N2体现出RP”。换言之，虽然内部的语义关系不同，但是都体现为同一种句法形式。

陆俭明(2009)对此类句式提出疑问，即如何看待这些句式之间的关系？如果将其视为同一个构式，如何解释其语义关系的差异？如果将其视为不同的构式，又如何解释它们使用相同的句法形式，表达相同的致使意义？

本书从“情境编码假设”出发，以事件为根本出发点，认定体现同一句法形式“N1＋V＋得＋N2＋RP”的不同句式为不同的构式。构式是形式、意义和交际(语用因素)的综合体，三者之中任何一项都有所不同，就必然带来不同的构式。不同的形式传达不同的意义，因此是不同的构式；而相同的形式传达不同的意义，同样也会带来一个不同的构式。首先来看在“情境编码假设”的基础上生成的不同构式(见图6-1)。

语言使用者在日常生活中积累了关于致使事件的宏观框架，即一个致使事件由两个微观事件构成，一个是致因事件，一个是结果事件。在致因事件中，施事发出某种动作行为，这一行为作用于某一个受事；而后，此动作行为在役事身上产生某种结果；役事可能就是受事，但也有可能是事件中的第三者。这一宏观框架中有几个基本的事件参与者：施事、受事、动作行为、役事和结果。在说话者使用语言对致使事件进行呈现时，如果想要凸显致因事件对动作受事的影响，则产生凸显事件③；如果想要凸显致因事件对动作施事身体部位的影响，则产生凸显事件④；而如果说话者选择凸显致因事件对事件第三者的间接影响，则产生凸显事件⑤；如果说话者想要凸显施事所从事的行为中受事对施事的影响，则产生凸显事件⑥，强调受事对施事的作用。所有的凸显事件最后都通过同一个构式形式“N1＋V＋得＋N2＋RP ”表现出来，由具体的词项进行填充，并最终体现为语言形式。在这一过程中，特别需要关注的是凸显事件。在凸显事件中，说话者选择了不同的表征对象和视角，事件最终的句法呈现形式尽管相同，但它们仍然是不同的构式，因为其具体的语义内容不同，它们只不过恰好经由相同的句法形式表现出来而已。

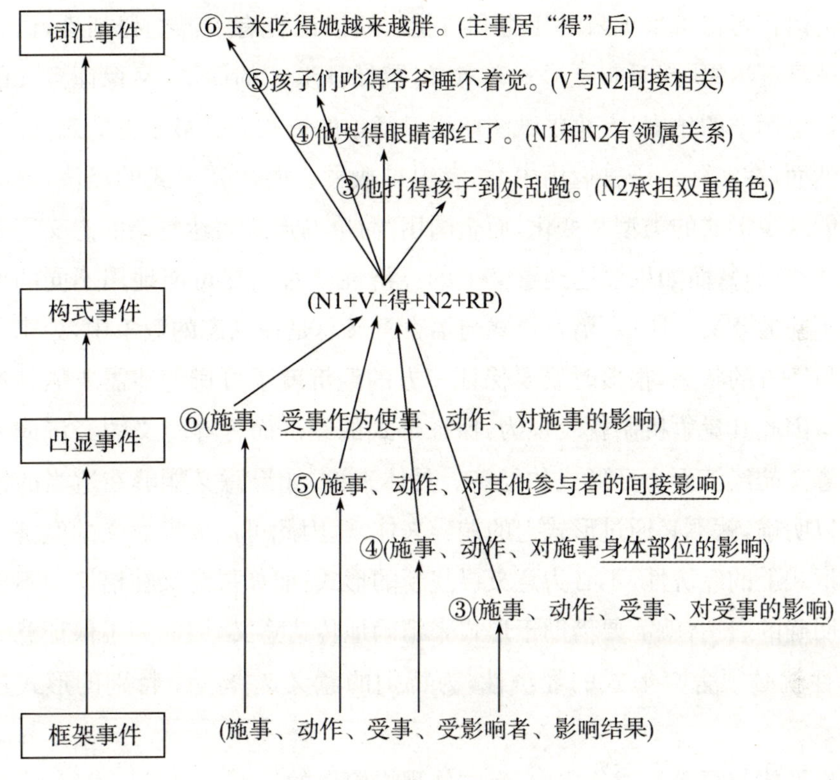


图 6-1 致使事件中的不同构式

### 6.4.2 句法慵懒机制

另一个关键问题也呈现出来：为什么如此不同的语义关系可以经由相同的句法形式进行表征？本书认为，这是“句法慵懒机制”在发挥作用。

首先，句法和语义的互动并非体现绝对静态的对应关系，而是处于不断的竞争之中，是一个在实际语言运用中不断调整和调适的过程。二者竞争的终极目的是为了达到交流的完美状态，即一个形式只能表达一种意义，而一种意义也只通过唯一的形式来表达。这样的理想结果可以达到形式和意义的双重经济，形式的经济性要求其尽可能少地产生变化，即使用最少的形式表达最丰富的意义；而意义上的经济性体现在每一个不同的意义都使用一种不同的形式来表达。但是，这样的状态很难实现语言的概括性。按照这样的思路，每一个意义都要由独特的形式进行表达，那么今天见到的联合国秘书长与昨天见到的联合国秘书长就不应当是同一个人，而应当由不同的形式进行表达。这样会为语言习得带来无限的压力和负担。所以语言有很高的概括性，语言形式也就高度浓缩，同时兼顾形式和意义，既保证形式的简洁，又保证意义的丰富。从语用学的角度，人总是试图使用最简单的形式表达最丰富的意义。

然而，在实际的语言运用中，二者很难兼顾。要达到形式的经济，势必要尽可能减少形式的类型和变化，而企图用“简单的形式表达复杂的意义”（李临定，1992：164）；而如果要达到意义上的经济性就必须尽可能地用不同的形式表达不同的意义。所以，语言形式与语言意义总是在动态的竞争中，处于一方压倒另一方的状态，很多时候要保证一方的经济就不可避免地需要牺牲掉另一方。因此其竞争机制就表现为：保证形式的经济而舍弃意义的经济或者是保证意义的经济而舍弃形式的经济。具体来说，如果意义能够在适当的语境下得以明确，就不必通过形式上的差异来体现，因此可以放弃意义的经济性而选取形式上的经济性，不必为意义寻找新的形式；而如果意义在语境中不能够得到明确的表达，就需要借助于形式来精确地传达意义，因此为了保证意义的经济性就必须舍弃形式的经济性，为特别的意义选择一个特别的形式进行表达。

在形式与意义的竞争之中，句法体现出慵懒的特点。也就是说，与意义相比，句法形式体现出对变化的惰性。句法形式是语言中相对稳定和相对懒惰的部分（Wierzbicka，1988）。这在语法化的过程中体现得尤为明确。当重新分析开始的时候，句法形式的内部结构发生变化，句法形式自身并没有体现出这种变化，同一个句法形式可以表达不同的意义，只有当新的用法通过类推机制不断增加而体现出压倒性优势时，句法的变化才最终呈现出来。

那么，为什么句法慵懒可以实现呢？换言之，语言为什么可以允许句法慵懒的出现？这首先与语言的终极目的有关。本书提出“意义定位”假设。语言交流的终极目的在于获得意义，因此在交流中，对话双方都是在努力地传达意义。Grice（1975）提出合作原则，即话语双方都默认对方是合作的，总是试图最大限度地从对方的话语中获得尽可能多的意义。对其中任何原则的违反都是有意义和原因的。比如以下场景：

同事A在办公室和同事B议论另一个同事小李：

同事A:小李昨天穿的衣服真滑稽,太不合时宜了。

同事B:你看贾玲的《你好！李焕英》了吗?

同事A一回头,发现他们谈论的对象小李正往办公室走呢。

根据合作原则中的相关性原理,说话双方的对话应该是相关的,即双方总是针对同一话题进行对话,不会谈及不相关的话题。而事实上,在上述场景中,同事B的反馈是与同事A的话题毫不相干的。但是,同事A知道同事B在会话中应当与他合作,既然B的回答具有明显的不合作迹象,那么他一定有不合作的理由。因此,同事A努力寻找这种不合作的原因,发现他们所议论的对象正要进入办公室,而如果被谈论的对象小李听到他们的议论,场面必然很尴尬,甚至还会产生一定的不愉快。同事B看到了小李走向办公室,想要避免这样的场景,所以就故意转移话题,终止关于小李的讨论。此时,同事A就会理解同事B的意图。这表明,在语言交流中,对话双方都在努力地为双方的话语寻找意义,进行意义定位。即使在与话题完全不相关的场合下,对话双方也在努力地为对方的话语寻找意义。再请看下例：

同事A:老刘结婚了你知道吗?

同事B:哪个老刘?

同事A:就是咱俩上次一起见的那个老刘呀。

同事B:咱俩一起见的?

同事A:你忘了,就是咱俩在"雕刻时光"遇到的小张的同学,还给你介绍对象呢。

同事B:哦,刘雷磊呀,他都结婚了?

在上面的对话中,同事B努力地在自己的交际圈子里为"老刘"进行定位。

如果定位成功，就没有必要进一步询问“老刘”的身份。而当定位失败以后，同事B就继续向同事A询问关于“老刘”的信息，重新对其进行定位。只有当最终成功地对其进行身份定位以后，会话才变得有意义。这是关于对话者的身份，而同样的定位也适用于语言意义的传递。在交流中，说话者双方都在进行意义的定位。说话者提供自认为关于意义的有效的各种信息，听话者则最大限度地利用这些信息进行意义定位。因此，语言的目的是意义的传递，而对于对话双方来说，话语的交流就在于提供意义定位的信息以及利用现有信息对意义进行定位。

其次，句法慵懒与语言的形式和意义之间的关系有关。“语言的存在价值就是为了表达意义”，而语言意义的传递需要借助一定的外在形式。因此在形式与意义之间，形式是服务于意义的工具，“是意义赖以生存的实体和物质层，语言最终的落脚点是在意义而非形式上”(王黎，2005:3)。因此，句法形式是为意义服务的，只要意义能够明确，形式就不是关注的核心。

以“N1＋V＋得＋N2＋RP”为例。郭姝慧(2004)发现，(71)“这一声叫得我心里哆嗦起来”是有歧义的，它既可以表示“有人叫了另外一个人一声，我听得哆嗦起来”，也可以表示“别人叫了我一声，我听得哆嗦起来”，还可以表示“我叫了一声，我自己哆嗦起来”。由此可见，同一个形式，表达了完全不同的意义。

(71) 这一声叫得我心里哆嗦起来。

(71a) 别人叫别人，我心里哆嗦。

(71b) 别人叫我，我心里哆嗦。

(71c) 我叫，我心里哆嗦。

按照语言的经济性原则，(71)中的三种理解应该分别由不同的语言形式来表达。而事实上，这三种意思都使用了相同的语言形式“N1＋V＋得＋N2＋RP”。但是，这丝毫不能影响句子在具体语境下的理解。郭姝慧(2004)从具体的文本中找到了该句子的语境：

最糟糕的是那天我儿子骑车撞到一棵树上时，惊慌时喊了一声“爸爸”。这一声叫得我心里哆嗦起来，那孩子横抛起来掉进水库时的情景立刻清晰在目了。

通过这一段话，读者在进行意义定位时会首先从上下文中搜寻有效的信息来解释“这一声叫得我心里哆嗦起来”。然后我们就会发现，“这一声”是回指儿子在惊慌时喊的那一声“爸爸”，“叫”与前文的“喊”的主体是同指的，因此就可以轻易地判断，(71)中“叫”的施事是“我儿子”，既不是别人，也不是“我”。这样对意义的定位就顺利完成。读者并没有因为这个句子在脱离了语境时有三种理解的可能而误解了这句话在这个文本中的意义所指。相反，在前文提供了足够多的语境信息之后，读者甚至都不会意识到这个句子有多重解读。由此可见，句法形式不是读者关注的重点，在适当的语境下并不会带来歧义。在语言交流和信息传递中，人们更关心的是意义而不是形式。所谓的歧义，都是在脱离语境的情况下句子孤立存在的结果。只要有了充分的语境信息，句子的意义能够得到清晰的理解，句法形式也就并不重要了。这就使得句法慵懒成为可能。

由此，人们的日常交流在于利用语言进行意义定位，语言以传达意义为终极目的。在进行意义传递的时候，只要上下文提供足够的语境就能够帮助听话者对意义进行定位，说话者就不会采用更加烦琐的形式去表达意义。“一般来说，在有利于交际的前提下，语法要求越概括越好，越齐整越好。”(张怡春，2010:174)换言之，只要在交际方面有效，说话者会尽可能地使用已有的形式表达意义，而不会诉述于新的形式。这也部分地解释了为什么“N1＋V＋得＋N2＋RP”句式能够被用来表达如此多样的语义关系，人们只是习惯于使用现存的形式表达新的意义而已(常玲玲，2007)。

### 6.4.3 “N1＋V＋得＋N2＋RP”实例间的关系

尽管“N1＋V＋得＋N2＋RP”所表达的内部语义关系多样，这丝毫不能否定这些句子仍有一定的相似之处。那么，如何看待句式③④⑤⑥之间的共同点呢？要正确认识四者之间的共性，首先应当区分逻辑语义关系和构式关系，也就是要区分宏观的抽象构式义和具体的句子意义。

前文已经证明,"N1＋V＋得＋N2＋RP"句式表达一定的致使关系,在这个致使关系中有一个致因事件,而在致因事件中又有一个致事,该致事进行一定的动作行为,此行为作用于役事,使役事发生一定的变化,从而导致一个结果事件。从致使的角度来看,体现"N1＋V＋得＋N2＋RP"的句子类型③④⑤⑥都表达了同样的致使关系,即"致事 N1 实施了某种行为 V,这种行为作用于役事 N2,使役事 N2 产生了某些变化 RP"。这就是这一构式的抽象意义,正是这样的一种致使关系使得③④⑤⑥四类句子联系在一起。

那么,又如何解释四者的不同呢?换言之,既然四者都体现了这一构式,理应表现相同的语义内容。事实是,四类句子的语义内容有很大的差异。比如:③描述的是"N1 对 N2 实施了某种行为 V,导致 N2 呈现出结果 RP";④具体说明的是"N1 实施了某种行为 V,这一行为对其自身的某个部位 N2 产生了影响 RP";⑤的细节表示"N1 进行了某种行为 V,这种行为间接影响了 N2,使 N2 体现出 RP";而⑥所体现的则是"N2 对 N1 进行了某种行为 V,这种行为使得 N2 产生了某种变化 RP"。也就是说,如何解释四类句子的相同之处,又如何解释它们之间所体现出的差异?

本书第二章中曾指出,构式语法的一个根本问题在于混淆了抽象的构式义和被具体词项填充之后的构式实例的意义。前者是高度抽象且概括的,不受限于任何具体词项,而后者则是词项的意义与抽象的构式义之和,是现实生活中的一个具体事件。在"N1＋V＋得＋N2＋RP"句式中,就体现了抽象的构式义与构式实例之间的关系。

易仲良(1999)认为应当区分逻辑语义关系和语法关系。具体来说,逻辑语义关系指的是人们在现实生活中所获得的关于事物之间互动的关系,而语法关系指的是经过语言高度抽象的句法成分之间的关系。比如,很多人认为(72)是主动语态表达被动关系。

(72)The door won't close.

但是,易仲良认为这样的结论混淆了逻辑语义关系和语法关系。在逻辑上,门不会自己开或关,所以(72)实际表达的是"门不能被关上"。这样来讲,"门"就是“关”这一动作的承受者，应当是受事，所以句子就表达一种被动意义。但这只是逻辑上的一种语义关系。在语法上，这个句子并不表达任何的被动关系。因为被动语态的实质是体现施动性(唐燕玲，2003)，而(72)在语法上没有任何被动语态的特征。因此，认为(72)是主动语态表达被动关系的论断混淆了逻辑语义关系和单纯的语法关系。

Talmy(2000)也认为应当区分物理世界中的关系和语言中的关系。在物理的现实世界中，一切动作都是有原因的。比如，水之所以会流动是受引力的作用。然而，在语言的世界中，有些事件是自立的。比如，*The river flows into the sea* 就被视为一个自立的事件。这个句子假设的前提就是河流似乎因为拥有了自我的意志而发生了位移(Jesperson，1909；Sierwiersh，1984；郭姝慧，2004)。因此，物理世界中的关系不同于语言中的关系。在语言的世界中，作为主体的说话人对物理世界中的关系进行了认知加工，将其范畴化和条理化，从而使得人能很快地适应和认识外界的环境。

从情境编码假设的角度，事件是一切语言表达的基本出发点。事件中参与者之间的关系是语言形式编码的主要对象，人们可以在不同的层次上认识事件和事件中参与者之间的关系。本书中“N1＋V＋得＋N2＋RP”构式的例句拥有双重关系。一方面，它们体现了一种致使关系，某一个参与者通过某种行为导致另外的参与者发生某种变化；另一方面，它们还拥有物理世界中的逻辑语义关系，执行动作的主体通常是具有主动性的人。二者构成一种图形-背景的对立(Langacker，1991)，置于前景之中的图形是致使关系，背景化了的则是逻辑语义关系。也就是说，从构式的角度分析此类句子，不该应用逻辑语义关系中的施受关系，而应当采用致使关系语境下的构式角色。在构式的语境下，事件的参与者之间的关系是致事和役事之间的关系，而不是施事和受事之间的关系。换言之，适用于逻辑语义的关系不应当被用来分析构式层面的致使关系。

将构式所体现的致使关系与具体实例中的逻辑语义关系区分开来，就可以区分上述四例中的共性和区别。四者共同体现了一种致使关系，在这种致使关系中，N1 是致事，N2 是役事。这样的结论适用于③④⑤(③他打得孩子到处乱跑；④他哭得眼睛都红了；⑤孩子们吵得爷爷睡不着觉)，但是在⑥(玉米吃得她越来越胖)中,N1 是物,将其理解为“致事”似乎有些牵强。这就是本书要区分构式中的致使关系和现实世界中的逻辑语义关系的意义所在。

根据“N1+V+得+N2+RP”的构式义,N1 是致事,N2 是役事,N1 导致 N2 发生了某种变化。在(73b)中,后一个小句明确表达了“玉米”不是致使“她”变胖的因素,而这个句子是不可以接受的,因为后一个小句的内容与前一个小句的意思产生了矛盾。这就说明,在这个句子中所要强调的是:玉米是导致她发胖的原因。同样,(73c)也不可以接受,因为其后一个小句明确表示“变胖的不是她”,而这一内容明显有悖于前一个小句的内容。所以,这一个句子所要表达的是“玉米对她的影响”。通过分析可以发现,在这样一个致使关系中,“玉米”发挥着致事的功能,而“她”扮演的是受影响的役事角色。这与“N1+V+得+N2+RP”的构式义完全吻合。

(73a)玉米吃得她越来越胖。

(73b) *玉米吃得她越来越胖,但不是玉米导致她变胖的。

(73c)*玉米吃得她越来越胖,但是玉米弄胖的不是她。

由此,“N1+V+得+N2+RP”构式中所有的小类③④⑤⑥具有共同的抽象构式意义。从抽象的构式角度,它们都表达了 N1 对 N2 的影响。那么,它们的不同又如何对待呢?前文已经证实,这几个小类的句子也应当同样被视作构式。那么,这四个构式与“N1+V+得+N2+RP”的抽象构式义又有什么样的关系呢?本书认为,抽象的“N1+V+得+N2+RP”与③④⑤⑥四个小类之间是构式与构式实例的关系,或者更确切地说,是上位构式和下位构式的关系。

首先,构式语法认为,语言中从语素到语法关系都是构式的体现,唯一的不同在于抽象程度和图式性。具体的词汇是最具体的构式,而语法关系是抽象程度最高的构式。毫无疑问,应当将四个小类视作构式,是比较具体的构式。

其次,构式意义是高度抽象的,但是构式意义要借助语言形式表达出来,所以句法的组合关系就成为构式最明显和直接的体现。可是,句法的组合也需要通过具体的词项填充之后才能实体化。因此，认识构式就是要通过具体的句子才能够进行。前文已经说明，由词汇项填充以后的具体句子拥有双重关系：一方面是抽象的构式关系，另一方面是现实的物理世界中的逻辑语义关系。所以，构式实例(即具体的句子)的意义就是词汇项意义和构式意义之和，可以表示为：

句子意义＝抽象的构式义＋词汇义

因为有抽象的构式义的制约，所以无论什么样的词汇成分进入这一构式，都自动扮演了致事和役事的角色，如(74)：

(74a) 玉米吃得她越来越胖。

(74b) 小王吃得父母家徒四壁。(自拟)

(74c) 老李吃得米一粒不剩。(自拟)

(74d) 我儿子吃得腮帮子疼。(自拟)

(74a)是传统的主事居“得”之后的构式。这个句子首先具有抽象的构式义，即 N1 导致 N2 产生某种结果 RP。其次，这个句子有具体的语义信息，即是“玉米”导致“她”发胖，而且是由于她吃玉米导致自己发胖，而不是咖啡导致她发胖，也不是喝酒导致她发胖。同样的“吃”事件，在不同的词汇项填充以后会表达不同的逻辑语义信息。(74b)表达的除了与(74a)共同的抽象意义以外，还表达一种间接的语义关系，即 N1“小王”好吃，把 N2“父母”都吃穷了。而(74c)也是有同样的抽象构式义，但是其中的 N2“米”还具有双重的语义身份，既是“吃”的受事，又是“一粒不剩”所描述的对象。(74d)则除了抽象的致使意义之外，还表达了一种 N1“我儿子”与 N2“腮帮子”之间的领属关系。由此可见，具体怎样解读一个句子，除了抽象的构式义，还有赖于构成构式的词汇意义。词汇意义不同，具体的逻辑语义关系就不同。因此，区分抽象的构式义和构式实例的意义，有利于我们认清“N1＋V＋得＋N2＋RP”的各个实例之间的关系：它们都是体现同一个构式的实例，其区别在于内部逻辑语义关系的细节不同，如表 6-6 所示。

表 6-6　构式间的关系

<table>
<tr><td rowspan="4">“N1＋V＋得＋N2＋RP”抽象构式义：“N1 使 N2 变 RP”</td><td>构式 1</td><td>N2 具有双重身份的构式</td><td>③他打得孩子到处乱跑。</td></tr>
<tr><td>构式 2</td><td>N1 与 N2 为领属关系的构式</td><td>④他哭得眼睛都红了。</td></tr>
<tr><td>构式 3</td><td>N1 与 N2 为间接关系的构式</td><td>⑤孩子们吵得爷爷睡不着觉。</td></tr>
<tr><td>构式 4</td><td>N2 为主事居后“得”字构式</td><td>⑥玉米吃得她越来越胖。</td></tr>
</table>

至此，本书解释了抽象的“N1＋V＋得＋N2＋RP”构式与其各实例之间的关系。“N1＋V＋得＋N2＋RP”是一个抽象的、没有具体实体形式的构式，表达高度概括和抽象的意义，是说话者作为主体对物理世界中事物之间关系的一种认知和组织方式；这个抽象的构式需要借助一定的语言形式表达出来，因此就要求具体的词项来填充构式中所定义的论元角色。当具体的词项出现在构式中并体现为具体的句子时，其意义就不仅是抽象的构式义，而且还包括具体词汇的意义。抽象的构式拥有抽象程度较低的下位构式（即③④⑤⑥），而每一个下位构式根据词项的不同又带来所表述事件的不同，因此就具备了不同的语境意义或事件意义。

构式之间的上下位关系较好地解释了构式多义性的问题。首先，构式不存在多义性。构式是一个体现“形式—意义\用法”的整体，形式、意义、用法之间任何一项的变化都会引向一个新的构式，形式上相同，意义不同，也应当视为一个不同的结构（宋玉柱，1979）。因此构式是不存在多义的。其次，构式语法太过强调构式的多义性，偏重于构式间的不同而忽视了不同实例间的共同点。本书中抽象构式与具体的实例之间的关系，既保证了抽象构式存在的必要性，又顾及了不同实例之间的共性和个性，较好地揭示了语言事实。

### 6.4.4　“N1＋V＋得＋N2＋RP”中的歧义句

前文已经从语言编码的角度解释了为什么说话者倾向于用同一个形式表达不同的语义关系，即在语义与句法的竞争中，句法表现出对于变化的惰性，而语言形式又是为意义服务的，只要在一定的语境下能够成功地实现语义定位，句法形式就不是唯一重要的因素。因此，说话者可以选用旧的形式表达新的意义。那么从语言解码的角度来看，为什么有的句子有三种理解，有的有两种，并且在有两种理解的句子中，其内部的语义关系又完全不同？

首先需要明确的是，句子之所以存在歧义，是因为失去了语境，也就失去了对语义进行定位的依据。没有了相关的语义参照，读者或听话者只能根据对事件的经验来挖掘句子理解的各种可能。因此，从情境编码假设的观点来说，句子有歧义是因为关于这个句子所描述的内容，听话者有不止一个事件体验。本部分将讨论下列四类有歧义的句子：

(75) 这首歌唱得张三泪流满面。

(75a) 别人唱，张三泪流满面。 (N3 唱 N1，N2 哭)

(75b) 张三唱，张三泪流满面。 (N2 唱 N1，N2 哭)

(76) 他笑得我都不好意思了。

(76a) 他笑，我不好意思。 (N1 笑，N2 不好意思)

(76b) 他笑我，我不好意思。 (N1 笑 N2，N2 不好意思)

(77) 小王喊得我嗓子都哑了。

(77a) 小王喊我，小王哑。 (N1 喊 N2，N1 哑)

(77b)我喊小王，我哑。 (N2 喊 N1，N2 哑)

(78) 这孩子追得我直喘气儿。

(78a) 这孩子追我，我直喘气儿。 (N1 追 N2，N2 累)

(78b) 这孩子追我，孩子直喘气儿。 (N1 追 N2，N1 累)

(78c)我追这孩子，我直喘气儿。 (N2 追 N1，N2 累)

在这四类句子中，最有争议的当属(78)。朱德熙(1982)认为该句子有上述三种理解；Li(1998)却认为可能的理解只有两种，其中(78b)不存在；宋文辉(2003)也认为该句子只有(78a)和(78c)两种理解；张敏(2008)利用象似性原理认定了三种理解。本书认为，一个语言形式是否存在，可以依靠语感来判断，但是也可以将其与语言中其他的形式进行类比。语言有很强的类比性和对称性，语言中的形式和意义不是孤立存在的。一种形式是否存在，要看其是否可以用于不止一个表达；而一种理解是否存在，要看其是否在其他例子中也有类似的理解。观察(75)～(78)可以发现，(78a)类似于(76b)的理解，(78b)类似于(77a)的理解，(78c)类似于(75b)的理解。(78)中的三个解读在其他的例子中都可以找到相应的对照形式，这说明(78)的三种理解并不是独属于这一个句子，因此这三个解读都是汉语中所允许的。Li(1998)和宋文辉(2003)之所以认为(78b)不存在，与此种解读在现代汉语中的使用频率越来越低有关，而且前文已经说明，这一用法是古代汉语的遗留，并且在现代汉语中多由重动句所代替(郭姝慧，2004)。但这并不是说这样的理解就是不可以接受的，只不过其可接受性相对来说比较弱。

对于其他例句，我们首先使用不同的词汇替换掉句中的成分。(75)有两种意义：一个是“第三者唱歌，张三听了以后泪流满面”；一个是“张三自己唱歌，把自己唱得泪流满面”。在(79a)中，使用“听”替代“唱”以后，句子就没有歧义了；同样，在(79b)中，使用“口干舌燥”替代“泪流满面”后，歧义也不存在了。

(79a) 这首歌听得张三泪流满面。(自拟)

(79b) 这首歌唱得张三口干舌燥。(自拟)

(76)中同样有两种意思，但是其语义关系与(75)不同，因为这里没有涉及第三者。句子可以表示“他笑，这笑导致我不好意思”，也可以表示“他笑我，让我觉得不好意思”。在(80a)中，使用“夸”代替原来的“笑”，句子没有歧义；使用“无地自容”代替“不好意思”，句子也是单义的。

(80a) 他夸得我都不好意思了。(自拟)

(80b) 他笑得我都无地自容了。(自拟)

(77)或者可以表示“小王喊我，小王的嗓子哑了”，或者可以表示“我喊小王，我自己的嗓子哑了”。在(81a)中，“不敢应声”替代“嗓子都哑了”以后，句子变成单义的；而在(81b)中，虽然“气”与“嗓子都哑了”组合在一起比较牵强，但是也证明句子是单义的。我们可以选择替换句中的两个成分，如(81c)，句子也丝毫没有歧义。

(81a) 小王喊得我不敢应声。(自拟)

(81b) 小王气得我嗓子都哑了。(自拟)

(81c) 小王气得我嗓子都冒烟了。(自拟)

在(82)中，换掉原句中的一个或两个成分，句子也没有歧义。(82a)只能表示“小明追风筝，小明上气不接下气”，(82b)虽然接受性差一些，但是只能表示“张三追汽车，张三直喘气儿”，(82c)只能解读为“狗追鸭子，鸭子呱呱叫”，(82d)只能理解为“人民解放军追敌人，敌人狼狈逃窜”。

(82a) 那断线的风筝追得小明直喘气儿。(孙书杰，2010)

(82b) 张三追得那辆汽车直喘气儿。(自拟)

(82c) 那条狗追得鸭子呱呱叫。(肖溪强、张亚军，1990)

(82d) 人民解放军追得敌人狼狈逃窜。(肖溪强、张亚军，1990)

那么，为什么保持句子的大部分内容不变而仅仅替换掉其中的某个词汇时，句子的歧义会得到消解？本书认为，这是词汇与构式互动的结果。根据情境编码假设，事件是一切语言表达的基础和根本出发点。并且，情境编码假设显示，动词与事件之间存在着转喻的关系。也就是说，动词指代整个事件。因此，当动词出现时，它不仅激活人们关于某个动作的概念，而且可以激活关于这个动作所涉及的整个事件框架。名词与动词之间存在着不同的语义关系，因此不同的名词出现也就激活了这个名词与动词之间的语义关系，名词与动词的组合进一步明确了动词所指代的事件中被凸显的部分。举例来说，动词 *break* 出现，它不仅表示了一个具体的动作，还激活了这一动作所在的具体事件，即所有与“打碎”有关的事件。在这一事件框架中，有实施打碎这个动作的施事，有被打碎的物品受事，有实施打碎的工具，还有打碎的最终状态，甚至可能还有打碎某物所带来的后果等。这一个框架在动词 *break* 出现时就同时得到激活或唤醒(许艾明，2006)。如果此时还有一个名词 *glass* 出现，*glass* 与 *break* 之间的关系就进一步明确了，因为在 *glass* 与 *break* 之间只有一种常规关系，即“杯子”被“打碎”，作“打碎”的受事。如果此时还有一个名词性成分 *John* 出现，*John* 首先激活一个关于人的概念，以此完成对 *John* 的定位。*John* 的出现进一步激活了 *John* 与 *break* 和 *glass* 之间的关系，因为三者之间的逻辑语义关系只有一种可能，即人打碎杯子，而不可能是杯子打碎人。由此，一个构式中的词汇性成分通过转喻指向整个事件，并激活这个事件框架中的逻辑语义关系。

构式则从另一个角度触发了一种构式关系，使得进入此构式的成分从进入构式的那一刻就开始自动扮演了构式所赋予的论元角色。前文已经讨论过，在构式与逻辑语义关系的竞争中，构式处于前景之中，而逻辑语义关系则受到构式的压制，在这一竞争中不能完全根据现实的施受关系进行表达。

在(75)“这首歌唱得张三泪流满面”中，动词“唱”首先激活一个关于唱的事件框架，在这一框架中有歌者，有听众。同时，关于唱歌的事件经验也告诉听话者，唱歌可能会对歌者本人产生一定的影响，听众也可能因为歌者的歌唱而受到影响。因为没有足够的语境，听话者就没有进行语义定位的信息可以依赖，所以只能在孤立的状态下从唱歌的事件中为这个句子进行语义定位。在唱歌的事件框架中，这个句子中的参与者——“张三”是一个人，“这首歌”可以视作一个抽象的实体。二者之间有两种发生语义联系的可能，一是“张三”是听众，二是“张三”是歌者。确定了这两种语义关系，就可以参照构式的意义对这个句子进行解读了。“N1＋V＋得＋N2＋RP”表达一种致使关系，其中N1是致事，N2是役事，V表示与N1发生联系的方式，而RP表示N2所经历的变化。在这一构式意义下解读“张三”和“这首歌”之间的逻辑语义关系，就得出两种理解，一是“这首歌使得张三很感动，所以张三流泪”，另一个可能就是“张三自己作为歌者感动了自己”。

在（79a）中，当动词“唱”被替换为“听”的时候，激活的就不是一个关于唱歌的事件，而是一个关于听歌的事件。在听歌的事件中，“张三”只有一个听众的语义角色，因此句子只能解释为“张三听歌听得很感动”，所以句子没有歧义。

前文区分过逻辑语义关系和构式关系。逻辑语义关系只用来解释事件参与者之间在物理世界中的相互关系，如唱的事件中有歌者和听众两种语义角色；而构式关系只关注构式的论元角色之间的关系。在致使构式中，构式只关注致事和役事以及役事所达到的状态或结果。也就是说，无论(75)和(79)的句子中所涉及的参与者之间存在什么样的逻辑语义关系，在构式的框架下，发挥致事功能的都是“这首歌”。具体来说，在(75)中，无论唱歌的人是否是“张三”，这一构式都强调“这首歌”的影响力，而不关注具体唱歌的人是谁；同样，在(79)中，仍然是“这首歌”发挥着致事的功效，构式强调的是致事“这首歌”对于 N2 的具体影响。因此，构式关注的是抽象的事件关系，尤其是被说话人的主观性所过滤的事件参与者之间的关系，而构式中具体的动词和名词则负责解释宏观事件框架之中事件参与者之间的逻辑语义关系。构式和词汇负责一个具体的句子中不同的关系的解释，二者之间是一种互动的关系。

因此，本书认为，尤其在歧义句的理解中，词汇发挥了比构式更加重要的作用。构式只是负责解释论元角色之间的构式关系，而词汇的不同则导致了不同的逻辑语义关系，从而将句子引向不同的下位构式。以(78)为例，这一句式中的三种可能，除去已经逐渐被重动句所替代的(78b)，其余两种理解在构式义中都表达了 N1“这孩子”的致事身份和 N2“我”的役事身份。换言之，无论是“孩子追我”，还是“我追孩子”，N1“这孩子”都是这一构式中有致事功能的角色，而 N2“我”都是役事角色。这是其构式意义。但是，具体的词汇语义关系则会将高度抽象的构式义引向不同的下位构式。在关于“追”的事件框架中，“追”至少涉及两个参与者：一个追人者，一个被追者。而追的结果可能导致追人者气喘吁吁，也可能导致被追的人气喘吁吁。这是关于追的事件框架所提供的两种语义关系。如果(78)中 N1“这孩子”是“追”这一动作的施事，N2“我”为受事，那么就会构成一个“N2 承担双重身份的致使构式”，而如果

N2"我"是"追"的施事,那么这个句子就是一个"主事居'得'后构式"。由此可见,词汇成分不能够左右宏观而抽象的上位构式的意义,但是却可以根据内部语义关系的不同直接指向不同的下位构式。因此,不仅构式对进入其中的具体词汇有压制作用,词汇也在一定的层面上对构式的范畴有一定的影响。

通过上述讨论,本书也进一步表明,构式多义性是不存在的,而只有抽象的上位构式与下位构式的区别。下位构式以不同的方式体现着抽象的构式义;而下位构式的不同取决于其构成成分之间的逻辑语义关系,是由情境编码假设中的宏观事件框架所决定的。

## 6.5 小结

现代汉语中体现"N1+V+得+N2+RP"构式的具体句子虽有相同的句子组织形式,其内部语义关系却相当复杂。早期的研究主要关注这一结构中的两类句子:主谓结构作补语以及述补结构带宾语。早期研究中关注的重点在于句式的定性、"得"的来源和语法功能、"N2+RP"的语法意义以及功能等。后来研究发现了体现这一结构的更多的句子,其内部的语义关系得到了进一步的描述,其中的歧义句也得到解释和分析。然而,"得"的性质至今莫衷一是,N1 与 N2 和 V 的复杂关系虽得到深入的分析,但是鲜有研究来解释为什么如此复杂的语义内容却可以使用同一个句法形式进行表达。同时,也没有解释为什么这类句子中的歧义数量不等。

本章以情境编码假设为出发点,详细研究了体现这一构式的各类句子,根据 RP 的语义指向将其分为"RP 指向 V""RP 指向 N1"和"RP 指向 N2"三大类共七小类。"RP 指向 V"的句子乃古代汉语的遗留,已经逐渐淡出现代汉语的视野,且为其他语言形式所代替,因此不属于这一句式的范畴。"RP 指向 N1"的句子之所以特殊,与句中的名词性成分所使用的人称代词有关。人称代词有明确的导向性,因此限制或规定了句子中 RP 的语义指向。若将其中的人称代词替换为普通名词,该句子和其他句式一样有歧义,因此不应当视为一个特殊的类别,而应当归于其他句式。

"RP 指向 N2"的句子共有四个小类,分别为"N2 具有双重身份""N1 与

N2之间有领属关系”“N1的行为与N2间接影响”以及“主事居后‘得’字句”(包括无主句和有主句两类)。这些小类内部的语义关系互不相同。那么,为什么如此不同的语义关系会采用相同的句法形式进行表达呢?本书认为,这主要是由于语义—句法竞争过程中的句法慵懒机制的作用。由于语言交流的主要目的在于传递意义,而在意义传递的过程中,交流双方的目标在于对语义进行正确的定位,因此只要在足够的语境下意义能够明确,句法就体现出对于变化的懒惰,语言的形式让步于意义。这就为不同的语义关系使用相同的句法形式提供了理据。

认定了不同的语义关系使用相同的句法形式进行表征,这只是对此类句式的基本描述。那么,如何看待不同句子之间的共性与差异呢?这就需要区分抽象的构式义和具体的句子意义。研究表明,这四个小类都体现了上位的抽象构式义“N1实施某种行为导致N2体现出变化RP”。这个意义来自致使构式,不受制于任何具体的词汇成分,是作为主体的人在感知和组织日常生活经历时对物理世界中的关系进行主观观察和范畴化的结果。句子意义则由抽象的构式义和具体的词汇义共同构成。词汇提供具体的事件场景和参与者角色,负责句子的逻辑语义关系;而构式则负责论元角色的分配。在宏观的构式义下,不同的逻辑语义关系会指向不同的下位构式,从而构建一个以宏观构式为上位构式的构式网络。这样的上下位关系既解释了不同句子之间的共性,即都体现了抽象的构式义,又顾及了不同句子之间的差异,即每个句子都描述一个事件场景并具有特别的内部语义关系。同时,构式的上下位关系还较好地解决了构式多义性的问题。根据构式语法的基本精神,构式是不应该多义的,但是构式语法却以牺牲不同构式间的差异为代价而提出构式多义假设,混淆了抽象的构式义和由具体词项填充后所形成的具体的句子意义。

本章最后解释了歧义句。本书认为不存在真正的歧义句,因为事实证明所有的歧义句在适当的语境下通过语义定位都可以找到明确的意义。歧义句之所以出现,是因为脱离了具体的语境,听话者没有了语义定位的依据,就只能尽可能多地解读句子。歧义的出现主要是因为听话者对句子所涉及的事件有多重体验。根据情境编码假设,动词与事件之间存在着转喻的关系,因此动词的出现不仅表示了一个具体的动作,还指代一个事件整体。这一个整体包括事件参与者、结果、具体的动作行为和工具等。动词和名词性成分之间存在着普适的格关系,也就是各成分之间的逻辑语义关系。不同的词汇成分以不同的语义关系指向动词所描述的事件,而当事件涉及不止一个参与者时,参与者之间的关系就变得多样化。因此,在具体的句子中,除了构式所提供的抽象致使关系以外,词汇性成分通过激活其所在的事件框架而有着不止一种解读,因此造成了句子的歧义。这是词汇和构式互动的结果。构式提供抽象的致使关系,赋予进入其中的名词性成分致事和役事的论元角色;而词汇性成分则提供事件框架,用以解释不同的语义关系,并进而指向不同的下位构式。在句子的理解中,不仅构式有一定的压制作用,词汇也会对句子的理解提供注解。因此,从语言解码的角度来看,词汇(不只是动词)和构式是不断互动以构成句子意义的。这就超越了 Goldberg (1995)所提出的仅仅在构式和动词之间的狭隘互动,而将互动扩展到所有的词汇成分。

# 第七章　余论:基于事件的构式观

## 7.1　事件的语言表征

世界是由连续不断的事件构成的,事件是语言交流的主要内容,对事件的表征是语言的主要功能。事件的基本要素包括参与者、动作行为、道具和结果。本书以事件为切入点研究构式,在事件的基础上提出了情境编码假设,呈现从事件的发生到最终被表征为语言形式的六个过程:经验事件—意象事件—框架事件—凸显事件—构式事件—词汇事件,并将其应用于现代汉语存在句和复杂述谓句“N1＋V＋得＋N2＋RP”构式的研究,以期解释语言如何表征事件以及事件表征如何影响论元实现。

情境编码假设旨在从基于使用的角度解释语言习得和语言产出的双向互动。从语言习得的角度,儿童具备从语言实例中抽象出构式的能力。因此,在观察和体验了足够多的语言使用的案例之后(经验事件),儿童能够抽象出这些语言使用案例中的具体意象(意象事件)。在进一步抽象之前,这些意象是独立存在的。而后,随着相似事件的不断重复和频繁使用,儿童在不同的意象事件中抽象出关涉所有相关事件、高度概括的语义框架(框架事件)。这一框架事件是关于同一类事件的最大集合,内含了所有理解该类事件所必需的百科背景知识。目前为止,儿童已经掌握了关于该类事件的所有要素,完成了语言习得中最重要的步骤——对语言输入的理解和概括。

然后,所获得的关于同一类事件的语义框架可以帮助儿童进行语言表达。

但是,由于事件的丰富性(包含有不同的参与者、实施的动作行为、使用的道具和产生的行为结果等),在对事件进行语言呈现时,不可能在一个句子中表达所有的事件要素。因此,说话者需要根据具体的语用需求筛选框架中的事件要素(凸显事件)。在说话者决定了所要凸显的事件要素后,需要通过具体的语言形式将其表征到语言。具体选用何种形式,由具体的语言规约决定。

对于存在句,如果想要呈现存在物、存在地点和存在关系,英文允许的表达方式为"There is a boat in the lake",体现出图形-背景序列(存在物—存在地点);而汉语允许的方式为"湖里有一条船",体现出背景-图形序列(存在地点—存在物)。因此,具体的语言对凸显事件的呈现方式进行塑造,而塑造所依据的工具就是对事件中某一具体语义关系进行编码的构式(构式事件)。选定了构式之后,进入事件表征的最后一步——选用恰当的词汇填充抽象的构式中所提供的空位,从而将事件变为可读可听的文字或语音形式(词汇事件)。这就是事件的语言表征的全过程。

这一过程表明,语言表达的起点是现实生活中说话人所体验到的具体事件,终点也是说话人在与现实世界进行互动时的具体事件。但是,作为起点的事件和作为终点的事件在语言表达中的具体作用有本质的不同。事件的起点为说话人的语言习得提供了现实基础,说话人通过与不同的现实事件进行互动而不断积累关于此类事件的百科知识。这些百科知识最终以语义框架的形式存在于说话人的语言知识体系,是说话人语言表征的丰富内容。而作为语言表达终点的事件是说话者进行语言表达的目的。说话者观察到某一个具体事件,想要将这一观察呈现给听话人,因此需要调动关于此类事件的百科知识和语义框架,同时要从语言知识中搜索与想要表达的语义关系匹配的构式,并选用词汇填充构式。

由此,事件既是语言表达的结果,又是语言表达的目的,贯穿于语言习得、语言交流、语言编码和语言解码的全过程。对语言的解释不能脱离"事件"这一语言的核心要义。

## 7.2 情境编码视阈下的"事件—动词—构式"互动

本书采纳了基于事件的构式观,在事件的百科知识视野下审视构式语法。

这一视角使得我们可以重新思考构式语法中的经典论述。

### 7.2.1 构式与事件的不对称及构式的本质

情境编码假设呈现了事件的语言表征过程，表明构式是事件的语言表征过程中的环节之一，以事件的语义框架为基础。构式的本质是对语义框架中某些事件要素的固定编码。例如，"墙上挂着画"这一类存在句编码了"存在地点—存在方式—存在物"的语义内容。"张三打得李四无处躲藏"这一类致使句编码了"致事—动作行为—役事—动作结果"的语义内容。语义框架的内容丰富，包含了与一类事件相关的所有要素。这些要素的不同组合方式体现了不同的语义关系，对不同语义关系的编码就构成了不同的构式。

同样以存在事件为例，其可以对应的构式包括"存在物—存在地点—存在方式"（画在墙上挂着），"存在地点—存在关系—存在物"（墙上有画），"存在地点—存在方式—存在物"（墙上挂着画）等。这三种构式均呈现了存在类事件，但是其编码的语义关系并不相同。因此，事件与构式之间不是一一对应的关系。一个事件可以通过不同的构式进行表征。反之，一个构式可以表征不同的事件。这是由构式的高度抽象性和图式性所决定的。

如前所述，构式是对事件中的某个逻辑语义关系的高度抽象和概括，是对宏观事件框架所施加的语义识解，所以当不同的事件中存在类似的逻辑语义关系时，就可以选用同一个构式进行表征。这时，构式才能具备实体的形式，而成为构式实例。构式实例既体现抽象的构式意义，又表达具体的事件所赋予的意义，是二者之和。

以"致使-移动"构式为例。在"N1—V—N2—PP"这一构式中，致使-移动构式可以编码不同的事件，如 *John pushed the piano into the room*, *John ordered him into the room*, *John allowed him into the room*, *John assisted him into the room* 等。这些句子都表达了相同的语义关系，即某人通过某一动作致使另一人移动到某处。然而，这一动作的实现方式不同，分别对应了不同的事件，如推事件（push）、命令事件（order）、允准事件（order）、协助事件（assist）等。换言之，这些不同的事件中都编码了相同的语义关系，而语言中惯用于表达这一语义关系的构式是致使-移动（构式），因此，致使-移动构式就被说话者选取来表征该事件。

可见，构式与事件之间也不存在一一对应的关系，同一个构式可以用来表征不同的事件。这恰恰是构式的概括性所在，也是语言习得的便利所在。

### 7.2.2 构式和构式实例

既然构式可以用于表征不同的事件，那么如何认识抽象的构式与具体事件中的构式呢？通过构式与事件的不对称性，我们可以分辨高度抽象的构式义与被具体事件所填充之后的构式实例所表达的意义。

同样以上述致使-移动构式为例。上述句子均体现了抽象的构式义“X 导致 Y 移动到 Z”，但是具体的移动方式要通过动词进行确定。因此，被具体动词填充之后的“N1—V—N2—PP”就不仅仅具有这一构式的抽象意义，还具备了具体情境中具体事件所赋予的意义。如 *John pushed the piano into the room* 表达的是 *John* 通过“推”事件使得“钢琴”移动到房间。这句话是一个体现抽象构式意义的构式实例，其句子意义就兼具抽象的构式义和填充此词项后的语境意义。因此，构式是一个抽象的图式性强的语言结构模板，被具体词项填充以后，具备了实体形态，成为构式实例。

### 7.2.3 构式与动词的关系及构式多义性

区分了高度抽象的构式和具体化的构式实例，我们就可以重新审视构式语法中动词与构式的关系以及构式多义性。Goldberg(1995:5)认为，动词与构式的关系体现为“具化、力动态、前提条件和伴随行为”，即动词或者体现构式义的实现方式，或者通过方式、工具、结果或者否定连接动词义和构式义，或者表达完成构式意义的前提条件，或者表达构式义实现时伴随的动作。

我们的研究表明，动词与事件之间存在着转喻关系。动词不过是进入百科知识的入口(Evans & Green，2006)，所表征的是与其所在的语义框架密切相关的丰富的百科知识。因此，出现在句中的动词并不仅仅表达一种动作行为，更重要的是表达了这一动作行为所指代的具体事件，以及该事件中的不同参与者之间的关系。动词与构式的互动就体现为动词能够表明抽象的构式义在何种具体事件中得以实现。

由此，Goldberg(1995)所设想的构式多义性可能只是一种表象。其问题之一在于未能区分抽象的构式义与被具体词项填充后的构式实例的意义。如前所示，Goldberg(1995)所罗列的构式的所有扩展意义都可以视为体现同一个抽象构式的具体实例。所谓构式多义性，可视为抽象构式与构式实例的关系。从构式语法的观点来看，语言中一切形式都是构式。因此，抽象构式是图式性最强、组构性最低的构式，而构式实例是图式性最弱、组构性最高的构式。

### 7.2.4 构式的论元角色及构式压制

上文提到，构式是对一类事件中某种固定的语义关系的语言编码。换言之，构式所编码的是一种固定的抽象语义关系，是该语义关系固化于语言的固定表达。由此，构式的论元结构是固定的，轻易不发生变化。比如，致使-移动构式是“X 导致 Y 移动到 Z”这一固定语义关系的语言呈现形式，其中包含三个论元“X、Y、Z”。这三个论元对应于具体事件中的三个参与者，而参与者在何种事件中呈现出这一特定的论元关系，则视具体的事件而定。

在“推”(*push*)事件中，如果是 *John* 将钢琴推到了房间，则参与者 *John*、*piano*、*room* 在推事件中涉身于上述语义关系，呈现为句子 *John pushed the piano into the room*。动词 *push* 能够出现在包含有三个论元的构式中，与动词自身的论元数量无关，而是与这一事件中所体现的参与者关系相关。

在 *sneeze* 事件中，如果 *Anna* 正在喝 *cappuccio* 咖啡时，不小心打了一个喷嚏，所带的气流将咖啡中的泡沫吹离了咖啡杯。这一事件中有三个参与者——*Anna*、*cappuccio* 咖啡及其中的泡沫，而三者产生的语义关联是 *Anna* 的喷嚏导致泡沫离开了咖啡杯。如果说话者想要使用语言呈现所观察到的这一事件中的语义关系，则致使-移动构式是最为适切的选择。因此，可以用于表达这一语义关系 *Anna sneezed the foam off the cappuccino*。

通过上述两例的分析可以看出，不是致使-移动构式压制了动词 *sneeze*，使其具备了联系三个论元的能力，而是 *sneeze* 事件中恰好呈现出致使-移动构式中的语义关系。因此，不是动词自身包含有不同的论元结构，也不是构式具有为动词压制出额外论元的能力，而是构式自身的论元结构表达了一种固定的语义关系。动词进入某一构式，就意味着在动词所表达的事件中存在着构式所表达的语义关系。

因此，动词中心论认为，动词包含了所有的句法信息的观点，混淆了动词所表达的具体动作与动词所指代的事件之间的关系，从而将本属于事件的语义关系的属性归于动词，导致了动词中心论。构式语法反对动词中心论，转而走向另一个极端——将动词提供的信息限制到最小而推崇构式中心论。然而，从事件的角度来看，动词只不过是事件整体性中的一个动作性成分，并不能取代整个事件。同样，构式也不过是一个事件框架中的部分语义关系的表达，同样不能代表整个事件。构式的论元来自其所编码的一类语义关系，动词提供了这一语义关系赖以发生的事件。动词的论元角色与构式的论元结构的错配不是构式压制的结果，而是动词所表达的事件中存在着构式所编码的语义关系。

综上，情境编码假设为构式语法中的三个主要问题提出了比较合理的解释和修正方案。情境编码假设指出了构式语法中问题的实质，并对其进行了修正和完善。区分构式的抽象意义和构式实例的具体意义，发现构式多义性的假设实则是对二者的混淆，所谓多义性应为上下位构式的关系；考察事件与句法的互动，发现动词、构式同事件之间皆存在着转喻关系，对句法起决定作用的不是动词，亦非构式，而是它们所共同指代的事件中的语义关系；构式的形成过程只不过是事件表征中的环节之一，构式是对事件中某个语义关系的编码，构式的本质在于呈现事件中的该语义关系；而构式压制动词之说认为句法决定语义，本书则认为是事件中特定的语义关系选择能够表现该语义关系的构式为其服务，即语义内容决定句法表现。

## 7.3 现代汉语复杂述谓构式

在情境编码假设视阈下，我们可以一窥现代汉语复杂述谓构式“N1＋V＋得＋N2＋RP”的概貌。本书认为，对这一构式缺乏彻底的认识，主要是由于未能区分句子中的逻辑语义关系和构式关系。

本书强调区分现实物理世界的逻辑语义关系和语言世界里的构式关系的重要性。逻辑语义关系是现实世界中的客观关系，描述的是事件中参与者之间具体的语义关系；而构式关系则是语言使用者认知加工的结果，不等同于逻辑语义关系，是构式对一类语义关系的固定编码。混淆二者的后果就是利用逻辑语义关系解释构式关系，或用构式关系解释逻辑语义关系，从而导致动词中心论或构式中心论。

尽管复杂述谓构式的具体实现形式多样，但它们均以不同的方式体现着抽象的构式义“N1 导致 N2 变得 RP”。在该构式关系中，N1 和 N2 分别是构式关系中的致事和役事。因此，无论出现在 N1 位置的是什么实体，都承载着致事的语义角色。例如，主事居后“得”字句“玉米吃得她直发胖”中，逻辑语义关系是“她吃玉米，她发胖”，而构式关系则是“玉米使得她发胖”。因此，在逻辑语义关系中，主事“她”处于非主语的位置，而在构式关系中，“她”是受“吃玉米”影响的役事。因此，尽管该句子并非是典型的致使-移动构式，仍然表征了“吃玉米”事件中的语义关系，是体现致使构式的实例。

在情境编码假设框架下，我们得以认识复杂述谓构式的构式网络关系。在 RP 指向 N2 的构式实例中，无论是 N2 承担双重角色(张三打得孩子到处藏)、N1 和 N2 具有领属关系(张三高兴得双手发抖)、V 间接影响 N2(外面吵得爷爷睡不着觉)，还是主事居后“得”字句(这篇文章写得我头昏脑涨)，N1 都是构式关系中的致事，N2 都是 N1 所涉及的 V 动作的受影响对象，RP 都是 N2 受 V 动作行为影响后所呈现的结果。从这一意义上，它们都是致使构式的构式实例。

可见，区分物理世界的逻辑语义关系与语言世界中的构式关系，有利于厘清复杂述谓构式中所谓的“同型异构”现象。

那么，为什么不同的逻辑语义关系能够运用同一个构式关系进行表达呢？本书认为，这是“句法慵懒机制”的作用。

语言的本质是传递意义，语言交流的本质在于“意义定位”。语言的形式和意义是一种动态竞争的关系。若在语境下能够对意义进行准确定位，句法就体现出针对变化的惰性，即句法慵懒机制，坚持用旧有的形式表达新的意义。句法慵懒得以实现，是因为现代汉语的“情境性特征”能够激活相关事件的宏观框架，从而有助于实施意义定位。所谓的歧义句是在孤立的语境下没有了意义定位的语句，听话者努力地激活句子中的词汇所指代的所有事件的框架，因此句子才有具有不止一种解读。歧义的产生恰恰是情境编码假设下词汇与构式互动的结果。

## 7.4 结论与研究展望

本书从事件的视角审视构式，评价了构式的地位和价值，尝试解决了构式语法中的基本问题，为构式研究提供新路向，并将其运用到语言实例的分析中。

本书详尽描述了事件表征的层次性和结构性，整合了语言学领域的相关理论，如格语法、框架语义学和构式语法等，将其纳入事件表征的宏观框架，在事件的基础上提出情境编码假设，描述了事件从发生到最终被表征为语言形式的六个过程：经验事件—意象事件—框架事件—凸显事件—构式事件—词汇事件，这有助于更清晰地了解事件表征的过程。

本书提出语言交流的“意义定位假设”，语义-句法动态竞争的句法慵懒机制和现代汉语的情境性特征假设，解释了现代汉语中存在句和“N1＋V＋得＋N1＋VP”句式的同形异构现象和歧义产生的原因。

情境编码假设认为语言交流的本质在于“意义定位”，语义和句法之间不是静态且机械的一一对应关系，而是处于动态的竞争之中，二者努力实现语言的经济性。本书从现代汉语歧义句入手，认为语义-句法竞争的结果之一是句法慵懒机制，该机制为同形异构现象的存在提供了理据。歧义之所以出现，是因为没有语境提供意义定位的线索，听话人会根据现代汉语的情境性特征，尽可能地激活所有相关的事件框架，并因此而穷尽一个句子所有的解读可能性。歧义的产生恰恰是词汇与构式进行互动的结果，体现了句法和语义之间的动态竞争。

情境编码假设有助于从宏观上鉴别和把握相关理论。情境编码假设综合了格语法、框架语义学、认知语言学中的凸显、构式语法以及与事件相关的各项研究成果，从整体上展现了事件的语言表征过程，有助于人们从宏观上认清各理论的地位和实质，从而客观地评价其意义和作用。

情境编码假设或可提供语言研究的新视角。情境编码假设强调事件在句法中的基础性地位，呈现了事件表征的六个过程，区分物理世界中的逻辑语义关系和语言世界中的构式关系，揭示了具体事件与框架事件的区别以及动词与事件、构式与事件之间的转喻关系，从事件的角度更好地审视了动词和构式在语言研究中的地位以及句法和语义的互动等语言学中的核心问题，为语言研究提供了新思路。

情境编码假设较好地解决了构式语法的问题，成功地区分了抽象的构式义和具体的构式实例意义，证明了动词中心论和构式中心论的问题所在，揭示了构式的本质在于对事件中的某个语义关系进行编码，重新审视了构式中的多义关系、构式压制的实质和事件与句法的互动，为客观把握和深入了解构式语法提供了可能。同时，本书还确认了构式语法的事件基础，为构式语法的后续发展培植了土壤。

情境编码假设综合运用了认知心理学的研究成果，将事件的心理表征过程与语言呈现过程结合起来，从而概括出事件表征的六个过程。然而，这一假设仍停留在理论思考的阶段，还有待于认知心理学的验证。

本书所提出的句法慵懒机制仅仅建立在汉语的基础之上，而且语料多来源于古代汉语，对于其在现代汉语的作用，作者仅通过母语者的语感来判断其有效性，还需要实际语料的分析和验证。同时，如果能够通过跨语言的研究分析句法慵懒的工作机制和原理，将具有极大的应用价值。

本书在情境编码假设的基础上发现事件与句法之间的互动，其重要性远远超过动词和构式，但是限于篇幅并没有对其进行详细的描述和分析。如果能够在意义和形式的动态竞争中探讨其运作机制，无疑将为语义-句法接口研究提供新的思路。

最后，书中只是简单地提及现代汉语的情境性假设和词汇与构式的互动，并未详尽地分析其特征以及与句法的内在关联。若能在情境编码假设的框架下展开讨论，则将为推动现代汉语的分析提供新的路向。

# 参考文献

## 一、外文论著

Anderson, J. (1987). Case Grammar and the Localist Hypothesis. In R. Dirven & G. Radden (eds.), *Concept of Case*. Tubingen: Narr.

Andresen, J. T. (2009). *Linguistics Reimaged: A Historiographic Perspective*, Manuscript.

Antinucci, F. & Miller, R. (1976). How children talk about what happened. *Journal of Child Language*, 3(2).

Bach, E. (1981). On time, tense, and aspect: An essay in English metaphysics. In P. Cole (ed.), *Radical Pragmatics*. New York: Academic Press.

Barðdal, J. (1999). Case in Icelandic: A construction grammar approach. *TijdSchriftvoorSkandinavistiek*, 20(2).

Barðdal, J. (2001). The role of thematic roles in Constructions? Evidence from the Icelandic inchoative. In A. Holmer, Jan-Olof. Svantesson &Å Viberg. (eds.), *Proceedings of the 18th Scandinavian Conference of Linguistics* 2000. Department of Linguistics, Lund.

Barðdal, J. (2004). The semantics of the impersonal construction in Icelandic, German and Faroese: Beyond thematic roles. In A. Werner (ed.),

*Focus on Germanic Typology* [*StudiaTypologica* 6]. Berlin: Akademie Verlag.

Barðdal, J. (2006). Construction-specific properties of syntactic subjects in Icelandic and German. *Cognitive Linguistics*, 17(1).

Barðdal, J. (2007). The semantic and lexical range of the Ditransitive Construction in the history of (North) Germanic. *Functions of Language*, 14(1).

Barðdal, J. (2008). Review of Construction Grammars: Cognitive grounding and theoretical extensions. *Language*, 84(2).

Bartlett, F. C. (1932). *Remembering*. Cambridge: Cambridge University Press.

Bierwisch, M. (1997). Lexical information from a Minimalist point of view. In C. Wilder, H.-M. Gaertner & M. Bierwisch (eds.), *The Role of Economy Principles in Linguistic Theory*. Berlin: Akademie Verlag.

Bloom, L., Lifter, K. & Hafitz, J. (1980). Semantics of verbs and the development of verb inflection in child language. *Language*, 56.

Boas, Hans C. (2002a). On constructional polysemy and verbal polysemy in Construction Grammar. In V. Samiian (ed.), *Proceedings of the* 2000 *Western Conference on Linguistics*, Vol. 12. Fresno: California State University.

Boas, H. C. (2002b). On the role of semantic constraints in resultative constructions. In R. Rapp (ed.), *Linguistics on the Way into the New Millennium*, 1. Frankfurt/M.: Peter Lang.

Boas, H. C. (2003). *A Constructional Approach to Resultatives* (*Stanford Monograph in Linguistics*). Stanford, CA: CSLI Publications.

Boas, H. C. (2004). You wanna consider a Constructional Approach to Wanna-Contraction? In M. Achard & S. Kemmer (eds.), *Language, Culture, and Mind*, Stanford, CA: CSLI Publications.

Boas, H. C. (2005). Determining the Productivity of Resultative

Constructions：A reply to Goldberg & Jackendoff. *Language*，81(2).

Boas，H. C. (2007). Construction Grammar in the twenty-first century，*English Language and Linguistics*，11(3).

Boas，H. C. (2008a). Resolving form-meaning discrepancies in Construction Grammar. In J. Leino(ed.)，*Constructional Reorganization*. Amsterdam/Philadelphia：Benjamins.

Boas，H. C. (2008b). Determining the structure of lexical entries and grammatical constructions in Construction Grammar. *Annual Review of Cognitive Linguistics*，6(1).

Boas，H. C. (2008c). Towards a frame-constructional approach to verb classification. *Revista Canaria de Estudios Ingleses*，57.

Boas，H. C. & Fried M. (2005). Introduction. In M. Fried & H. C. Boas(eds.)，*Grammatical Constructions：Back to the Roots*. Amsterdam/Philadelphia：Benjamins.

Bohnemeyer，J. & Swift，M. (2004). Event realization and default aspect. *Linguistics and Philosophy*，27.

Borer，H. (2005). *The Normal Course of Events：Structuring Sense*，Vol. II. Oxford：Oxford University Press.

Bresnan，J. &Kanerva，J. (1989). Locative inversion in Chichewŵa：a case study of factorization in grammar. *Linguistic Inquiry*，20.

Broccias，C. (2006). Cognitive approaches to grammar. In G. Kristiansen et al. (eds.)，*Cognitive Linguistics：Current Applications and Future Perspectives*. Berlin/New York：Mouton de Gruyter.

Bronckart，J. P. & Sinclair，H. (1973). Time，Tense，and Aspect. *Cognition*，2.

Brooks，P. & Tomasello，M. (1999a). Young children learn to produce passives with nonce verbs. *Developmental Psychology*，35.

Brooks，P. & Tomasello，M. (1999b). How young children constrain their argument structure constructions. *Language*.

Brooks, P. & Tomasello, M. (1999c). Learning the English passive construction. In B. Fox, D. Juravsky & L. Michaelis(eds.), *Cognition and Function in Language*. Stanford, CA: CLSI Publications.

Bruner, J. (1983). *Child's Talk: Learning to Use Language*. New York: Norton.

Campbell, A., Brooks, P. &Tomasello, M. (2000). Factors affecting young children's use of pronouns as referring expressions. *Journal of Speech, Language, and Hearing Research*.

Campbell, A. & Tomasello, M. (2001). The acquisition of English dative constructions. *Applied Psycholinguistics*, 22.

Carlson, G. (1998). Thematic roles and the individualization of events. In S. Rothstein (ed.), *Events and Grammar*. Dordrecht/Boston/London: Kluwer Academic Publishers.

Carter, R. (1976). *Some Linking Regularities in English*. Paris: University de Vincennes.

Childers, J. & Tomasello, M. (2001). The role of pronouns in young children-s acquisition of the English transitive construction. *Developmental Psychology*, 37.

Chomsky, N. (1980). *Rules and Representations*. New York: Columbia University Press.

Chomsky, N. (1981). *Lectures on Government and Binding*. Foris: Dordrecht.

Clark, E. V. (1996). Early verbs, event types, and inflections. In J. H. V. Gilbert & C. E. Johnson (eds.), *Children's Language*, Vol. 9. Hillsdale, NJ: Lawrence Erlbaum.

Croft, W. (1990). Possible verbs and the structure of events. In S. L. Tsohatzidis (ed.), *Meanings and Proto-types: Studies in Linguistic Categorization*. London: Routledge.

Croft, W. (1991). *Syntactic Categories and Grammatical Relations*.

Chicago：University of Chicago Press.

Croft，W.（2001）. *Radical Construction Grammar：Syntactic Theory in Typological Perspective*. Oxford：Oxford University Press.

Croft，W. & Cruse，D. A.（2004）. *Cognitive Linguistics*. Cambridge：Cambridge University Press.

Cruse，D. A.（1986）. *Lexical Semantics*. Cambridge University Press.

Diessel，H. & Tomasello，M.（2000）. The development of relative constructions in early child speech. *Cognitive Linguistics*，11

Diessel，H. & Tomasello，M.（2001）. The acquisition of finite complement clauses in English：A usage based approach to the development of grammatical constructions. *Cognitive Linguistics*，12.

Dirven，R. & Radden，G.（1987）. *Concept of Case*. Tuebingen：Gunter NarrVerlag.

Doelling，J.，Heyde-Zybatow，T. & Schaefer，M.（2008）. *Event Structures in Linguistic Form and Interpretation*. Berlin：Walter de Gruyter.

Dowty，D. R.（1972）. Studies in the logic of verb aspect and time reference in English. *Studies in Linguistics*，No. 1. Austin，Texas：University of Texas.

Dowty，D. R.（1979）. *Word Meaning and Montague Grammar*. Dordrecht：Kluwer.

Dowty，D. R.（1991）. Thematic proto roles and argument selection. *Language*，67.

Evans，V. & Green，M.（2006）. *Cognitive Linguistics：An Introduction*. Edinburgh：Edinburgh University Press.

Farrar，M. J.，M. J. Friend & J. N. Forbes.（1993）. Event knowledge and early language acquisition. *Child Language*，20.

Fillmore，C. J.（1968）. The case for case. In E. Bach & R. Harm（eds.），*Universals in Linguistic Theory*. New York：Holt，Rinehart &

Winston.

Fillmore, C. J. (1971a). Verbs of judging: an exercise in semantic description. In C. J. Fillmore & D. T. Langendoen (eds.), *Studies in Linguistic Semantics*. New York: Holt, Rinehart & Winston.

Fillmore, C. J. (1971b). Some problems for case grammar. In R. J. O'Brien (ed.), *Reports for the 22nd Annual Round Table Meeting on Linguistic and Language Studies*, *Monograph Series on Languages and Linguistics*, Washington, DC: Georgetown University Press.

Fillmore, C. J. (1975). An alternative to checklist theories of meaning. In C. Cogen et al. (eds.), *Proceedings of the First Annual Meeting of the Berkeley Linguistics Society*. Amsterdam: North Holland.

Fillmore, C. J. (1977a). The case for case reopened. In P. Cole & J. Sadock (eds.), *Syntax and Semantics 8: Grammatical Relations*. New York: Academic Press.

Fillmore, C. J. (1977b). Topics in lexical semantics. In R. W. Cole (ed.), *Current Issues in Linguistic Theory*. Bloomington: Indiana University Press.

Fillmore, C. J. (1977c). Scene-and-frame semantics. In A. Zampolli (ed.), *Linguistics Structures Proceedings*. Amsterdam: North Holland.

Fillmore, C. J. (1978). On the organization of semantic information in the lexicon. In D. Frakas, et al (eds.), *Papers from Parasession on the Lexicon*. Chicago: The Chicago Linguistic Society.

Fillmore, C. J. (1982). Frame Semantics. In Linguistic Society of Korea (ed.), *Linguistics in the Morning Calm*. Seoul: Hanshin Publishing.

Fillmore, C. J. (1985). Frame and the semantics of understanding. *Quaderni di Semantica*, 6.

Fillmore, C. J. (1987). A Private history of the concept 'frame'. In R. Dirven & R. Radden (eds.), *Concept of Case*. Tuebingen: Gunter Narr Verlag.

Fillmore, C. J. (1999). Inversion and Constructional Inheritance. In G. Webelhuth, J-P. Koenig & A. Kathol(eds.), *Lexical and Constructional Aspects of Linguistic Explanation*. Stanford, CA: CSLI Publications.

Fillmore, C. J., Kay, P. & O'Connor, M. C. (1988). Regularity and Idiomaticity in Grammatical Constructions: The Case of Let Alone. *Language*, 64 (3).

Fischer, K. (1996). A Construction-based approach to the lexicalization of interjections. In M. Gellerstam, J. Järborg, S. Malmgren, K. Nören, L. Rogström & C. R. Papmehl (eds.), *Euralex'96: Proceedings*. Gothenburg: University of Gothenburg.

Fischer, K. (2001). Pragmatic methods for Construction Grammar. In R. Holmer, J. Svantesson & A. Viberg (eds.), *Proceedings of the 18th Scandinavian Conference of Linguistics*. Vol. 1.

Foley, W. & van Vanlin, R. (1984). *Functional Syntax and Universal Grammar*. Cambridge: Cambridge University Press.

Fraser, B. (1970). Idioms within a transformational grammar. *Foundations of Language*, 6.

French, L. & Nelson, K. (1985). *Children's Acquisition of Relational Terms. Some ifs, ors, and buts*. New York: Springer.

Fried, M. (1990), Reflexives as grammatical constructions: A case study in Czech. *Proceedings of the Annual Meeting of the Berkeley Linguistics Society*. Vol. 16

Fried, M. (1999). From interest to ownership: A constructional view of external possessors. In D. L. Payne & I. Barshi (eds.), *External Possession Constructions*. Amsterdam: John Benjamins.

Fried, M. (2004). Predicate semantics and event construal in Czech case marking. In M. Fried & J-O. Östman (eds.), *Construction Grammar in a Cross-language Perspective*. Amsterdam: John Benjamins.

Fried, M. (2009a). Construction Grammar as a tool for diachronic analysis. *Constructions and Frames*, 1(2).

Fried, M. (2009b). Plain vs. situated possession in a network of grammatical constructions. In W. McGregor (ed.), *Expression of Possession*. Berlin/New York: Mouton de Gruyter.

Fried, M. (2009c). Representing contextual factors in language change: between frames and constructions. In A. Bergs & G. Diewald (eds.), *Contexts and Constructions*. Amsterdam/Philadelphia: John Benjamins.

Fried, M. & Östman, J-O. (2004). *Construction Grammar in a Cross-language Perspective* [CAL 2]. Amsterdam: John Benjamins.

Fujii, S. (1993). On the idiomaticity of conditional constructions in Japanese. In J. Boulanger & C. Ouellon(eds.), *CIL1992: Proceedings of the Fifteenth International Congress of Linguists*. Qu\'ebec: Les Presses De L'universit Lavel.

Fujii, S. (1994). A family of constructions: Japanese TEMO and other concessive conditionals. *BLS* 20. Berkeley: Berkeley Linguistics Society.

Fujii, S. (2004). Lexically (un) filled constructional schemes and construction types: the case of Japanese modal conditional constructions. In M. Fried & J-O. Östman (eds.), *Construction Grammar in a Cross-language Perspective*. Amsterdam: John Benjamins.

Geeraerts, D. (2006). *Cognitive Linguistics: Basic Readings*. Berlin/New York: Mouton de Gruyeter.

Givón, T. (1984). *Syntax: A Function-Typological Introduction*. Armsterdam: John Benjiamins.

Givón, T. (1990). *Syntax: A Functional-Typological Introduction*. Vol. 2. Amsterdam: John Benjamins.

Goldberg, A. (1989). A unified account of the semantics of the ditransitive. *Proceedings of the Annual Meeting of the Berkeley Linguistics Society*. Vol. 15.

Goldberg, A. (1991a). It can't go down the chimney up: Paths and the

English resultative. *Proceedings of the Annual Meeting of the Berkeley Linguistics Society*. Vol. 17.

Goldberg, A. (1991b). A semantic account of resultatives. *Linguistic Analysis*, 21.

Goldberg, A. (1992a). The inherent semantics of argument structure: The case of the English ditransitive construction. *Cognitive Linguistics*, 3 (1).

Goldberg, A. (1992b). In support of a semantic account of resultatives. *CSLI Report* No. 163. Stanford, CA.

Goldberg, A. (1995). *Constructions. A Construction Grammar Approach to Argument Structure*. Chicago: University of Chicago Press.

Goldberg, A. (1996). Making one's way through the data. In M. Shibatani & S. Thompson (eds.), *Grammatical Constructions: Their Form and Meaning*. Oxford: Clarendon Press.

Goldberg, A. (1997a). Construction Grammar. In E. K. Brown & J. E. Miller (eds.), *Concise Encyclopedia of Syntactic Theories*. New York: Elsevier Science Limited.

Goldberg, A. (1997b). Relationships between verb and construction. In M. Verspoor & E. Sweetser (eds.), *Lexicon and Grammar*. Amsterdam: John Benjamins.

Goldberg, A. (1999). The Emergence of Argument Structure Semantics. In B. MacWhinney (ed.), *The Emergence of Language*. Hillsdale, NJ: Lawrence Erlbaum.

Goldberg, A. & Casenhiser, D. (2006). English constructions. In B. Aarts & A. McMahon (eds.), *Handbook of English Linguistics*. Oxford: Blackwell Publishers.

Goldberg, A. (2006). *Constructions at Work: The Nature of Generalization in Language*. Oxford: Oxford University Press.

Gries, S. Th. (2003). Towards a corpus-based identification of prototypical instances of constructions. *Annual Review of Cognitive Linguistics*, 1.

Grimshaw, A. S. (1993). Easy to Use Object-Oriented Parallel Programming with Mentat. *IEEE Computer*, 26(5).

Gropen, J., S. Pinker, M. Hollander & R. Goldberg (1992). Affectedness and direct object: The role of lexical semantics in the acquisition of verb argument structure. In B. Levin & S. Pinker (eds.), *Lexical and Conceptual Semantics*. Cambridge, MA/Oxford, UK: Blackwell.

Gruber, J. (1965). *Studies in Lexical Relations*. Cambridge, MA: MIT Press.

Habel, C. & Tappe, H. (1999). Process of segmentation and linearization in describing events. In R. Klabunde & C. von Stutterheim (eds.), *Conceptual and Semantic Knowledge in Language Production*. Opladen: Westdeutscher Verlag.

Hale, K. & Keyser, S. (1993). On argument structure and the lexical expression of syntactic relations. In K. Hale & S. J. Keyser (eds.), *The view from Building 20: A festschrift for Sylvain Bromberger*. Cambridge, MA: MIT Press.

Hale, K. & Keyser, S. (2002). *Prolegomenon to a Theory of Argument Structure*. Cambridge, MA/London: MIT Press.

Hasegawa, Y. (1996). Towards a description of Te-linkage in Japanese. In M. Shibatani and S. A. Thompson (eds.), *Grammatical Constructions: Their Form and Meaning*. Oxford: Clarendon Press.

Heine, B. (1993). *Auxiliaries: Cognitive Forces and Grammaticalization*. New York: Oxford University Press.

Heine, B. (1997). *Possession. Cognitive Sources, Forces and Grammaticalization (Cambridge Studies in Linguistics 83)*. Cambridge: Cambridge University Press.

Herslund, M. (1999). Review on Possession. Cognitive Sources,

Forces and Grammaticalization by Bernd. *Journal of Linguistics*, 35( 2).

Higginotham, J. (2000a). On events in linguistic semantics. In J. Higginotham, F. Pianesi & A. C. Varzi (eds.), *Speaking of Events*. New York: Oxford University Press.

Higginotham, J. (2000b). *On the Representation of Telicity*. MS. Oxford University.

Hoekstra, T. (1988). Small clause results. *Lingua*, 74.

Hoekstra, T. (1992). Aspect and theta theory. In I. M. Roca (ed.), *Thematic Structure: Its Role in Grammar*. Berlin: Foris.

Hopper, P. J. & Thompson, S. A. (1984). The Discourse Basis for Lexical Categories in Universal Grammar. *Language*, 60 (4).

Huddleston, R. (1970). Some remarks on case grammar. *Linguistic Inquiry*, 1 (4).

Jackendoff, S. (1976). Toward an explanatory semantic representation. *Linguistic Inquiry*,7(1).

Jackendoff, S. (1983). *Semantics and Cognition*. Cambridge: The MIT Press.

Jackendoff , R. (1990). *Semantic Structure*. Cambridge, MA: MIT Press.

Jackendoff, R. ( 1996 ). The proper treatment of measuring out, telicity, and perhaps even quantification in English. *Natural Language and Linguistic Theory*, 14.

Katz, J. J. (1972). *Semantic Theory*. New York: Harper.

Katz, J. J. ( 1973 ). Compositionality, idiomaticity, and lexical substitution. In S. R. Anderson & P. Kiparsky (eds.), *A Festschrift for Morris Halle*. New York: Holt, Rinehart & Winston.

Katz, J. J. & Postal, P. (1963). Semantic interpretation of idioms and sentences containing them. *Quarterly Progress Report of the MIT Research Laboratory of Electronics*, 70

Kay, P. (1997). *Words and the Grammar of Context*. Stanford, CA: CSLI Publications.

Kay, P. & Fillmore, C. J. (1999). Grammatical Constructions and Linguistic Generalizations: The What's X Doing Y? Construction. *Language*.

Kay, P. (2002a). English Subjectless Sentences. *Language*, 78 (3).

Kay, P. (2002b). An informal sketch of a formal architecture for Construction Grammar. *Grammars*, 5.

Knittel, M. L. (2010). Possession vs. pseudo-incorporation in the nominal domain: Evidence from French event nominal dependencies. *The Linguistic Review*, 27.

Koontz-Garboden, A. (2007). Aspectual coercion and the typology of change of state predicates. *Linguistics*, 43.

Krifka, M. (1989). Nominal Reference, Temporal Constitution and Quantification in Event Semantics. In R. Bartsch, J. van Benthem & P. van EmdeBoas(eds.), *Semantics and Contextual Expression*. Dordrecht: Foris.

Krifka, M. (1992). Thematic relation as links between nominal reference and Temporalconstruction. In I. Sag & A. Szabolcsi (eds.), *Lexical Matters*. Stanford, Calif: Stanford University Press.

Kuno, S. (1987). *Functional Syntax: Anaphora, Discourse and Empathy*. Chicago: University of Chicago Press.

Lakoff, G. (1987). *Women, Fire, and Dangerous Things: What Categories Reveal about the Mind*. Chicago/London: The University of Chicago Press.

Lambrecht, K. (1990). 'What, me worry?' Mad magazine sentences revisited. *BLS*, 16.

Lambrecht, K. (2000). When subjects behave like objects: An analysis of the merging of S and O in sentence-focus constructions. *Studies in Language*, 24(3).

Lambrecht, K. &Michaelis, L. A. (1996). Toward a construction-based theory of language function: The case of nominal extraposition. *Language*, 72(2).

Langacker, R. W. (1983). *Foundations of Cognitive Grammar*. Bloomington: Indiana University Linguistics Club.

Langacker, R. W. (1987). *Foundations of Cognitive Grammar, Vol. 1: Theoretical Prerequisites*. Stanford: Stanford University Press.

Langacker, R. W. (1990). *Concept, Image, and Symbols: The Cognitive Basis of Grammar. Cognitive Linguistics Research 1*. Berlin: Mouton de Gruyter.

Langacker, R. W. (1991). *Foundations of Cognitive Grammar, Vol. 2: Descriptive Application*. Stanford: Stanford University Press.

Langacker, R. W. (1997). Constituency, dependency, and conceptual grouping. *Cognitive Linguistics*, 8.

Langacker, R. (1999). A dynamic usage-based model. In Langacker, R. (ed.), *Grammatical Conceptualization*. Berling and New York: Monton de Gruyter.

Langacker, R. W. (2000). A dynamic usage-based model. In M. Barlow & S. Kemmer(eds.), *Usage-Based Model of Language*. Stanford, CA: CSLI Publications.

Langacker, R. W. (2002). *Concept, Image, and Symbols: The Cognitive Basis of Grammar*. (2nd Edition). Berlin: Mouton de Gruyter.

Langacker, R. W. (2003a). Constructions in cognitive grammar. *English Linguistics*, 20.

Langacker, R. W. (2003b). Constructional integration, grammaticalization, and serial verb constructions. *Language and Linguistics*, 4.

Langacker, R. W. (2003c). Construction grammars: Cognitive, radical and less so. Paper presented at the International Cognitive Linguistic Conference, Logrono.

Langacker, R. W. (2005a). Integration, grammaticalization, and constructional meaning. In M. Fried & H. C. Boas (eds.), *Grammatical Constructions: Back to the Roots*. Amsterdam/Philadelphia: John Benjamins.

Langacker, R. W. (2005b). Construction grammars: Cognitive, radical, and less so. In F. J. Ruiz de Mendoza Ibanez & M. Sandra Pena Cervel (eds.), *Cognitive Linguistics: Internal Dynamics and Interdisciplinary Interaction*. Berlin/New York: Mouton de Gruyter.

Langacker, R. W. (2008). *Cognitive Grammar: A Basic Introduction*. Oxford: Oxford University Press.

Langacker, R. W. (2009a). *Investigations in Cognitive Grammar. Cognitive Linguistics Research* 42. Berlin/New York: Mouton de Gruyter.

Langacker, R. W. (2009b). Constructions and Constructional Meaning. In V. Evans & S. Pourcel (eds.), *New Directions in Cognitive Linguistics*. Amsterdam/ Philadelphia: John Benjamins.

Lascarides, A. & Asher, N. (2005). Temporal Interpretation, Discourse Relations and Common Sense Entailment [Originally *Linguistics and Philosophy* 16 (1993): 437-493]. In I. Mani, J. Pustejovsky, R. Gaizauskas (eds.), *The Language of Time: A reader*. Oxford: Oxford University Press.

Laurie, S. S. (1859). *On the Fundamental Doctrine of Latin Syntax*. Edinburgh: Constable.

Lee, K.-O. & Lee, Y. (2008). An Event-Structural account of passive acquisition in Korean. *Language and Speech*, 51 (1&2).

Lemmens, M. (1998). *Lexical Perspectives on Transitivity and Ergativity*. Amsterdam & Philadelphia: John Benjamins.

Levelt, W. J. M. (1989). *Speaking: From Intention to Articulation*. Cambridge, MA: MIT Press.

Levin, B. (1999). Objecthood: An Event Structure perspective. *Papers from the Regional Meetings*, *Chicago Linguistic Society*, 35(1).

Levin, B. & Rappaport Hovav, M. (1995). *Unaccusativity: At the Syntax-lexical Semantics Interface*. Cambridge, MA: MIT Press.

Levin, B. & Rappaport Hovav, M. (1999). Two structures for compositionally derived events. *Proceedings from Semantics and Linguistic Theory*, 9.

Li, C. N. & Thompson, S. (1981). *Mandarin Chinese: A Functional Reference Grammar*. Berkeley: University of California Press.

Li, Y. (1998). Chinese resultative constructions and the uniformity of theta assignment hypothesis. In J. Packard (ed.), *New Approaches to Chinese Word Formation*, Berlin: Mouton de Gruyter.

Lucariello, J. & Nelson, K. (1982). Situational variation in mother-child interaction. Paper presented at the meeting of the Third International Conference on Infant Studies, Austin, Texas.

Lucariello, J., Kyratzis, A. & Engel, S. (1986). Event representations, context and language. In K. Nelson (ed.), *Event Knowledge: Structure and Function in Development*. Hillsdale, NJ: Lawrence Erlbaum.

Machonis, P. (1985). Transformations of verb phrase idioms: Passivization, particle movement, dative shift. *American Speech*, 60.

Mandler, J. (1984). *Stories, Scripts and Scenes*. Hillsdale, NJ: Lawrence Erlbaum.

McClure, W. (1995). Syntactic Projection of the Semantics of Aspect. Ph. D. Dissertation, Cornell University.

Michaelis, L. &Lambrecht, K. (1996). Toward a construction-based theory of language function: The case of nominal extraposition. *Language*, 72.

Moens, M. & Steedman, M. (1988). *Temporal Ontology and Temporal Reference*. Cambridge, MA: MIT Press.

Narasimhan, B. & Gullberg, M. (2006). Perspective shifts in event descriptions in Tamil child language. *Child Language*, 33.

Nelson, K. (1985). *Making Sense*. New York: Academic Press.

Nelson, K. (1986). *Event Knowledge*. Hillsdale, NJ: Lawrence Erlbaum.

Nunberg, G., Sag, I. A. & Wasow, T. (1994). Idioms. *Language*, 70 (3).

Ogden, C. K. & Richards, I. A. (1923). *The Meaning of Meaning*. London: Routledge & Kegan Paul.

Östman, J-O. & Fried, M. (2005). *Construction Grammars: Cognitive Grounding and Theoretical Extensions* [CAL 3]. Amsterdam: John Benjamins.

Parsons, T. (1989). The progressive in English: Events, states and processes. *Linguistics and Philosophy*, 12 (2).

Parsons, T. (1990). *Events in the Semantics of English: A Study in Subatomic Semantics*. Cambridge, MA: MIT Press.

Parsons, T. (1995). Thematic relations and arguments. *Linguistic Inquiry*, 26 (4).

Perlmutter, D. (1978). Impersonal passives and the unaccusative hypothesis. *BLS*, 4.

Perlmutter, D. & P. Postal. (eds.), (1984). *Studies in Relational Grammar* 2. Chicago: University of Chicago Press.

Piaget, J. (1971). *Genetic epistemology*. New York: W. W. Norton.

Pustejovsky, J. (1991). The Syntax of Event Structure. In B. Levin & S. Pinker (eds.), *Lexical and Conceptual Semantics*. Cambridge/Oxford: Blackwell Publishers.

Ramchand, G. C. (1997). *Aspect and Predication*. Oxford: Oxford University Press.

Ramchand, G. C. (2003). *First Phase Syntax*. Ms. University of

Oxford.

RappaportHovav, M. & Levin, B. (1988). What to do with theta－roles. In W. Wilkens (ed.), *Thematic Relations*. New York: Academic Press.

Rappaport Hovav, M. & Levin, B. (1998). Building verb meaning. In M. Butt & W. Geuder (eds.), *Projection of Arguments: Lexical and Compositional Factors*. Stanford, CA: CSLI Publishers.

RappaportHovav, M. & Levin, B. (2001). An Event Structure account of English resultatives. *Language*, 77.

Ritter, E. & Rosen, S. T. (1998). Delimiting events in syntax. In M. Butt & W. Geuder (eds.), *The Projection of Arguments*. Stanford, CA: CSLI Publications.

Ritter, E. & Rosen, S. T. (2000). Event Structure and Ergativity. In C. Tenny& J. Pustejovsky (eds.), *Events as Grammatical Objects: The Conveying Perspectives of Lexical Semantics and Syntax*. Stanford, Calif.: CSLI Publications.

Sag, I. (1997). English relative clause constructions. *Journal of Linguistics*, 33 (2).

Smith, C. S. (1983). A theory of aspectual choice. *Language*, 59 (3).

Smith, C. S. (1991). Aspectual viewpoint and situation type in Mandarian Chinese. *Journal of East Asian Linguistics*, 3 (2).

Shirai, Y. & Andersen, R. W. (1995). The acquisition of tense-aspect morphology: A prototype account. *Language*, 71.

Snow, C. & Goldfield, B. (1983). Turn the page please: Situation-specific language acquisition. *Journal of Child Language*, 10.

Spaeth, A. &Trautwein, M. (2004). Negative description of events: Semantic and conceptual aspects of sentence negation and its relevance for information structure. In A. Steube (ed.), *Information Structure: Theoretical and Empirical Aspects*. Berlin: Walter de Gruyter.

Steele, S. (1994). Review on Auxiliaries: *Cognitive Forces and Grammaticalization* by Bernd Heine. *Language*, 70(4).

Steinberg, D. & Sciarini, N. (2007). *An Introduction to Psycholinguistics*. Beijing: World Book Publisher.

Stowell, T. (1981). *Origins of Phrase Structure*. Ph. D. Dissertation. Cambridge, MA. : MIT.

Sweetser, E. & Bouveret, M. (2010). Lexical classes and syntactic frames: Constructions of BREAKING and CUTTING. Paper presented at CSDL and ESLP, San Diego.

Talmy, L. (1988). Force dynamics in language and thought. *Cognitive Science*, 12.

Talmy, L. (2001). *Towards a Cognitive Semantics*, Vols. 1 & 2. Cambridge/London: MIT Press.

Taylor, J. R. (2001). *Linguistic Categorization: Prototypes in Linguistic Theory*. Oxford: Oxford University Press & Beijing: Foreign Language Teaching and Research Press.

Tenny, C. (1992). The aspectual interface hypothesis. In I. A. Sag & A. Szabolcsi (eds.), *Lexical Matters*. Palo Alto, CA: Stanford University.

Tenny, C. (1994). *Aspectual Roles and the Syntax-semantics Interface*. Dordrecht: Kluwer.

Tenny, C. & Pustejovsky, J. (2000). *Events as Grammatical Objects*. Stanford, CA: CSLI Publications.

Tomasello, M. & Brooks, P. (1999). Early syntactic development: A Construction Grammar approach. In M. Barrett(ed.), *The Development of Language*. Hove, UK: Psychology Press.

Travis, L. (2000). Event structure in syntax. In C. Tenny & J. Pustejovsky(eds.), *Events as Grammatical Objects*. Stanford, CA: CSLI Publications.

Traugott, E. C. (2008a). Grammaticalization, constructions and the incremental development of language: suggestions from the development of degree modifiers in English, In E. Regine, G. Jager &T. Veenstra(eds.), *Variation, Selection Development: Probing the Evolutionar Model of Language Change*. Berlin/New York: Mouton de Gruyter.

Traugott, E. C. (2008b). The grammaticalization of NP of NP constructions. In B. Alexander & G. Diewald (eds.), *Constructions and Language Change*. Berlin/New York: Mouton de Gruyter.

Traugott, E. C. & Trousdale, G. (2013). *Constructionalization and Constructional Change*. Oxford: Oxford University Press.

Traugott, E. C. (2014). Toward a constructional framework for research on language change. *Cognitive Linguistic Studies*, 1(1).

Trousdale, G. (2008). A constructional account of lexicalization processes in the history of English: Evidence from possessive constructions. *Word Structure*, 1.

Trousdale, G. (2011). Issues in constructional approaches to grammaticalization in English. In E. Gehweiler, K. Stathi & E. Köing. (eds.), *What Is New in Grammaticalization*. Amsterdam: Benjamins.

Tsujimura, N. & Iida, M. (1999). Deverbalnominals and telicity in Japanese. *Journal of East Asian Linguistics*, 8 (2).

Ungerer, F. & Schmid, H. J. (2001). *An Introduction to Cognitive Linguistics*. Beijing: Foreign Language Teaching and Research Press.

van der Linden, E.-J. (1992). Incremental processing and the hierarchical lexicon. *Computational Linguistics*, 18 (2).

van Hout, A. (2000). Event semantics in the lexicon-syntax interface. C. Tenny & J. Pustejovsky (eds.), *Events as Grammatical Objects*. Stanford, CA: CSLI Publications.

Van Valin, R. (1990). Semantic parameters of split in transitivity. *Language*, 66.

Van Valin, R. (1993). A Synopsis of Role and Reference Grammar. In

R. D. van Valin (ed.), *Advances in Role and Reference Grammar*. Amsterdam: John Benjamins, 1993.

Van Valin, R. (2007). Review on Adele E. Goldberg, Constructions at work: The nature of generalization in language. *Journal of Linguistics*, 43.

Vendler, Z. (1967). *Linguistics in Philosophy*. Ithaca, NY: Cornell University Press.

Verkuyl, H. (1972). On the compositional nature of the aspects. Dordrecht: Reidel.

von Stechow, A. (1996a). Lexical decomposition in syntax. In U. Egli, P. E. Pause, C. Schwarze, A. von Stechow & G. Wienold (eds.), *The Lexicon in the Organization of Language*. Amsterdam: John Benjamins.

von Stechow, A. (1996b). The different readings of *wieder* 'again': A structural account. *Journal of Semantics*, 13.

von Stutterheim, C. & Nuese, R. (2003). Processed of conceptualization in language production: Language-specific perspectives and event construal. *Linguistics*, 41(5).

van Voorst, J. (1988). *Event Structure*. Amsterdam: John Benjamins.

Wiezbicka, A. (1988). *The Semantics of Grammar*. Amsterdam/ Philadelphia: John Benjamins.

Wierzbicka, A. (1995). Dictionaries VS. encyclopedias: How to draw the line. In W. D. Philip (ed.), *Alternative Linguistics: Descriptive and Theoretical Modes*. Amsterdam/ Philadelphia: John Benjamins.

Wyngaerd, G. V. (2001). Measuring Events. *Language*, 77(1).

## 二、中文论著

安玉霞,2006 年,《存在句语义要素匹配关系分析》,北京语言大学硕士学位论文。

蔡永强,2005 年,《"张三追得李四直喘气"及其相关句式》,赵金铭主编:《对外汉语教学的全方位探索——对外汉语研究学术讨论会论文集》,商务印书馆。

常玲玲，2007 年，《结果补语对德语结果式和汉语动不结果句式的影响》，《语言研究》第 2 期。

陈建明，1986 年，《现代汉语句型论》，语文出版社。

陈信春，2009 年，《“得”后主谓结构的句法语义分析》，《信阳师范学院学报》第 6 期。

陈一士，1957 年，《是主谓结构作补语，还是复杂的谓语？》，《语文学习》第 8 期。

丁恒顺，1989 年，《“N1＋V 得＋N2＋VP”句式》，《中国语文》第 3 期。

丁声树、吕书湘等，1961 年，《现代汉语语法讲话》，商务印书馆。

董艳萍、梁君英，2002 年，《走近构式语法》，《现代外语》第 2 期。

范晓，1992 年，《V 得句的“得”后成分》，《汉语学习》第 6 期。

范晓，1993 年，《论“致使”结构，语法研究和探索》，商务印书馆。

范晓、张豫峰，2001 年，《“V 得”后主谓结构的语义分析》，《中国学研究》第 4 期。

郭锐，2003 年，《把字句的语义构造和论元结构》，林焘主编：《语言学论丛》第 28 辑，商务印书馆。

郭姝慧，2004 年，《现代汉语致使句式研究》，北京语言大学博士学位论文。

郭振红，2004 年，《N1＋V1 得＋N2＋V2 句式分析》，《重庆邮电学院学报》（社会科学版）增刊。

韩丹，2009 年，《主事居后“得字句”的构式义及其认知解读》，《浙江教育学院学报》第 2 期。

华景年，1959 年，《谈“你气得他回去了”一类句子的结构》，《语文教学》第 9 期。

蒋鲤，2006 年，《“复杂动结式”——语义和句法分析》，《华中师范大学学报》（社会科学版）第 4 期。

蒋绍愚，1994 年，《近代汉语研究概况》，北京大学出版社。

黎锦熙，1924 年，《新著国文语法》，商务印书馆。

黎锦熙、刘世儒,1954年,《中国语法教材6》第四册,五十年代出版社。

李俊平,1984年,《试析带“得”动补结构的多义现象》,《语言文字学》第4期。

李临定,1963年,《带“得”字的补语句》,《中国语文》第5期。

李临定,1984年,《究竟哪个“补”哪个?——“动补”格关系再议》,《汉语学习》第2期。

李临定,1992年,《从简单到复杂的分析方法——结果补语句的构造分析》,《世界汉语教学》第3期。

李敏,1999年,《“N1+V1得+N2+VP”句式考察》,《烟台师范学院学报》第4期。

李人鉴,1981年,《关于语法结构分析方法问题》,《中国语文》第4期。

李淑婷,2006年,《现代汉语中与“得”有关的结构》,南昌大学硕士学位论文。

李晓华,2007年,《“(N)+V得+NP+VP”句的成分分析》,《太原大学教育学院学报》第1期。

李晓华,2007年,《现代汉语中的“(N)+V得+NP+VP”句式研究》,山西大学硕士学位论文。

李亚非,2004年,《补充式复合动词论》,黄正德主编,《中国语言学论丛》第3辑,北京语言大学出版社。

李亚丽,2006年,《“(S)+V得+NP+VP”句补语的语义指向》,《语言学》第10期。

李一平,1988年,《现代汉语的“V+得+N+VP”句式》,《殷都学刊》第3期。

刘街生,2009年,《现代汉语“得”字动补式的组构》,《汉语学报》第2期。

刘阳、董哲,2012年,《汉语“得”字致使句的构式研究》,《现代语文》第5期。

刘宇红,2010年,《词汇与句法的界面研究—格的视角》,《现代外语》第4期。

刘宇红a,2011年,《词汇语义与句法的界面研究述评》,《江苏外语教学研究》第 2 期。

刘宇红 b，2011 年，《从格语法到框架语义学再到构式语法》，《解放军外国语学院学报》第 1 期。

刘子瑜，2003 年，《也谈结构助词“得”的来源与“V 得 C”述补结构的形成》，《中国语文》第 4 期。

吕叔湘、朱德熙，1952 年，《语法修辞讲话》，辽宁教育出版社。

吕叔湘主编，1984 年，《现代汉语八百词》，商务印书馆。

陆俭明，2009 年，《构式与意象图式》，《北京大学学报》(哲学社会科学版)第 3 期。

罗思明、王文斌，2010 年，《当代句法—语义界面理论研究》，《现代语文》第 1 期。

En. Mcrve ，1993 年，《句法—语义接口》，陈养铃译，《国外语言学》第 2 期。

马真、陆俭明，1997 年，《形容词作结果补语情况考察》，《汉语学习》第 6 期。

缪锦安，1990 年，《汉语的语义结构和补语形成》，上海外语教育出版社。

聂志平，1992 年，《有关“得”字句的几个问题》，《辽宁师范大学学报》(社科版)第 3 期。

聂志平，2002 年，《“得字句”研究札记三则》，《浙江师范大学学报》(社会科学版)第 5 期。

齐荣，1954 年，《动词后面用“得”字连接的补语》，《汉语学习》第 9 期。

沈家煊，2004 年，《动结式“追累”的语法和语义》，《语言科学》第 6 期。

邵春燕 a，2013 年，《事件－构式框架与现代汉语致使－结果构式》，山东大学出版社。

邵春燕 b，2013 年，《情境编码假设与英语致使句》，山东大学出版社。

沈月明，2006 年，《“N1＋V 得＋N2＋VP”句式的句法语义分析》，东北师范大学硕士学位论文。

沈园，2007 年，《句法—语义界面研究》，上海教育出版社。

施关淦，1985 年，《关于助词“得”的几个问题》，《语法研究和探索》，北京大学出版社。

石毓智、李讷,2001 年,《汉语语法化的历程——形态句法发展的动因和机制》,北京大学出版社。

宋文辉,2003 年,《现代汉语动结式配价的认知研究》,中国社会科学院博士学位论文。

宋文辉,2018 年,《再论汉语所谓"倒置动结式"的性质和特征》,《外国语》第 5 期。

宋宣,1996 年,《现代汉语"V 得－N－C"句式的句法性质》,《贵州师范大学学报》第 2 期。

宋玉柱,1979 年,《论带"得"兼语句》,《徐州师范大学学报》第 3 期。

宋玉柱,1982 年,《动态存在句》,《汉语学习》第 6 期。

孙书杰,2010 年,《"N1＋V 得＋能＋VP"句式的歧义性分析》,《殷都学刊》第 2 期。

孙玄常,1957 年,《宾语和补语》,新知识出版社。

孙银新,1998 年,《"得"字兼语句新论》,《汉语学习》第 1 期。

孙银新,2005 年,《同形异构的"NS＋V＋得＋NP＋VP"句式》,《励耘学刊》(语言卷)第 1 期。

谭永祥,1957 年,《谈主谓结构作补语》,《语文学习》第 8 期。

唐燕玲,2003 年,《英语动词被动语态的实质初探》,《外语与外语教学》第 5 期。

陶明忠、马玉蕾,2008 年,《框架语义学——格语法的第三阶段》,《当代语言学》第 1 期。

陶瑞仁,2006 年,《现代汉语"得"字句研究》,安徽师范大学硕士学位论文。

宛新政,2004 年,《试析"主事居后"得字句》,《阜阳师范学院学报》(社科版)第 2 期。

汪惠迪,1958 年,《不是主谓结构作补语,也不是复杂的谓语——应肯定"主—谓(动词)—得—宾—补"的格式》,《语文教学》第 1 期。

王灿龙,2000 年,《试论小句补语句》,《语言教学与研究》第 2 期。

王还，1979 年，《汉语结果补语的一些特点》，《语言教学与研究》第 2 期。

王还，1991 年，《“得”后的补语》，《世界汉语教学》第 1 期。

王黎，2005 年，《关于构式和词语的多功能性》，《外国语》第 4 期。

王力，1958 年，《史稿》中册，中华书局。

王绍新，1985 年，《“得”的语义、语法作用衍变》，《语文研究》第 1 期。

王寅，2011 年，《构式语法研究——理论思索》，上海外语教育出版社。

吴福祥，2002 年，《汉语能性述补结构“V 得/不 C”的语法化》，《中国语文》第 1 期。

魏屏，1987 年，《菲尔摩的格的语法简介》，《外语研究》第 1 期。

肖奚强、张亚军，1990 年，《N1＋V1 得＋N2＋VP 句式歧义分析》，《语言教学与研究》第 3 期。

熊学亮、杨子，2010 年，《N1＋V＋得＋N2＋VP/AP 构式的复合致使分析》，《外国语文》第 1 期。

徐枢，1985 年，《宾语和补语》，黑龙江人民出版社。

许艾明，2006 年，《中动构式的转喻阐释》，《外语与外语教学》第 9 期。

杨成凯，1986 年，《Fillmore 的格语法理论》（上），《国外语言学》第 1 期。

杨成凯，1986 年，《Fillmore 的格语法理论》（中），《国外语言学》第 2 期。

杨成凯，1986 年，《Fillmore 的格语法理论》（下），《国外语言学》第 3 期。

杨建国，1959 年，《补语式发展试探（语法论集：第 3 辑）》商务印书馆。

杨平，1990 年，《带“得”的述补结构的产生和发展》，《古汉语研究》第 1 期。

杨子、熊学亮，2008 年，《“我等得你心急”类“V 得”句的识解》，《汉语学习》第 4 期。

易仲良，1999 年，《英语动词语义语法学》，湖南师范大学出版社。

岳俊发，1984 年，《“得”字句的产生和演变》，《语言研究》第 2 期。

詹卫东，2004 年，《论元结构与句式变换》，《中国语文》第 3 期。

张宝敏，1982 年，《“打得他到处乱跑”之类的结构分析》，《南开学报》第 2 期。

张伯江，1999 年，《现代汉语的双及物结构式》，《中国语文》第 3 期。

张璐，2003年，《现代汉语'得'字补语句研究》，北京大学博士学位论文。

张敏，2008年，《自然句法理论与汉语语法象似性研究》，沈阳、冯胜利主编：《当代语言学理论和汉语研究》，商务印书馆。

张韧，2006年，《构式与语法系统的认知心理属性》，《中国外语》第1期。

张怡春，2010年，《异形同构的角逐与"NP＋V＋(不)得/C构式"的形成》，《南京师范大学文学院学报》第1期。

张翼，2011年，《汉语"得"字致使句研究》，《解放军外国语学院学报》第3期。

张豫峰，2000年，《"得"字句研究综述》，《汉语学习》第2期。

张志公，1953年，《汉语语法常识》，上海教育出版社。

赵长才，2002年，《结构助词"得"的来源与"V得C"述补结构的形成》，《中国语文》第2期。

赵家新，2004年，《得字句的句法分析》，《南京师范大学学报》(社会科学版)第5期。

赵元任，1979年，《汉语口语语法》，吕叔湘译，商务印书馆。

朱德熙，1982年，《语法讲义》，商务印书馆。

朱德熙，1986年，《变换分析的平行性原则》，《中国语文》第2期。

朱其智，2009年，《"V/A得C"结构中"得"具有致使义》，《汉语学习》第3期。

# 附录　引用例句

**宋宣(1996)例句**

(1a)站了一天的队,站得我真是头晕眼花。(施事)

骂奸贼,骂得我牙根咬碎。

(1b)树根这么硬,竟会劈得柴刀都缺了口。(工具)

他一连唱了几首歌,唱的嗓子都有些嘶哑了。

(1c)我俩肩并肩向前走,踩得残雪沙沙响。(受事)

招得两位姨太太都不好意思了。

(1d)金旺的老婆……早就恨得小芹了不得。(行为)

追得咱们紧了,干他一个算一个!

**李敏(1999)例句**

(2a)他打得孩子到处乱跑。(R 指向 N2,N1 为施事,N2 为受事)

你逼得爹没有一点路可走了。

他们摇得小船飞快。

现在已经是正晌午了,太阳晒得人老是擦汗。

你气得他跑回去了。

(2b)玉米吃得她越来越胖了。(R 指向 N2,N1 为受事,N2 为施事)

木椅坐得他屁股发酸。

豌豆吃得人腿发软,心发躁。

这一篇话听得我凄然又悚然。

山路走得我脚都肿了。

(2c)激动得他流出了眼泪。(R指向N2,没有N1,N2多为施事)

高兴得我一夜没睡着。

气得我连饭也吃不下去。

累得五婶直喘气。

疼得他直叫唤。

(2d)金旺老婆……早就恨得小芹了不得。(R指向V)

大家摔得牌更响了一些。

那些都离得她老远的,叫她摸不清楚。

追得咱们紧了,干一个算一个!

在会上数他发言次最多,攻得我也最猛烈。

(2e)我找得你们好苦啊。(R指向N1)

我想得你好苦,望得你好苦。

妈,我等得你好心焦啊。

大家等得他都不耐烦了。

百姓们恨得他咬牙切齿。

**孙银新(2005)例句**

(3a)他打得孩子到处乱跑。(兼语句)

敌人欺侮得老百姓可没法活了。

这几位警察……引得犹太女人咯咯地笑。

(3b)这堂课听得我糊里糊涂。(述宾一补语句)

这豌豆吃得人浑身没劲。

这张钢丝床睡得我腰酸背痛。

(3c)我等得你们好心焦啊。(连动句)

孩子,妈想得你好苦啊。

这一天,小徐盼得他一口饭也没吃。

(3d)姐姐哭得嗓子都哑了。(述补句)

这字写得我无法认。

她洗得遍地是水。

**陶瑞仁(2006)例句**

(4a)那伙人……就回过头来揍他一顿……揍得他眼青鼻子歪。(N1 为施事,N2 为受事)

……李芙蓉男人……一掌一掌打得县委书记满嘴是血。

(4b)这顿饭吃得殷婷心绪烦乱。(N1 为受事,N2 为施事)

一顿鲜韭菜饺子,吃得队员们个个肚子滚圆。

(4c)(宋师傅)听了这几句不冷不热的话,气得脸都红了。(N1 为领事,N2 为属事)

小乖啃得满脸满手是瓜汁,呜呜地说:“甜。”

(4d)每天上班累得我腰酸背疼……(N1 为致事,N2 为使事)

(4e)我找得你们好苦啊。(N2 与 R 没有陈述关系)

妈,我等得你好心焦啊。

**沈月明(2007)例句**

(5a)孩子们吵得爷爷睡不着觉。(RP 指向 N2,N1 是主句施事,N2 是从句施事)

她哭得我十分难受。

他们弄得房间乱七八糟的。

这对夫妻闹得四邻不得安宁。

(5b)学费愁得我睡不好觉。(RP 指向 N2;主句中 N1 为致事,N2 是感事;从句中 N2 是施事)

这一巴掌疼得小姑娘直流眼泪。

这部电影感动得她泪流满面。

繁忙的工作累得她生了重病。

(5c)他打得儿子呜呜直哭。(RP 指向 N2;主句中 N1 为施事或工具;N2 是受事或处所;从句中 N2 是施事)

那个壮汉踩得楼梯吱吱响。

阳光照得房间通亮。

黄世仁逼得喜儿逃进了深山。

(5d)这顿饭吃得我很满意。(RP 指向 N2;主句中 N1 多为受事,N2 为施事或工具;从句中 N2 为施事或工具)

这一万米跑得我满头大汗,气喘吁吁。

这半瓶白酒喝得老王直迷糊。

排骨砍得菜刀卷了边。

(5e)他激动得满脸通红。(RP 指向 N2;主句中 N1 多为感事,从句中 N2 是 N1 的一部分)

小女孩冻得浑身发抖。

我听得耳朵都起茧子了。

小王喊得嗓子都哑了。

(5f)大家找得你好辛苦啊。(RP 指向 N1;主句中 N1 为施事,N2 多为受事;从句中 N1 是施事或感事)

我想得你无法入睡。

(5g)敌人追得咱们更紧了。(RP 指向 V,N1 为施事,N2 为受事)

你害得人家不轻。

**刘阳和董哲(2012)例句**

(6a)孩子哭得我们睡不着觉。[N1+V+得+S(N2+VP)]

他解释得大家都笑了。

这突然的声响惊得狗汪汪叫起来。

(6b)老师骂得学生哭了。[N+V+得+O+C(补)]

他推得她险得摔下楼梯。

他的信惹得叔叔恼怒了。

(6c)他哭得眼睛都红了。[N1+V+得+N2+RP(N2 从属于 N1)]

他忙得满头是汗。

他慌得腿都软了。

(6d)这瓶酒喝得我晕头转向。[N1(受事)+V+得+N2+RP]

雪地里这顿饭吃得我想哭。

这文章写得我都吐了。

这文章写得我看不懂。

**郭姝慧(2004)例句**

(7a)早就恨得小芹了不得。(RP 指向 V)

你公公害得人家不轻。

这两个人……打得我不善。

大家摔得牌更响了一些。

(7b)百姓们恨得他咬牙切齿。(RP 指向 N1)

大家等得他都不耐烦了。

妈,我等得你好心焦啊。

我想得你好苦,望得你好苦。(RP 指向 N2)

(7c)雨点子扑面而来,浇得他打了个寒噤。(N1 和 N2 分别是 V 的施事和受事)

那伙人……就回过头来揍他一顿……揍得他眼青鼻子歪。

庄木三的烟早已吸到底,火逼得斗里的烟油吱吱地叫了,还吸着。

(7d)一顿鲜韭菜饺子,吃得队员们个个肚子滚圆。(N1 为 V 受事,N2 为 V 施事)

那滩上的野驴、黄羊成群结伙……真看得人眼馋。

这一篇话听得我凄然又悚然。

(7e)有时她还整夜地哭,哭得长富也忍不住生气。(N1 为 V 的施事或受事,N2 与 V 无直接关系)

大立在柜台里哈哈大笑,笑得他手下的伙计面面相觑……

他这两句话说得老头回去睡不着……

喇叭里放着一首又一首的语录歌,唱得大家心里更慌。

(7f)高额的学费愁得他连觉都睡不着。(N1 与 V 无直接语义关系,N2 是 V 的感事)

现在家已累得他脊梁折驮着了，膀尖也耸得有山峰高了。

这部电影激动得我们留出了眼泪。

(7g)木椅上坐得他屁股发酸。(N1 为 V 施事和受事以外的语义成分，N2 是 V 的施事或受事)

一排枪打得他翻滚着跌进湍急的怒江中。

一路吃下去，直到筷子敲得碟子嗒嗒响。

(7h)树根这么硬，竟会劈得柴刀都缺了口。(N1 为 V 的施事或受事，N2 为 V 施事和受事以外的成分)

冷的热的应有尽有，摆得桌上搁不下。

左一声“梅经理”，右一声“梅经理”，叫得他心慌意乱，胆战心惊。

# 后　记

本书的部分内容来自我的博士后报告，并在博士论文和前期专著的基础上拓展而来。从 2004 年进入北京大学，到 2009 年入读美国伊利诺伊大学香槟分校，直至 2016 年底访学哈佛大学，我在构式语法和汉语致使句的研究中一路走来，得益于很多前辈师长的支持与激励。

我博士后研究的合作导师是王俊菊教授，她对我博士后报告高屋建瓴的建议使得文章的层次更清晰，思路更符合逻辑。入校以来一直受益于王老师的指导，她的眼界和能力让学生们望尘莫及。

2011 年博士毕业之后，与我的硕博导师钱军教授见面次数有限。但是每当人生的重大时刻，钱老师醍醐灌顶般的寥寥数语，总是能帮助我做出恰当的选择。虽然毕业多年，仍然受益于老师的指导，何其幸运。

过去的 12 年间，我与美国的导师 Douglas Kibbee 教授的交流从未停止。他每年在春节前夕充满了中国风格的新年问候，是我新春伊始最期待的事情。他对我研究的指导和鼓励始终督促我不断地突破。

2016～2018 年，我在美国哈佛大学访学，师从黄正德教授。在课堂上，感受着黄老师对汉语的独到见解和对句法的深入思考，我的研究视野大大拓展。在访学波士顿期间，每逢中秋节、春节和美国的重要节日，师母都邀请我们去家里做客，虽然远离家乡，却感受到浓浓的亲情和温暖。

在哈佛期间，我有幸遇到几位有趣且思维活跃的老师。总是彬彬有礼的 Jeremy Rau 教授的“历史语言学”旁征博引，对历史语言学知识的博闻强记让所有的学生印象极其深刻。Saurov Syed 教授思维敏捷，知识渊博。他的"Sentence Structure"课程是我"句法学"的入门课程，目前已经引入本校，给本科生和研究生进行句法研究的普及。来自北欧的 Stefan 教授言行举止充分体现了绅士精神，他教授的语义学课程理论与语言事实相辅相成，生动有趣。在哈佛期间，我还去心理学系旁听了 Jessie Snedeker 教授的语言习得课程。虽然每周都被铺天盖地的文献占据，在做课堂报告的过程中与教授和同学的互动却总是让人既紧张又期待。教授作为该领域的大家，对于我这个心理学路人提出的浅薄问题也非常耐心地一一回应，让人备感振奋。

哈佛大学与麻省理工学院毗邻，两校的课程均可以相互旁听，所以在哈佛大学上课之余，也去麻省理工学院听了不少课程。听说 Chomsky 教授虽然已经退休，但是每隔几年就会在某门课程中与其他教授合作，讲上几课。2017年，我竟然得遇良机，聆听了 Chomsky 教授所讲授的 4 节课程，近距离了解了教授关于句法研究的最新思考。Chomsky 教授平易近人，听课的学生中不乏其他高校慕名而来的教师，还有两位白发苍苍的学者。可能二人并非来自句法研究领域，所以提出些常识问题，但 Chomsky 教授对每一个问题都认真对待，小心回应。印象中有一位教授问：你为什么总是用 XY 呢？教授微微一笑说："那用 MN 可否？"在此后的讲授中，凡是遇到 XY，教授都将其转换为 MN 进行表达。

哈佛大学和麻省理工学院的教授都亲切有加。有时候，我在上小学的儿子因学校放假而无人看护，我只好将他带到学校。老师们不仅不介意，还在课堂中不时关注一下小家伙的适应情况，让我非常感动。记得有一次去麻省理工学院听课，因为带着儿子迟到了，我在门口迟疑是否要进教室。正在授课的语言学系系主任 David Pesetsky 教授看到了，说"There is a kid outside"，然后径直过来打开门让我和儿子进入了教室。儿子也跟随我去了哈佛大学的不同课堂。我们在上课，他在旁边吃东西画画，授课的老师们不时地向他投以微笑，让因带着儿子上学而忐忑不安的我焦虑的心情缓解了不少。

在哈佛大学和麻省理工学院的日子倏忽而过，但教授们的课程对我研究的影响从未消退，历久弥新。我在这个世界形式句法研究的中心跟随不同的老师深入学习了句法课程，并将其带回学校。心理学、词汇学和历史语言学课程大大开阔了我的视野，使得我能够从多维视角审视致使句和构式语法。

本书大部分内容完成于哈佛大学访学期间，之后虽然对问题仍有思考，却始终未能深入研究。谨以此书作为对过去的总结和对未来研究的起点。

最后，感谢至亲至爱的家人一如既往地支持。感谢两位母亲，感谢我的先生，没有他们默默地辛苦付出，我不可能有时间整理散乱的思绪。感谢我十岁的儿子和不到两岁的女儿，鲜宝贝语言方面的进步是汉语研究最天然的语料和灵感来源，是鲜宝贝的成长督促我不敢有丝毫的懈怠。

作　者<br>2021 年 5 月